조계사에서 길을 물었더니

조계사에서
길을 물었더니

53선지식 구법여행

조계사불교대학 총동문회 엮음

불교신문사

일러두기

–. 여기에 수록하는 글들은 53선지식 법회에서 진행된 내용을 요약했습니다.

–. 강연자 직함은 강연당시의 시점을 기준으로 삼았습니다.

–. 강연 내용을 요약하는 과정에서 전체적인 맥락을 전해드리지 못한 점 양해바랍니다.

–. 책으로 엮는 과정에 구어체를 문어체로 통일하였습니다.

–. 강연자에게 일일이 찾아뵙고 강연내용 수록을 허락받지 못한 점 너그럽게 이해 부탁드립니다.

–. 이 책으로 인해 생기는 수익금은 불교포교 기금으로 활용됨을 알려드립니다.

회향이 곧 입재, 참여가 곧 공덕

조계사불교대학 총동문회가 〈불교신문〉과 공동 주최하는 '53선지식 구법여행'은 선재동자가 문수보살을 등대로 하여 보리심을 찾고자 53선지식을 만나 그들에게 법을 배우며 보현행원을 발원했듯이 우리 사회의 각 분야에서 활동하며 많은 이들에게 삶의 메시지를 전하고 있는 명사들을 통해 부처님의 가르침을 되새기기 위해 마련된 법석입니다.

그동안 여러 일정 때문에 선재동자처럼 53분의 선지식을 다 찾아다닐 수는 없더라도 조계사에서 53선지식을 만나고자 본 구법여행이 기획되었습니다. 2015년 9월 조계사불교대학 총동문회는 불교대학을 졸업한 불자님들의 신행과 구법에 도움을 줄 수 있는 방편으로 선재동자의 구법기를 인용한 53선지식 초청법회를 매월 1회, 연 12회로 4년 5개월의 장기계획의 초청법회 추진을 결정하였습니다.

2015년 11월 18일 〈불교신문〉과 53선지식 구법여행 공동개최를 위한 업무협약을 체결, 11월 20일 〈불교신문〉 사장 주경스님을 모시고 '가을밤 붓다와의 사색, 주경스님께 듣다'로 첫 법회를 열고, 지난 2020년 6월 26일 53번째 선지식으로 총무원장 원행 큰스님을 모시고 '불교, 운명을 바꾸는 길'이란 주제로 원만히 회향하였습니다.

지난 4년 5개월을 넘어, 오늘 이 자리가 있기까지는 보이지 않지만 정말 많은 분들의 열정과 노력이 숨어 있었습니다. 무엇보다도, 총동문회의 53선지식 구법여행에 아낌없는 지원을 보내주신, 〈불교신문〉 주경스님, 초격스님, 진우스님, 정호스님 등 역대 사장 스님들과 〈불교신문〉 관계자분들, 좋은 선지식을 모시도록 신뢰와 지지를 보내주셨던 조계사 주지 지현스님, 지도법사 선림원장 남전스님, 사중 대덕스님, 종무원 그리고 동문님들의 조언과 전폭적인 지지, 처음과 끝을 일심으로 지켜 주신 역대 동문회장님들과 상임고문 호연 교육본부장님, 53분의 강사님, 법사님들, 무엇보다도 53번의 법회가 진행되는 동안 이 자리에 참석해 주신 동문 회원님들께 머리 숙여 진심으로 감사 인사를 올립니다.

아울러, 법사 및 강사 섭외, 주제 선정, 배너, 포스터, 현수막 제작 및 게시, 법회보 작성 및 출력, 화엄경 사경지 제작, 법회 진행, 집전, 음성공양, 사진 및 동영상 촬영, 불교신문 홍보 등에 총동문회 5대, 6대, 7대 임원이신 총무, 재무, 교육, 기획, 봉사, 신행, 포교, 문화, 홍보 등 9개 부서, 일일이 이름을 불러 그동안 힘써 주신 분들을 떠올려 보면 어느 한 분도 빼놓을 수 없습니다.

지금까지 총 동문회가 53분의 '선지식과 명사'를 모시고 법문과 강연을 듣는 동안, 연인원 약 13,250여 명의 동문님들과 불자님들이 법석에 참석하셨고, 법사비 보시 55명, 화엄경 사경지 보시 41명 등 약 100여 명의 동문님들께서 본 법회가 여법하게 치러지도록 지원을 해 주셨습니다.

이 자리를 빌어 '53선지식 구법여행 특별법회'가 원만히 진행되도록 힘써 주신 모든 분들께 감사드리며 원고를 정리해 주신 불교신문사와 문종남 선연 대표님께 고마운 마음을 전합니다.

'회향이 곧 입재입니다'

2020년 9월 18일 〈불교신문〉과 조계사불교대학 총동문회는 '53선지식 구법여행 시즌2' 공동개최를 위한 MOU(업무협약)를 체결하고 2020년 11월 27일 첫 법회, '다시 떠나는 전법여행'으로 시즌2를 시작합니다.

'참여가 곧 공덕입니다'

이어지는 조계사불교대학 총동문회의 '53선지식 구법여행 시즌2, 다시 떠나는 전법여행'에도 적극적인 동행·동참하시어, '53선지식 구법여행 시즌3, 시즌4, ~, 시즌100'이 되어 본 법회가 조계사불교대학 총동문회를 대표하는 법회로 총동문 회원들의 신행생활의 깊이를 더하는 법회로 거듭날 것을 발원합니다.

불기2564(2020)년 12월
조계사불교대학 총동문회장 성해 합장

차례

가을밤 붓다와의 사색

　'가을밤 붓다와의 사색'이라는 제목을 잘 잡은 것 같다. 조계사를 지나다니면서 포스터도 봤다. 저는 고등학교 시절부터 부처님과 인연이 되어 불교학생회를 다녔고 불교를 공부했다. 올해로 절에 들어온 지 딱 30년 됐다. 사실 처음 출가했을 때 이렇게 오랜 세월 절에서 살게 될 줄 몰랐다. 가족은 물론이고 대학 친구나 속가시절 친구들은 제가 활동적이고, 하고 싶은 게 많아서 절에서 오래 못 살 것 같다고 말하곤 했다. 짧으면 3년, 길면 5년이라고 말한 사람들도 있는데, 이런 걸 보면 저도 굉장한 정진력이 있는 것 같다.

　1999년부터 서산 부석사 주지 소임을 맡았다. 올해까지 만 16년, 4만기를 마치고 나왔다. 당시 7월에 들어가서 4개월 동안 청소만 하느라 엄청 고생했다. 처음 들어갔을 때 사람이 사는 곳이라 할 수 없을 정도로 척박한 곳이었다. 60, 70개의 수덕사 말사 가운데 규모나 신도 수 등의 면에서 보면 끝에서 3~4등 수준의 사찰이었지만, 지금은 앞에서 3등 정도 하는 우등 사찰로 만들었다. 16년 동안 머슴살이 충분히 했고 주지로 밥값 했다.

지금은 수덕사 큰 절에 있다. 큰 절에 오니 정말 좋다. 부처님께서 가진 가장 큰 힘 가운데 하나가 대중을 화합하게 하는 힘이다. 수행 자나 불자가 저지른 가장 큰 죄는 파화합승(破和合僧)으로 오역죄에 해당한다. 대중이 모여 화합하고 사는 것은 부처님이 만든 가장 좋은 제도 가운데 하나이다. 스님답게 수행하고 스님의 맥을 이어갈 수 있는 것은 역시 대중 속에서 가능하다. 스님을 불종자(佛種子)라고 한다. 부석사 주지 소임을 맡아 생활하며 무엇보다 자랑스럽게 생각하는 부분은 4명을 출가시킨 것이다. 부처님 법을 이을 '불종자' 역할을 했기 때문이다. 제자를 4명 뒀다는 것은 제 스스로도 다행스럽고 고마운 일이다.

재가불자들은 바로 이런 불종자를 배출하는 기본적인 밭이다. 어른 스님들이 늘 하시던 말씀이 "한 명이 출가해 수행을 잘 하면 구족(九族)이 승천(昇天)한다."고 했다. 그런데 수행을 잘 못하면 부처님께 밥 값 못하는 것이고 한 방울 물조차 소화시키기 어렵다고 했다. 속가에는 대를 끊어놓고 왔으니 속가와 출가에 다 죄를 짓는 일이 될 수도 있고, (수행을 제대로 하면) 구족이 모두 승천하는 큰 복전(福田)이 될 수 있다. 초심(初心)이 중요하다. 선재동자는 문수보살의 가르침으로 초발심(초발보리심)을 일으키고 '구도의 길 깨침의 길을 가야겠구나' 하고 발심하게 된다. 53선지식이면 횟수로 4년 5개월 정도 된다. 굉장히 길다. 끝까지 갈 수 있기를 바란다. 빠지거나 늦기도 할 것이고 부득이 하게 참석 못하더라도 끝까지 회향했으면 한다. 발심이 제대로 되면 물러서는 법이 없다.

수행하는 수행자와 기도하는 불자들에게 세 가지의 중요한 것이 있다. 바로 도량(道場), 도사(道師), 도반(道伴)이다.

먼저 도량이란 불법(佛法)을 만날 수 있는 서울 조계사나 서산 부석사와 같은 곳을 뜻한다. 사찰이 없다면 불법을 만날 수 있는 장소가 없다. 우리나라는 가는 곳마다 절이 있고 절에 스님이 있다. 북한 땅에서 절을 만날 수 있겠는가. 아프리카는 불교 자체가 없다. 그런데 이 세계에는 불교를 만날 수 없는 지역이 많다. 여러분은 한국이라는 땅에 태어났으니 그나마 불법 만나기 수월하고 법회를 볼 수 있다. 프랑스 이민 갔다가 한국에 도착하자마자 공항에서 바로 차 타고 절에 오는 사람도 있다. 실제로 그렇다. 템플스테이 체험하고 싶어서, 그렇게 목말라서 절에 오는 거다. 우리는 마음만 내면 1시간 이내 절에 올 수 있다. 버스비밖에 들지 않는다. 좋은 도량을 만난다는 것, 인연지를 만난다는 것은 얼마나 귀하고 고마운 일인가. 정말 다행스러운 일이다. 불법 만날 수 있고 기도할 수 있는 공간, 첫 번째로 도량이 중요하다.

그 다음은 도사이다. 부처님께서 말씀하셨다. "눈을 떠라. 누가 내 눈을 감길 수 있느냐." 『아함경』에 나오는 말이다. 내가 눈을 감아야 감기는 것이고 내가 떠야 뜨는 것이다. 내 눈이니까. 하지만 우리는 스스로 눈을 감고 있다. 감은 눈을 지적하고, 눈을 뜨라고 내 귀에 들려줄 수 있는 분이 바로 스승이다. 그런데 내 귀에 무엇이 물들어 있나. 탐욕에 물들어 있고 분노와 원망, 어리석음, 고집에 물들어 있고 탐·진·치 삼독에 중독돼 있다. 그래서 '평상심이 도'라는 말이 있다. 해인총림 방장과 조계종 종정을 지낸 혜암스님께서는 '평상심이 도'라고 하셨다. 상식밖에 법이 없다고 했다. 왜 여러분은 도인 소리 못 듣고 중생소리를 듣는 것일까. 수시로 물들어 있기 때문이다. 탐욕에 중독되면 제대로 보지도 듣지도 못한다. 한순간 눈이 멀고 분노에 눈이 멀어 죄도 짓는다. 머리와 눈과 귀, 분노와 탐욕에 물들어 보이지도 들리지도 않는 것이다.

우리 마음은 육신과 미움 때문에 괴롭다. 치료법이 없을까. 몸과 마음이 피곤할 때는 이불을 뒤집어쓰고 자는 게 좋은 약이 될 수 있다. 자고 일어나면 많이 사그라진다. 신심 있는 분들은 앉아서 염불을 하거나 108배를 해도 좋다.

물들지 않고 중독되지 않는 게 중요하다. 그래서 수행 방법 가운데 하나가 알아차림[觀]이다. '내가 지금 욕심 부리고 있구나' 하는 것을 알아차려서 놓을 줄 알아야 한다. '쓸데없는 고집 피우고 있구나.'를 알아차리면서 놓으라고 한다. 부석사 신도들에게는 권장 가요가 있다. 제목은 '안 되는 줄 알면서 왜 그랬을까'이다. 이것만큼 좋은 법문이 없다. 그런데 사람들은 안 되는 줄 알면서 하고 있다. 그리고 나서 후회한다. 수행자의 가장 뛰어난 점은 안 되는 줄 알면 멈출 줄 아는 것이다. 기도를 많이 한 사람들은 잘못됐을 때 멈춰야 한다는 것을 안다. 안 되는 일은, 안 되는 줄 아는 '알아차리는 힘'이 있는 거다. 탐욕이나 분노에 물든 사람들은 남들은 다 알고 있지만, 안 되는 줄 모르고 있다. 그래서 불교는 지혜를 강조한다. 지혜라는 것은 바로 나의 일을 남의 일처럼 볼 수 있는 것이다. 반대로 자비는 바꿔서 하면 된다. 다른 사람 일을 내 가족 일처럼 여기면 된다.

마지막으로 도반이다. 사람이 피부가 곱고 인물이 잘생겼으면 좋겠지만, 잘생긴 얼굴 속에서 질투와 분노, 악담만 나온다면 인물값을 못하는 것이다. 그런 사람은 사귀고 싶지 않다. 인물이 뛰어나지 않더라도 말이 따뜻하고 행동이 부드럽고 포근하면 그 사람 주변에 사람이 모인다. 따뜻하고 마음이 부드러운 사람이 있으면 주위에 사람이 모이게 되어 있다. 이런 사람들은 장사를 하면 번성하고 사업이 변치 않고 일을 하면 일이 잘 이뤄지는 것이다. 자비심이라는 것은 그런 것이다. 내 주변의 공덕을 모으고 사람을 모으는 것이다. 이런 자비심을 안에 지니고 있고 지혜로운 안목 가진 사람들이 내 주변에 있다면 부처님 법을 모두 성취한 것과 같다.

꽤 괜찮은 사람 고르는 법을 알려드리겠다. 젊은 친구들에게는 남자 친구나 여자 친구를 고르는 방법이 될 수 있고, 나이 든 분들에게는 사위나 며느리를 고르는 방법이 될 수 있다. 먼저 마주보며 밥을 먹어 보라. 밥맛이 나야 한다. 마주보면서 평생 같이 먹어야 하는데 밥을 즐겁게 먹을 수 있어야 한다. 그런데 먹다 보면 밥맛이 떨어지는 사람이 있다. 그런 사람은 다이어트에 성공할 때까지만 만나야 한다.(웃음) 밥을 먹을 때마다 밥맛이 나서 체중 걱정하면 평생 살아도 괜찮은 사람이다. 같이 밥을 먹어 보고 서로 밥맛이 나면 서로 좋은 관계이다. 두 번째는 어려운 일을 같이 해 봐야 한다. 예를 들어 봉사활동을 3~6개월 동안 함께 해 봤으면 한다. 한두 번 해선 안 된다. 본색이 드러날 때까지 해야 한다. 긴 시간 어려운 일을 같이 하다보면 본성이 보이게 되어 있다.

때로는 시원하게 때로는 따뜻하게 때에 따라 사람을 위로하고 품어주는 분들이 됐으면 한다. 주변 사람들을 도반으로 만들어나가는 일이 53선지식 구법여행에 참여한 불자님들에게 주어진 첫 번째 과제라고 생각한다. 가을밤 깜깜할 때 들어야 법문도 잘 들리고 또 달도 보면 마음은 청량해진다. 구법여행의 첫 출발을 축하드린다. 좋은 법연이 되어 여러분 신심에 큰 발전이 있고, 삶과 가족이 평안하고 건강하고 뜻하는 일이 모두 원만하게 이뤄지길 바란다.

● 　　주경스님은 설정스님을 은사로 출가해 1986년 수덕사에서 원담스님을 계사로 사미계를, 1989년 범어사에서 자운스님을 계사로 구족계를 수지했다. 제14, 15대 중앙종회의원과 총무원 기획실장, 불교신문사 주간과 사장을 역임하고 현재 서산 부석사에 머물고 있다.

조계사에서 길을 물었더니

무문관과 해탈

불교는 남에게 무엇이 되라고 강요하지 않는 종교다. 성불하라고 하지 않는가. 싯다르타가 부처가 되고 마하트리아가 깨달음에 이르러 모든 중생이 부처가 되는 것, 이를 불국토라 한다. 불국토를 이루는 것은 모두가 깨달음을 얻고 부처가 되는 것이다.

우리는 깨달음을 얻은 수행자의 말을 듣기 위해 절에 가고 경전을 외운다. 그러나 절에 자주 간다고 해서, 경전을 잘 외운다고 해서 깨달음을 얻었다고 할 수 있을까. 불교는 행복하게 해달라고 하기보다 자비심을 갖고 살게 해달라고 비는 종교다. 자비심은 머리로 이해하는 것이 아니라 온몸으로 행하는 것이다. 깨우친 수행자의 말을 들어도 스스로 온몸으로 깨우치지 않으면 아무것도 나아지는 것이 없다. 팔만대장경을 머릿속에 넣고 수없이 이야기를 한다고 해도 육바라밀을 지키는 것과는 또 다르다. 여러분은 부처가 되어 사찰에 오지 말아야 한다. 여러분의 집이 사찰이 돼야 한다.

반야바라밀, 경전 암송을 의식 때마다 계속 하는 것은 아이러니하다. 경전을 외워 가르침을 얻는 것과 진정한 자비를 실천하는 것, 사실 이 간극에 있는 게 가장 어렵다. 선재동자가 부처인 것도 같은 맥락이다. 동자가 글을 알겠나 뭘 알겠나. 서울대 출신 교수가 성추행하는 것을 뉴스로 보지 않았나. 많이 안다고 해서 잘 사는 것, 훌륭하게 사는 것이 아니다. 무지렁이로 태어나 불쌍한 사람을 돕는 것이 진짜 보살에 가깝다. 행동으로 보여주는 것, 말로 하는 자비 말고 온몸으로 실천하는 것이 진짜 자비고 부처다.

언어에 갇히지 말아야 한다. 말은 우리를 '했으니 됐다, 했으니 안다'는 정신의 승리, 착시 효과로 이끈다. 가령 "사랑한다"는 말을 한다고 했을 때 그것을 진짜 '사랑'이라고 볼 수 있을까. "사랑한다"는 말은 영혼 없는 거짓말이다. 진짜 사랑을 하면 행동으로 보여줘야 한다. 그런데 우리는 부모님한테도 "엄마 죄송해요. 바빠서 연락을 못했어요." 하지 않는가. 다 거짓말이다. 사랑을 하면 행동으로 보여줘야 한다. 부모님을 사랑한다면 직접 찾아가 어깨를 두드리고 안마를 하고 사랑을 표현해야 한다. 글로 어떻게 해보겠다는 것, 경전을 외우고 숙지하는 것은 결국 언어에 대한 집착일 뿐이다. 사랑한다고 말하는 것과 진짜 사랑하는 것의 차이를 알아야 한다. 언어에 대한 집착을 버려라.

불교를 진심으로 사랑하고 자비를 베푸는 불교 신자가 되려면 갇히지 않아야 한다. 구속되지 않는 마음, 자유로운 마음을 가진 사자가 되어야 한다. 깨달음을 얻은 스님들의 말을 그래서 사자후(석가모니 목소리)라고 하는 거다. 그러나 불교 신자들은 사자가 아닌 고양이

가 돼버린다. 자유로운 마음을 얻은 사자가 된 스님이 제자가 깨달음을 얻은 사자인지 그저 얌전한 고양인지 알아보기 위해 던지는 것이 있다. 그것이 바로 화두다.

　여러분께 화두를 하나 던져보겠다. 1500년 전 스님이 제자에게 물었다. "달마가 서쪽에서 온 까닭은?" 제자가 뭐라고 답했을 것 같나. '정월에 동백꽃'이었다. 이 대답을 들은 스님이 제자에게 이제 사자가 됐으니 내려가라 했다. 깨우쳤으니 하산하라는 것이다. 『벽암록』에 나온 이야기다. 여러분께 질문해 보겠다. "달마가 서쪽에서 온 까닭은?" 지금 '정월에 동백꽃'이라고 답한 사람은 깨닫지 못한 것이다. '정월에 동백꽃'은 『벽암록』에 나오는 제자의 답이고 여러분의 답은 어디 있나. 선문답 같지만 이런 것이 화두다.

또 다른 화두를 던져보겠다. 주장자(柱杖子, 지팡이)를 든 스님이 어느 날 제자한테 문제를 냈다. 제자에게 주장자를 보이며 "이게 있는 것인가 없는 것인가. 있다 해도 맞고, 없다 해도 맞고, 침묵을 해도 맞을 것이다." 했다. 여러분들이 한번 답해보라. 있는가 없는가. 대답 못하지 않나. 바로 대답하지 못하고 어떻게 대답할까 고민하고 있는 여러분들은 이 순간, 언어와 논리에 갇힌 것이다.

『무문관(無門關)』은 이러한 화두를 정리한 책이다. 중국 송나라 무문 혜개스님이 중국 선종에서 전해 내려오는 화두 900개를 48개로 간추린 것이다. 무문관은 말 그대로 문이 없는 관, 'gateless gate'다. 접미사 'less(없다)'가 붙은 대로 해석하자면 '문 없는 문'이다. 이것이 불교의 핵심이다. 우리는 누구나 삶이 힘들면 문을 찾는다. 어딘가에 갇혀 있으면 문을 열고 나가려고 한다. 그러나 불교에서는 문이 없다고 한다. 모든 것은 공(空)하다고 한다.

통도사 말사에 무문관이라는 참선공간이 있다. 참선하려는 사람이 들어가면 스님이 문을 잠근다. 밥도 배식구에 준다. 나올 수 있는 방법은 딱 하나다. 있을 수 없으니 내보내 달라고 하면 된다. 참선이 그렇게 만만치 않다. 스님 한 분은 스스로 목을 매달아 죽기도 했다.

불교는 그런 의미에서 서구 과학의 세계와는 다르다. 문에 집착하는 사람은 문을 찾지 못한다. 문에 의지하지 않는 사람만이 문을 나갈 수 있다. 무문관에서 문을 찾으려는 사람은 나가지 못하고 문이 없는 것, 공하다는 것을 인정하는 사자 같은 사람은 문을 나간다.

염화시중(拈華示衆)이란 말이 있다. 싯다르타 세존께서 영취산에서 설법을 베풀 때다. 대중들에게 고통과 집착에 대해 설하던 중 갑자기 싯다르타가 꽃을 들었다. 그러자 많은 제자 중 가섭만이 웃었다. 싯다르타가 이를 보고 가섭에게 "네가 사자가 됐다.", 곧 깨우쳤다고 말했다. 가섭은 왜 웃었을까. 그리고 싯다르타는 가섭에게 왜 "깨달았다" 했을까.

생각해보시라. 큰스님이 심각한 내용으로 격렬히 법문을 하다가 갑자기 꽃을 들었다. 여러분은 "꽃을 왜 들었지?" "무슨 의미지?" 하는 생각에 사로잡힐 것이다. 스님의 손에 든 꽃의 모습은 정작 보이지 않을 것이다. 그러나 동자승 하나가 길 가를 지나다 들 가에 핀 잔꽃을 꺾어 들고 가는 모습을 생각해봐라. 어떤 생각이 들 것 같은가. 자연스레 미소가 떠오르지 않겠나. 여기서 차이가 생긴다. 가섭은 동자승이 꽃을 들어도 싯다르타 앞에서처럼 웃었을 것이다. 누가 꽃을 들었는지 상관하지 않기 때문이다. 다른 사람에게 휘둘리지 않기 때문이다.

여러분이 또한 상대보다 당당하고 스스로 주인이라 생각하면 꽃의 예쁜 모습이 보일 것이다. 그러나 그렇지 않으면 꽃이 있어도 예쁜 줄 모른다. 꽃을 보고 있는데 꽃이 보이지 않는다. 상대가 대통령이든 누구든 상관하지 않고 꽃이 그 자체로 예쁘다는 것을 깨닫게 되면 그 순간 여러분은 부처님과 다름없다.

옛날 중국에 손가락 하나를 들어 올려 법문을 대신하는 것으로 유명한 일지스님이 있었다. 어느 날 스님이 출타해 암자를 비운 사이 어떤 사람이 찾아와 법문을 청했다. 남아 있던 제자는 일지스님처럼 손가락 하나를 세워 법문을 대신한 뒤 사람들을 돌려보냈다. 암자로 돌아온 일지스님이 이를 알고 제자에게 손가락을 내어보라고 한다.

스님은 그 즉시 제자의 손가락을 칼로 베어 버린다. 잘린 손가락에 제자가 놀라 문을 열고 나가려 하자 일지스님이 묻는다. "이놈아 어떤 것이 네 손가락이냐?" 제자는 그 순간 깨달음을 얻는다.

일지스님이 던진 화두는 무엇일까. 불교는 자비의 종교라고 하는데 손가락까지 자른 건 무자비하다고 생각하시는 분이 있을 것이다. 이를 잔인하다고 생각하시는 분은 진짜 불교 신자라 할 수 없다. 제자가 든 손가락은 제자의 손가락이 아니다. 스승의 손가락이다. 스승이 자기 손가락을 자른 것인데 뭐가 잔인한가.

여러분도 이제 여러분의 손가락을 들어야 한다. 다른 사람 흉내 내지 마시라. 자신의 것이 아닌 다른 사람의 손가락을 들면 칼로 베여도 잔인하다고 할 수 없다. 일례로 맛집도 안 가고 맛있다고 하거나 직접 먹어봤는데 맛이 없으면서도 맛있는 것처럼 이야기를 하면 이는 거짓이다. 강연 시작하기 전 여러분들이 올린 절은 여러분 스스로가 한 절이었는지 지금 이것부터 고민하시라.

● 　　　강신주 박사는 1967년 경남 함양에서 태어났다. 연세대에서 화학공학을 전공한 뒤, 서울대 대학원에서 철학 석사, 연세대 대학원에서 '장자 철학에서의 소통의 논리'로 철학박사 학위를 받았다. 『강신주의 감정수업』, 『철학이 필요한 시간』, 『상처받지 않을 권리』 등을 집필한 베스트셀러 작가이기도 하며 에둘러 말하지 않는 '돌직구 상담'으로 대중과 소통하며 '거리의 철학자'라고 불리기도 한다.

나를 위한 마음치유

2016년 1월 첫 법회에 귀한 시간을 함께 하게 돼 기쁘고 의미 있게 생각한다. 여러분과 저, 불보살님 그리고 지금 이 순간 함께하고 있지 않지만 사랑하는 가족, 도반 등 삶에서 많은 영향을 주고받는 분들을 함께 생각하면서 의미 있는 시간을 보내보자.

이번 법문주제가 '나를 위한 마음치유'다. 마음치유하면 가장 먼저 생각나는 게 고통이다. 살면서 일이 원활하게 잘되면 신나고 자신감이 생긴다. 그러다가도 기대나 예상에 어긋나면 금방 기가 죽고 사는 게 왜 이렇게 힘든지 괴로움을 느낀다. 고통과 즐거움이 교차하면서 피할 수 없는 많은 고통이 있다.

먼저 고통이 생겼을 때, 그 고통의 원인을 정확하게 이해하고 깨닫는 것이 중요할까, 아니면 어떻게 대처해야 하는지가 중요할까. '독화살의 비유'에 대해 다들 잘 알 것이다. 이 화살을 누가 쐈나, 왜 쐈나가 중요할까, 아니면 당장 화살 뽑는 것이 중요할까. 물론 화살을 뽑

는 것이 중요하다. 보통 교리에서는 고통의 근본 원인을 유발하는 근본원인, 그 뿌리를 아는 것을 중요시 하며 가르치고 있다.

하지만 치유적 관점에서 보면, 현실적으로 우리는 고통을 느끼고 경험하고 있다. 그럴 때 고통에 대한 원인 접근보다는 당면하고 있는 이 고통에 어떻게 대처해야 하는가가 사실 더 급한 일이다. 괴로울 때 그 고통에 매몰되는 것이 아니라, 이를 발판으로 우리 생활을 좀 더 의미 있고 가치 있는 삶으로 나아가야 하지 않을까.

사실 고통 자체가 나쁜 것은 아니다. 그렇다면 어떻게 고통을 맞이해야 할까. 고통이 없으면 수행할 의지도 내지 못할 것이다. 우리 자신에 대해 근본적으로 고민할 기회도 갖지 못할 것이다. 고통은 우리로 하여금 존재에 대한 근본적인 의미를 생각하게 하고 깨닫게 하는, 자유롭게 하는 좋은 것이라고 할 수 있다. 그래서 사성제(四聖諦)에서는 고성제를 가리켜 거룩한 고통이라고 한다. 깨달음으로 인도하고 더 나은 삶으로 안내하는 일차적인 수단이다.

어떻게 대처하면 고통을 발판으로 보다 더 성장하게 되고 전화위복을 만들고, 걸림돌을 디딤돌로 만들 수 있을까. 고통 받고 있을 때 상황을 일반적으로 3가지 유형으로 나눌 수 있다.

첫 번째 예상치 못한 불행이나 원하는 것을 얻지 못하거나 일이 잘못됐을 때 사람들은 일반적으로 자기 비난을 한다. 내가 병신같이 이것도 못하고 저렇게 할 걸 하면서 자신을 비난하거나 아니면 타자를 비난한다. 원망의 대상을 찾는데 그것이 '나'이거나 '타자'이거나 하면서 세상을 탓하며 비난을 한다. 자기 비난을 하게 되면 어떻게 되는가. 우울과 불안, 분노하게 하는 이런 아주 불건강한 심리상태를 유발하는 호르몬이 분비된다. 우울증으로 가면서 약물을 하게 된다든지 자기 파괴적으로 변하거나, 타자를 향한 파괴적인 행동을 표출하기도 한다.

두 번째 유형은 자기 고립이다. 세상에서 오로지 나만 그 고통을 겪는 것처럼 자기를 고립시켜서 세상에 홀로 남은 것처럼 되는 유형이다.

세 번째는 무기력하게 멍한 상태에서 뭐가 뭔지 모를 정도로 넋 놓고 있는 상태이다. 무기력한 상태에 빠져 있는 것이다.

이 세 가지 유형이 가장 일반적인 유형이다. 그렇게 되면 두 번째 화살을 맞지 마라. 고통이 왔을 때 이와 같은 세 가지 유형으로 반응하게 되면 두 번째 화살을 맞는 것이다. 그렇다면 치유는 어떻게 해야 할까. 나를 어떻게 온전하게 치유하고 극복해 성숙한 사람이 될 수 있을까. 자기 비난은 어떻게 해야 할까. 자기 비난의 반대는 바로 친절이다. 대승불교 수행에서 지혜와 자비 수행하는데, 친절이 바로 자비이다. 고통하고 있는 나에게 친절해라. 왜 내가 지금 고통하고 있으니까.

한 연구에 의하면 80%에 가까운 사람들이 타자에게는 친절한데, 자기 자신에게는 불친절하다고 한다. 2%정도만 자기에게 친절하다. 가까운 사람이 사업에 실패하면 위로를 한다. '곧 지나갈 거야' 하면서 위로한다. 하지만 정작 자기가 그런 입장에 처하면 굉장히 혹독하게 자신을 대한다. 일단 뭔가 잘못되거나 고통 받을 때, 남들에게 하듯 친절해라. 살다보면 많은 어려움을 겪는다. 자신을 비난할 게 아니라 친절하면서 돌볼 줄 알 때, 훨씬 더 그 문제를 극복하고 책임감 있게 잘 해결하더라는 게 전체적인 연구 결과다.

두 번째 자기 고립이다. 이 경우에는 고통을 느끼는 순간 지구상에 자신과 같은 이유로 고통을 느끼는 사람이 얼마나 있는지 한번 생각해 보라. 의외로 많다는 것을 알게 될 것이다. 지구상 인구가 73억이 넘는다고 하는데, 그렇게 따져 보면 같은 이유와 유형으로 고통 받는 사람은 얼마나 될까. 무려 몇 억이 될 것이다.

예상치 않은 문제에 당면했을 때, 남편이나 자식, 아내, 직장이나 일로 고통 받는 사람을 떠올리면 생각보다 굉장히 많다는 것을 알게 된다. 이 지구상에는 수많은 사람들이 나처럼 잠 못 이루는 밤을 보낸다든지 남몰래 눈물을 흘린다든지 그런 사람이 의외로 많다는 것을 알게 된다. 그들을 위해 생각하면 따뜻한 마음이 저절로 일어날 것이다. 혼자가 아니라는 생각을 하게 되면 의외로 내 고통이 엄청

줄어든다.

그래서 굉장히 말 못할 힘겨운 삶을 겪는 사람 가운데 고통에 매몰되어 인생을 망치는 사람 있는가 하면, 어떤 사람은 오히려 나와 같은 고통을 겪는 사람을 위해서 사회운동을 하거나 훌륭한 일을 해내기도 한다. 그래서 항상 내가 고통을 당할 때 어떻게 대처하는지 살펴보시라. 고립 대신에 이 순간 이 시간에 다른 많은 비슷한 고통을 겪는 사람을 떠올리면서 함께 했으면 한다.

세 번째는 자기 몰입이다. 그 고통 속에 완전히 매몰돼 멍하게 무기력하게 있는 상태이다. 그럴 때 우리는 반대로 가야 한다. 고통을 자각해라. 알아차리라는 것이다. 내 안에 어떤 일이 일어나고 있는지 내면에서 어떤 생각이 어떤 느낌이 내 몸에 무엇이 일어나는지 자각하라. 요즘 말로 하면 바로 '마음 챙김' 수행으로 명상의 한 형태이다.

이 세 가지를 유념하면 우리가 고통에 처해 있을 때 그 고통이 오히려 약이 되고 성장의 발판이 될 수 있다. 살면서 괴로움이나 고통이 없다면 기고만장해지거나, 멍하게 살지도 모른다. 진짜 내가 누군지 삶에 대해서 나를 성찰하는 계기를 가질 수 없다. 자기 비난 대신 친절해라. 자기 고립 대신 보편적인 인간성을 가져보자. 그 순간에 나와 함께 고통을 하는 사람을 기억하라. 세 번째 자기 몰입 대신 알아차리고 자각을 하라. 그렇게 세 가지 형태로 하게 되면 고통은 약이 되고 전화위복이 될 수 있다.

이제 고통을 두고 예방차원에서도 한 번 생각해 보자. 순식간에 괴로웠다가 좋았다가 자신감이 넘쳤다가 마음이 약했다가 어떨 땐 하루에도 몇 번씩 오간다. 고통의 근본 원인, 뿌리에 대해 한 번 생각해 보자. 여러 가지 교리적으로 다양한 곳에서 찾을 수 있겠지만 제가 유식심리학에서 얻은 것은 4번뇌이다. 4번뇌는 아만(我慢), 아애(我愛), 아견(我見), 아집(我執)이다.

아만은 뭐냐. 온갖 것과 비교해서 우월감을 느끼고 상대적으로 열등감을 느끼는 것이다. 고통의 근본적인 뿌리 가운데 하나다. 아애는 타인에 대한 배려 없이 모든 것을 자기중심적으로 생각하고 사랑하는 것이다. 이는 고통을 잉태한다. 아견은 나에 대한 견해이다. 우리 자신에 대해 잘 안다고 생각하지만 자기에 대해 모르는 것, 경험하지 못한 것이 무궁무진하게 많다. 내가 나에 대해 갖고 있는 견해가 있다. 그러나 이것에 위배되면 굉장히 분노하거나 엄청나게 반응한다. 고통의 핵심유발자다. 그래서 유식심리학에서는 고통이라고 이야기할 때 뭔가 안다고 하는 순간 무지가 함께 발생한다. 내가 안다고 생각하는 순간, 무지도 함께 발생한다고 이해하시면 된다. 살면서 겸손하고 초심자의 마음을 많이 유지하면 힘겨운 고통에서 자유로울 수 있다. 이 4번뇌를 일상에서 자각할 수 있다면 고통에 근본적인 아픔을 예방하고 더 뿌리 뽑을 수 있다.

여러분, 지금 이 시간 이것들만 정확히 공부하면 올 한 해 생활에 도움이 될 것 같다. 힘겨운 순간 나를 비난하고 있는지, 나를 돌보고 있는지. 두 번째는 고통스러울 때 나를 고립시키고 있는지, 아니면 이 고통을 통해 나와 함께 유사한 고통을 겪는 사람을 떠올리면서 마음속으로 자신과 그들을 함께 연결해서 생각하는지. 제가 미국에 오래 살면서 경험한 것이 있다. 타국 생활이 너무 힘겨웠던 순간, 나와 같이 고국을 떠나 살고 있는 수많은 교포들을 떠올린 적이 있다. 그때 그 고통이 엄청나게 줄어들면서 자비심이 일어나는 것을 느꼈다.

마지막으로, 고통스러울 때 멍하게 무기력하게 있어 봤자 아무 소용없다. 내가 괴로울 때 고통스러울 때 내 몸이 어디가 어떻게 반응하는지 살피고 돌봐줘야 한다. 따스한 마음과 손길, 부드러운 목소리로 자신을 돌봐야 한다. 이렇게 한다면 세상 살면서 진정으로 우리를 편안하게 하고 위로할 수 있을 것이다.

● 　　　서광스님은 1992년 청도 운문사에서 회주 명성스님을 은사로 출가해 2002년 미국 보스턴대에서 종교심리학 석사를 취득하고, 2008년 소피아대에서 자아초월 심리학 박사학위를 받았다. 2012년 사단법인 한국명상심리상담연구원을 설립해 명상심리상담사와 자아초월 심리상담사 자격증 과정을 운영하고 있다. 주요 저서로 『나를 치유하는 마음여행』, 『치유하는 불교읽기』, 『치유하는 유식 읽기』 등 다수 있다.

세상에서 가장 위대한
심리치료자 부처님

한국불교 총본산 조계사에서 여러분을 만나게 되어 반갑다. 불교신문과 조계사불교대학 총동문회 관계자 분들에게도 감사를 드린다. 저는 오늘 부처님과 불교를 좀 색다른 관점에서 이야기해 보려고 한다. 그간 불교와 정신치료를 어떻게 통합할 것인가를 오랜 기간 동안 연구해 왔다. 그러다 불교 자체가 훌륭한 정신치료라는 것을 알게 된 이후 '불교와 정신치료'에서 '와'라는 접속사를 빼고 이제는 '불교정신치료'라고 한다. 부처님은 정말 위대한 정신치료자다.

제가 하고 있는 불교정신치료의 원리는 3가지에 입각해 있다. 우리의 근간이 되는 몸과 마음이 어떤 속성을 지니고 있는지가 그 첫 번째이고, 세상을 움직이는 원리를 제대로 아는 것이 두 번째, 어떻게 하면 지혜로써 살아갈 수 있을지가 세 번째이다. 결론적으로 세상은 법칙에 따라 움직인다. 이를 잘 알고 괴로움이 발생하지 않도록 하는 것이 정신건강에 굉장히 중요하다.

　또한 지혜라는 것은 있는 그대로 아는 것이다. 지혜가 있으면 괴로움은 아예 시작되지 않는다. 괴로움을 제대로 처리하지 못하면 언제나 문제가 생긴다. 우리는 몸과 마음을 갖고 있는 한 괴로움에서 벗어날 수 없다. 그런데, 불가피한 괴로움 외에 우리가 스스로 만들어낸 괴로움이 더 많다. 화살에 비유하면 화살을 한 번 맞을 걸 두 번 세 번 맞고 있다.

　세상을 지혜롭게 살아가게끔 도와주는 것이 바로 정신치료의 작업이다. 서양의 과학적인 정신치료의 역사는 프로이드로부터 시작됐다. 만약 프로이드가 일찍 불교를 접했더라면 불교정신치료가 100년 전에 나올 수 있지 않았을까 하는 생각을 한 적도 있다.

저와 불교와의 인연은 오래전 시작됐다. 1985년 당시 정신과 레지던트 2년차로 생활하고 있었다. 우연한 인연으로 첫 번째 스승을 만났고, 세상을 움직이는 원리를 배웠다. 불교가 곧 진리라는 믿음이 생겼다. 전공의 2년차로 바쁘고 힘든 시절이었는데, 배운 것을 저에게 적용해 보니 상당한 도움을 받았다. 또 그런 눈으로 세상을 보니 하나도 틀린 것이 없다는 것을 발견하고, 정신적인 문제를 가진 사람들이 불교의 가르침을 이해하게 되면 자기 문제를 해결하는 데 도움이 되겠다는 확신이 생겼다. 이것이 불교정신치료의 시발점이다.

2003년도에 미얀마에서 약 한 달 동안 위빠사나를 수행했다. 마하시 선사가 일상생활에서 부처님 가르침을 실천할 수 있도록 불교 핵심인 무상(無相), 고(故), 무아(無我)를 깨치게 하도록 만든 수행법이다. 눈떠서 잘 때까지 몸과 마음을 관찰했다. 나름대로 무상, 고, 무아를 터득하면서 많은 것을 알게 됐다. 불교가 심리학이나 심리치료가 될 수 있는지에 초점을 두고 초기경전인 『니까야』도 꼼꼼히 읽었다.

우리 몸과 마음을 자세히 관찰해 보면, 스스로 몸과 마음을 통제할 수 없다는 것을 알게 된다. 인과의 법칙에 따라 몸과 마음은 움직일 뿐이다. 생존해 있는 동안은 몸과 마음의 고통을 피할 수 없다. 불교는 훌륭한 정신치료적인 구성요소를 지니고 있다. 정신치료는 인간의 괴로움을 해결하는 것이다. 불교는 일찍부터 인간을 괴로운 존재로 봤다.

불교는 괴로움에 대해 탁월한 시각을 갖고 있다. 불교의 가장 중요한 가르침 가운데 하나가 사성제이다. 사성제의 첫 번째가 고성제이다. 괴로움을 피할 수 없는 존재가 인간이다. 때문에 고에 대한 자각을 하는 것이 중요하다.

대부분 괴로움을 근본적으로 해결할 수 없다고 보고 있다. 프로이드도 본능과 자아, 초자아로 나눠 본능을 기본적으로 안고 있다고 가르쳤다. 불교는 그런 견해와 완전히 다르다. 불교는 괴로움을 뿌리째 뽑을 수 있다고 가르치고 있다. 그것이 멸성제(滅聖諦)이고 그 방법이 도성제(道聖諦)다. 괴로움을 어떻게 다뤄야 하는지 전문적인 가르침을 담고 있다. 불교는 괴로움에 아주 밝은 종교이다. 어떤 괴로움과 의문도 해결할 수 있다.

제가 생각하기에 인간의 괴로움은 3가지에서 발생한다. 첫 번째는 몸과 마음을 통제할 수 없다는 사실, 괴로움의 원천 가운데 하나다. 두 번째는 세상이 움직이는 원리에 따라 움직인다는 것이다. 자기 마음대로 세상은 돌아가지 않는다. 세 번째는 자기 생각과 실제가 다를 때 괴로움이 발생한다. 불교정신치료는 검증된 보편적인 진리를 바탕으로 하고 있는데 반해, 다른 분야의 정신치료는 한 개인의 경험과 관찰에 근거하고 있다. 물론 탁월한 경험과 관찰이긴 하지만 분명 한계가 있다.

탐진치는 전부 해로운 마음에 해당된다. 정확하게 보지 못하는 마음은 전부 해로운 마음이다. 예를 들어 현재에 집중하게 되면, 탐진치가 없다. 컵을 들 때 들고 있는 상황에만 집중하면 탐진치가 없다. 현재에 집중만 해도 뇌에 좋은 회로가 들어온다. 예를 들어 우리가 양치를 하면서 '무슨 일이 있을 거야'라고 생각하면 이것은 '치'이다.

현재에 집중하고 있다가 갑자기 과거가 생각나면, '지나간 일이야' '과거일 뿐이야' 하고 탁 돌아오면 잘못된 것이 하나도 없다. '오늘 뭐하지'라는 생각이 일어났을 때, '그걸 내가 어떻게 알아. 아직 몰라' 하고 딱 돌아오면 좋은 현상이 일어난다. 생각이 일어나면 그 자리에서 스톱 하면 된다. 그것만 하면 아주 좋은 현상이 일어난다. 생각이 나면 탁 스톱 하면 된다.

생각이라는 것을 자세히 관찰해 보라. 과거와 관련이 있는 생각은 사실 딱 한 번만 일어난다. 과거는 여러 번 일어나지 않는다. 예를 들어 어떤 사람에게 "너 왜 이렇게 바보 같냐?"라는 말을 들으면 기분이 나쁘다. 동시에 뇌에 좋지 않은 화학변화가 일어난다. 그리고 나서 집에 돌아와 그때 그 사람이 나에게 그런 말을 했지 하면서 생각하는 순간 심적인 타격을 받고 두 번째 화살을 맞게 된다.

미래 또한 한 번도 가 보지 않은 나라처럼 전혀 모르는 것이다. 그런데 미래를 생각하면서 일어나지 않은 일에 대해 생각하면 타격을 받고 뇌에 영향이 온다. 그것을 멈춰야 한다. 병원에 환자들을 보면 생각을 많이 해서 온 사람이 많다. 생각을 많이 하지 않는 환자를 보지 않은 적이 없다. 수행하면서 깨달은 것은 '마음이 내 것이 아니구나'라는 것이다.

생각은 내 것이 아니다. 저도 가정이 있고 환자도 보고 하는데 괴로움이 왜 없겠는가. 괴로움이 일어나는 순간 놓아 버리면 된다. 겨울철 난로에 눈이 닿는 순간, 순식간에 눈이 녹아내리는 것처럼 생각이 날 때 탁 놓으면 그 영향에서 벗어날 수 있다.

생각은 안 떠오를 수가 없다. 그것이 머무르는 시간이 굉장히 중요하다. 어떤 생각이든 생각은 순간적으로 사라진다. 그런데 그놈이 친구를 불러 온다. 한 생각을 오래 하는 것이 아니다. 생각을 멈추는 것이 굉장히 중요하다. 생각하는 것을 자부심으로 여기는 사람도 있지만 사실은 아니다. 무슨 일이든 벌어질 수밖에 없다. 이 같은 환경에서 우리가 어떻게 반응하느냐에 따라 건강하게 살 수 있다. 우리는 살다보면 좋은 자기의 품성을 잃어버릴 때가 많다. 다음과 같은 방법을 제대로 실천하면 지혜로워질 수 있다.

부탁과 거절에 자유로우면서, 인사를 잘하고, 거짓말을 하지 말 것이며, 약속을 지키고, 남과 비교하지 않고, 대화를 잘 하고, 인간관계를 단절시키지 말고, 여유 있는 마음으로 시야를 넓게 갖고, 생각을 줄이며 현실에 충실하고, 자신에게 도움이 되는 일을 하고, 독서를 통해 간접적인 경험을 쌓는 것 등이 바로 그것이다.

● 전현수 박사는 부산대 의과대를 졸업하고 신경정신의학과 전공의 2년차 때 불교를 처음 만난 이후 현재 수행을 통한 경험을 정신치료에 응용하고 있다. 2007년 한국불교심리치료학회를 설립하고 대중들의 마음을 치료하는데 주력하고 있다. 서울가정법원 가사조정위원, 상담위원 등으로도 활동하고 있으며, 주요 저서로는 『노동의 가치, 불교에 묻는다』, 『정신과 의사가 붓다에게 배운 마음 치료 이야기』 등이 있다.

힐링가이드 예술심리학

저는 연기자 생활을 하다가 미국으로 건너가 심리학을 공부하고
지금은 사람의 마음을 어떻게 하면 편안하게 해줄 수 있는지에 대해
연구하고 있다. 예술을 매개체로 마음에 대해 공부하고 있다. 실질적
으로 예술은 현대인들의 고통을 덜어 줄 수 있는 강력한 매개체이나.
미국에서 주로 공부했지만 또 다른 체험을 하고 싶어 오랫동안 인도
에서 수행하기도 했다.

이 분야를 연구하다 보니 사람에 대해 깊이 이해하고 많이 알아
야 한다는 것을 알게 됐다. 치료사가 하는 일은 종교의 역할과 비슷
하다고 생각한다. 제가 소속되어 있는 통합예술치료 대학원에도 목사
님이나 수녀님 등 다양한 종교인들이 오셔서 공부하고 있다. 여기 계
신 분들보다 불교에 대해 많은 공부를 한 것은 아니지만, 제가 체험
한 것들과 여러분이 알고자 하는 게 같지 않을까 싶다. 먼저 최근 우
리 주변에서 일어나고 있는 일에 대해 생각하는 시간을 갖자.

　이세돌과 인공지능 알파고 사이의 바둑 대결이 큰 주목을 받고 있다. 이세돌 9단이 3연패 끝에 첫 승을 거뒀을 때 '경이로운 인간 승리'라며 극찬을 보내고 함께 기뻐하기도 했다. 저는 인공지능의 기사와 이세돌의 대국을 지켜보면서 큰 충격을 받았다. 사람이 만든 기계에 의해 사람이 참패를 당했다. 향후 지속적으로 이런 일이 벌어진다면 예기치 못한 상황이 많이 벌어질 수 있겠다 하는 막연한 공포심을 느끼기도 했다. 이세돌 9단의 1승은 값지지만, 그보다 그 기계를 만들어낸 인간이 더 위대한 것이다. 사람을 대신해 기계가 많은 부분을 대행하고 때로는 그 이상의 역할을 하고 있다. 그렇다면 이제는 누가 진정한 크리에이터(창조주)일까.

　요즘 사람의 의식이 정말 많이 바뀌는 시대에 살고 있다. 인간의 고통이나 행복 이런 모든 것은 세상을 바라보는 관점에서 시작된다. 기분이 나쁜 날은 길에 아름다운 장미꽃이 떨어져 있어도 보지 못하고 그냥 지나쳐 버린다. 기분이 좋은 날은 '이 소중한 것이 왜 여기 있을까' 꽂이든 혹은 작은 풀잎도 줍는다. 꽃은 그대로 있었고 풀잎도 거기 그대로 있었다. 보는 눈에 따라 관점에 따라 그때그때 감정에 따라 달라 보이는 것이다. 여기에서부터 고통이 시작되는 것이 아닐까.

얼마 전 지인이 좋은 글을 보내왔다. 80세까지 살 수 있는 사람은 28%정도이고, 90세까지 사는 경우는 4%라고 한다. 한 번이라도 이런 부분에 대해 생각해 본 적이 있는지 되돌아 봤으면 한다. 사람들은 대부분은 100세 시대를 고민하며 그때까지 쓸 수십억이 없는 것을 한탄한다. 하지만 모두 100세까지 못 사니까 돈 없는 것에 대해 고민하지 않아도 된다.

인도에 갔을 때 수행센터에서 구루(영적인 성자)에게 깨달은 상태는 어떤 것이냐고 물은 적이 있다. 깨달으면 아프지도 않고 굉장히 행복하고 천국에 가 있는 것 같은 그런 느낌인가. 그런데 스승이 이야기하기를 깨달은 자도 꼬집으면 아프다고 말했다. 그 이야기를 들으면서 많은 생각을 하게 됐다. 대부분 깨달음에 대한 환상을 갖고 있는 것 같다.

동질화 되지 못하는 고정관념 때문에 속상할 때가 많다. 만약 이 관념만 없어진다면 고통으로부터 해방될 수 있다. 예를 들어 옆집에서 큰 차를 사면 내내 잘 타고 다니던 우리 집 차가 갑자기 작아지는 것처럼 느껴진다. 자기 자신에게 주어진 환경이나 상황에 대해 있는 그대로 바라볼 수 있는 마음이 중요하다. 이것이 깨달음이지 않을까. 정말 깨달음이 뭔지에 대해서 깊이 있게 생각해 보았으면 한다. 여러분도 수행을 하고 있고 경험을 하고 있으니 저와 이야기 하면서 각자 해답을 찾는 시간이 됐으면 한다.

제가 여의도에 있을 때 알고 지내던 한 분이 있었는데, 어느 날 얼굴이 하얗게 질려서 저를 찾아왔다. 남편 옷을 정리하다 양복주머니에서 여자 전화번호가 적힌 쪽지가 나왔는데 너무 화가 나 남편 사무실로 바로 전화해 소리를 지르고 난리를 쳤다는 내용이었다. 집에 들어온 남편을 향해 물어보지도 않고 칼을 들고 공격까지 했다는 것이다. 정황을 들여다보니 전혀 확인되지 않은 일이었는데, 문제는 다음날 아침 곰곰이 생각해 보니 자기 자신이 정말 미친 게 아닌가 하고 큰 실망을 했고, 마음을 가라앉힐 수가 없다며 하소연을 해왔다. 저는 그분과 지속적으로 상담을 했다.

그런데 알고 보니 트라우마가 발견됐다. 고등학교 때 과외공부를 하고 돌아오는 길에 택시기사에게 강간을 당한 것이다. 굉장히 총명한 사람이었는데 이후 대학진학을 못하고 일본으로 건너가 공부를 마치고 지금의 남편을 만나 결혼했다. 어린 시절의 아픈 기억이 잠재돼 있다가 택시기사를 향한 분노가 남편에게 투사됐던 것이다. 어렸을 때 나쁜 기억과 경험이 치유되지 못하면 전혀 다른 출구를 타고 증폭되어 표출될 수 있다.

개인의 문제는 부정적 체험에 의해 유발된다. 체험 즉 아주 나쁜 경험이 그 사람의 정신을 병들게 한다. 말할 수 없는 경우도 있고 있는 경우도 있는데 실질적으로 원인을 제대로 찾지 못해서 그렇게 되는 것이다. 심리 분석 과정에서 마음을 병들게 하는 원인을 찾게 되면 아픔으로 잘 해소할 수 있다. 하지만 원인에 대한 해소가 안 되면 계속 반복되는 것이다.

절에 와 수행하고 기도도 하는데 궁극적으로는 깨달음을 얻기 위해서 하는 것이다. 그런데 솔직히 이야기 하면 자신이 원하는 요구를 좀 들어줬으면 해서 절에 오는 분도 많다. 종교가 가진 애초의 기능인 깨달음은 부처님이 설정하신 것이다. 현실적으로 지금 이 시대를 살아가는 현대인들은 자기 마음 편하고 아이가 좋은 학교에 합격하고 와이프 성격이 바뀌었으면 좋겠고 등, 이런 것을 빌기 위해 종교 생활을 하고 있다. 원래 목적과 현재 바라는 목적 사이에 큰 차이가 있다. 내가 고통스러운 이유는 나의 목표를 나의 욕구에 맞췄기 때문이다. 나의 욕구에 목표를 맞추는 한 영원히 고통을 수반할 수밖에 없다.

인도의 수행센터에서 체험한 이야기를 하나 들려 드리겠다. 수행하는 장소와 식사장소가 많이 떨어진 곳이었다. 수행이 끝나면 식사하는 곳까지 5분 정도 걸어야 하는데 개울을 지나야 한다. 잘 아시겠지만 인도는 개울이 온통 오물덩어리다. 몇 달을 개울을 지나 밥 먹고 또 다시 수행하는 곳으로 가고 하는 생활을 반복했다. 개울을 보면 덩어리도 그대로 보이고 냄새도 심했다.

함께 수행했던 도반은 고생을 별로 해보지 않은 분이기도 했지만 너무 힘들어했다. 마지막 날 그분이 심각한 얼굴로 궁금한 점이 있으니 사실대로 말해달라고 했다. 어려운 이야기인지 알고 내심 걱정했는데, 말인즉슨 "매일 거기를 지나다녔는데 정말 냄새가 나지 않았냐, 아니면 냄새 자체를 못 맡는 거냐."는 것이었다. 그래서 이렇게 말을 했다. "냄새가 없어진다면 하루 종일 투덜거리고 화를 냈을 것이다."

세상은 절대 바뀌지 않는다. 그런데 자신의 관념을 조금만 바꾼다면 또 다른 세상이 펼쳐질 수 있다. 우주적 존재로서의 나를 한 번 생각해 봤으면 한다. 넓고 큰 우주에 비해 나는 정말 작은 존재이다.

천박하고 하찮다는 의미는 아니다. 이 같은 작은 존재들이 모여서 의미 있는 존재가 되는 것이다. 생명에 대한 대승적 자비, 여기에 모든 가르침이 있다고 생각한다. 부처님께서도 모든 생명체에 대한 대승적 자비를 통해 깨달음을 얻으라고 말씀하셨다.

자신의 감정과 정서가 실질적으로 진실, 진짜가 아닐 수 있다는 것에 생각의 여지를 가져야 한다. 미국에서 공부했을 때 법정스님의 『무소유』를 여러 번 읽었다. 10여 권 사서 지인들에게도 나눠줬다. 스님은 돌아가시면서 출판물을 더 이상 출판하지 말라는 유언을 남기셨다. 스님께서는 이런 생각을 하신 게 아닐까. '의미 없음'. 스님께서 전한 그 많은 말씀들이 부질없음을 알게 된 것이 아닐까.

우주적 존재로서의 나, 그런 관점에서 나를 바라보면 어떨까. 나만 바라보는 게 아니고 우주적 존재로서의 나를 생각하면 나머지 것들을 더욱 소중하게 여기지 않을까. 나는 정말 작고 나머지 것들이 훨씬 크다. 나와 가장 가까이 있는 가족, 소속된 집단 이들을 조금 더 소중히 생각하는 그런 생각을 한다면 마음도 훨씬 편안해질 것이다. 오늘 이후 내가 어떻게 달라지고 있는지 한번 관찰해 보라. 스스로는 잘 모르겠지만 나를 대하는 상대가 달라질 것이다. 오늘 저와 함께 한 이 시간이 그런 변화를 가져오는 작은 팁이 되었으면 한다.

● 홍유진 동덕여대 방송연예과 교수는 1977년 TBC 동양방송의 공채 탤런트로 데뷔해 300여 편이 넘는 드라마에 출연하며 활발한 활동을 펼쳤다. 이후 1987년 미국으로 유학, 뉴욕대에서 연기심리학으로 박사학위를 받았다. 국내 연기자 출신으로는 외국박사 1호다. 1991년 귀국해 경희대와 한양대 등에서 강의하다 1998년 동덕여대에 방송연예과가 신설되면서 초대 학과장으로 임명돼 현재까지 연기수업을 하고 있다.

즉불 즉탈 즉도, 조사선

여러분과 인연이 되어 진정 반갑고 감사하다. 저의 스승은 생불로 추앙받았던 청화스님이다. 은사 스님을 만나지 못했다면 머리를 깎지 못했을 것이다. 스승 복을 참 많이 입었다. 스님을 떠올리기만 해도 옷깃이 여며진다. 스승이어서 찬탄하는 것이 아니다. 은사 스님을 한 번 겪어본 사람은 모두 팬이 될 정도였다. 평생 동안 잊혀지지 않는 스승을 만난 것은 얼마나 큰 복인가. 처음 스승 말을 들었을 때는 안 맞는 옷을 입은 것처럼 느껴졌지만 이제는 몸에 익숙한 옷처럼 느껴진다. 여러분도 복이 참 많다. 선재동자님은 죽을 고비를 넘겨가면서 스승을 한 분씩 만나 배움을 얻었는데, 이렇게 좋은 법당에서 법문을 들으니 복덩이들이다.

조계사 법당에 임해 있는 지금 이 순간 최우선적으로 해야 할 일은 무엇일까. 어떤 답이 떠오르는가. 법당에 있는 현재 마음속으로 기초가 될 만한 신념을 지니고 있어야 한다. 지금 어떤 마음가짐으로 있어야 하는지를 평소에 묻고 있는지, 묻고 있지 않는지에 따라 삶이 달라진다. 스스로 묻는 사람은 다른 사람보다 한 수 다른 삶을 살 수 있다. 습관적으로 살고 있는지 의도적으로 살고 있는지를 들여다봤으면 한다.

습관적으로 사는 것은 발전이 없다. 의도적으로 살면 인생은 한 단계 더 레벨이 높아지게 된다. 그렇다면 무엇을 기준으로 의도화 할 것이냐. 바로 스승의 덕을 기준으로 삼아야 한다. 덕대로 살라고 했는데, 마음속에 이런저런 답이 있겠지만 (저는) 이 답을 쓰게 한다. '바로 지금 여기 이 순간에 해탈로 존재하라.' 여러분에게 권장하는 답이다. 저는 이 답을 쓰게 하고 큰 소리로 외치게 한다. 아승기겁(阿僧祇劫)을 닦아야 해탈하는 것이라고 이야기하는 분도 있는데 틀린

말은 아니다. 하지만 이는 정곡을 뚫는 답을 얻지 못해서 그런 것이다. 부처님 말씀 한두 마디 들으면서 '아하' 하고 깨달으면 마음에 자유가 오고 이것이 해탈이다.

부처님 제자인 5비구 가운데 한 분인 마성비구가 아라한이 되어 거리를 여행하고 있었다. 이때 사리불이 마성비구를 보자마자 저분은 위대한 스승이거나, 위대한 스승의 제자일 것이라고 알아차린다. 사리불이 마성비구에게 "당신은 위대한 스승입니까, 그 스승의 제자입니까?"라고 묻자 "나의 스승은 고타마 붓다이며, 제법종연생 역종인연멸(諸法從緣生 亦從因緣滅)이라는 연기법을 배웠다."고 답했다. 이 말을 들은 사리불에게 안심입명(安心立命)이 왔다. 이처럼 해탈은 앉은 그 자리에서 바로 오는 것이다. 왜 하필 멀고 먼 깨달음을 잡고들 있는가. 여러분에게 지금 바로 묻는다. 이 순간 나는 해탈로 존재하고 있는가.

조계사 법당에 앉아 있는 여러분에게 필요한 것이 하나 더 있다. 해탈에 버금가는 일이다. 구류중생(九類衆生)을 모두 제도하겠다는 서원이 바로 그것이다. 『금강경』 「대승정종분(大乘正宗分)」에 나오는 이야기다. 나만 해탈하고 말면 안 된다. 우리 주위에는 고통 받는 존재들이 너무 많다. 그들이 고통으로부터 나올 수 있도록 뭔가를 해야 한다. 행동하기 이전부터 마음속으로 고통 받는 중생을 다 제도하리라 하는 서원, 진정성 어린 서원이 필요하다. 이것이 구원의 조건이 되고 해탈의 조건이 된다고 『금강경』은 가르치고 있다. 평소에 구류중생을 모두 제도하겠다는 마음을 어느 정도 갖고 있는가. 불법(佛法)이 대단히 복잡한 것 같지만 나는 이 두 가지가 불법의 전부라고 생각한다. 이 순간 해탈해 버리는 일 하나와 구류중생을 제도하겠다는 서원, 이 일만 딱 하고 있으면 걸림 없는 자유를 느낄 것이며, 보살행이 나올 수밖에 없다. 다시 정리하면 '상구보리 하화중생'이다. 상구보리 하화중생은 시도 때도 없이 화두가 되어야 한다. 어느 때이고 이 화두를 스스로에게 던져야 한다.

상구보리 하화중생을 인생의 전부, 불교의 전부라고 말했다. 구체적으로 어떻게 해야 하는가에 대해 여러 차원의 불교가 답을 제시하고 있지만 이 가운데 선불교의 답, 달마 불교, 혜능 불교의 답이 진정으로 좋다. 법 자체가 돈법(頓法)이기 때문이다.

바로 지금 온전히 살아버리는 불교를 해야 한다. 맨날 준비만 하고 공부만 하는 불교가 아니라, 온전히 살아버리는 불교가 되어야 한다. 불법이라고 하는 것은 조금 알고 제대로 살아버리는 것이지 무슨 불법 공부한다고 1년, 2년, 3년, 10년, 20년까지 공부만 하고 있는가. 조사 불교는 공부는 별로 안 시키면서 불법이 삶으로 드러나게 하는 가르침을 담고 있다.

달마불교가 바로 조사 불교이다. 달마불교의 정수는 즉불(卽佛) 즉탈(卽脫) 즉도(卽道)이다. '즉'이라는 글씨는 정말 매력적이다. 바로 즉, 시간을 초월하는 개념이다. 즉불, 바로 부처, 정말 멋있지 않나. 제가 뱉은 소리가 아니라 달마가 뱉은 이 말이 좋아서 제가 자기 소리인 것처럼 뱉고 있는 것이다.

즉불(卽佛)은 선불교의 바탕개념이다. 이대로 부처, 이미 선불교의 제자들이 되어 있다는 뜻이다. 부처가 해야 할 일이 많은데 가장 첫 번째로 자유로워져야 한다. 이것저것에 걸려선 안 된다. 선불교는 이것저것 공부시키는 게 목적이 아니라 해탈이 목적이다. 앉은 자리에서 바로 해탈시켜 버린다. 달마대사로부터 법을 이어받아 중국 선종의 2대 조사가 된 혜가가 처음 달마대사를 찾아왔을 때 마음이 괴롭다며 해결해 달라고 요청했다. 그러자 달마는 간단하게 물었다. "그 괴로움을 가져와 봐라, 그러면 해결해 주겠다." 혜가는 내놓을 괴로움이 없다고 답했다. 이것이 불조의 가르침이다. 달마는 그 자리에서 혜가를 즉탈시켰다.

석가모니 부처님과 나라고 하는 존재는 같은 것이 더 많을까, 다른 것이 더 많을까. 가만히 명상해 보라. 따지고 들어가 보면 99%는 같고 단지 1%만 다르다. 다른 점은 무엇일까. 예를 들어 석가모니 부처님에게 입에 담을 수 없는 욕을 했다면 부처님은 단지 '욕을 하고 있네'라고 받아들이는 반면, 여러분의 경우라면 속에서 전쟁이 일어날 것이다. 이런 차이가 조금 있다. 지금부터 살아 있는 부처를 받아들이자.

천하는 그 자체로 평등하다. 돈법(頓法)을 갖고 있는 불교 속에 살고 있는 여러분은 큰 복을 지니고 있다. 보리(깨달음) 아닌 것이 없다. 접근하고 적응하다보면 천하가 일미평등임을 확연하게 알게 된다. 세상에 존재하는 것들을 실체로 보는가 연기로 보는가가 있는데, 실체로 보면 비불교이고 연기로 보면 불교가 된다. 가능하면 실체에 떨어졌을 때 정신을 차리고 연기를 떠올렸으면 한다.

아주 중요한 부분이 있는데 정체성에 관한 것이다. '나'라고 하는 실체를 어떻게 보느냐에 따라 인생의 행불행을 가름한다.

즉탈(卽脫)은 이미 확보되어 있는 해탈을 확인하는 것이다. '해탈이야'라고 했을 때 '해탈할 수 있어'라고 생각할 수 있는데, 정신 차려야 한다. 이미 해탈되어져 있는 영역이 정말 많다. '안이비설신의'를 놓고 보라. 눈 뜨는 것을 자유롭게 하고 있다. 듣는 것도 자유롭게 듣고 있다. 귀의 해탈이다. 해탈을 교묘하게 특별한 무엇으로 여기지 말아야 한다. 우리는 이미 자유 속에 있다. 보는 것, 듣는 것, 맛보는 것, 감촉하는 것 등 자유롭게 다 하고 있다. 이처럼 우리는 한정 없는 자유와 해탈 속에 살고 있기 때문에 이미 확보된 해탈을 확인하면 된다.

마지막으로 정리해 보자. 지금 바로 부처한다. 즉불이다. 즉불인 나는 즉탈한다. 지금 바로 걸림 없는 자유를 누리는 것이다. 그러니 그 다음엔 절로 즉도(卽道)가 되어지고 인연 따라 뛰어가서 중생을 제도해야 한다.

● 용타스님은 전남대 철학과 3학년에 재학 중이던 1964년 청화스님을 은사로 출가했다. 스님 신분으로 1966년부터 1974년까지 10년 남짓 고등학교 독일어 교사를 한 독특한 이력으로도 유명하다. 1974부터 1983년까지 20안거를 성만했으며, 동사섭 프로그램을 개발해 현재까지 300여 회에 달하는 법회를 열어 수행을 지도하고 있다. 현재 성륜불교문화재단 이사장, 귀신사 회주 등을 맡고 있다. 주요 저서로는 『마음 알기 다루기 나누기』, 『10분 해탈』, 『공』 등이 있다.

미래 사회와 불교

한국 사회에서 불자로서 어떤 마음을 가져야 하고 불자로서 우리 사회를 어떻게 변화시킬 것인지 원력을 다듬는 시간이 됐으면 한다. 부처님 법을 접한 지 52년 됐다. 당시 동료들로부터 불교가 참 좋다는 이야기를 들었는데, 원효대사 전기를 읽으면서 불교를 본격적으로 접했다. 부처님 법을 1964년도쯤 접하고 광덕스님이 계시던 대각사에서 공부를 시작했다. 가르침이 정말 좋아서 '아 이제 나도 머리 깎아야겠다' 하고 생각했다. 그때가 고1때이다. 저는 물리학을 사랑하는 물리학자지만, 불교는 그보다 훨씬 더 사랑한다. 가르침만 사랑하는 것이 아니라 불자와 불교계를 사랑한다.

이 시대, 왜 불교인가. 불교는 미래 사회의 종교인가. 과거의 종교라든지 아니면 한국사회 동남아 또는 동북아 여기에 있는 종교일 뿐이라면 저는 불교를 믿을 생각이 없다. 지구적인 종교이고 미래 사회 종교라는 확신이 있어야 불교를 믿을 수 있다. 첫째 불교는 미래 사회

종교인가. 둘째 과학시대에도 불교인가, 인공지능까지 나오고 인간을 대신할 로봇도 있는데 과학시대에 불교는 유효한가. 셋째, 지구 전체가 갈등이 증폭해 있는 현재 어떤 종교가 필요한가. 생명존중 관용의 종교가 필요하다. 평화의 종교가 필요하다.

20세기 가장 유명한 미래사학자인 토인비는 마지막 강의에서 '20세기 가장 유명한 사건이 무엇인가' 하는 말하라고 하면 뭐라 하겠냐는 질문에 주저하지 않고 불교가 서양에 소개된 것이라고 답했다.

20세기 불교는 어떤 대접을 받고 있나. 수년 전 독일인을 대상으로 세계 최고의 롤 모델을 묻는 질문에 독일인들은 달라이 라마를 1순위로 꼽았다. 당시 교황이 독일인 출신이었음에도 불구하고 스님을 닮고 싶다고 했다. 두 달 전 미국 〈포춘지〉 조사 결과에서도 세계적인 리더로 달라이 라마가 선정됐다.

불교정신을 갖고 세계를 리더들을 대하고 있으니 감명을 준 결과라 생각한다. 이걸 보면 불교적 감수성이나 불교적 철학을 가진 사람이 세계 리더가 될 수 있다는 것을 증명한다. 부처님 가르침으로 이런 결과가 나왔다고 생각한다. 로봇 셔먼이라는 미국 불교학자는 미국의 건국 이념이 불교 이념과 같다고 주장했다. 건국 이념 속에 들어 있는 자유, 평등, 박애사상, 이런 모든 것들이 불교적 아이디어이기 때문이라는 것이다. 이것은 신에 의해서 주어진 사랑이나 평등 같은 개념과는 다르다. 신을 안 믿는 사람들까지도 평등하다고 생각하는 미국의 건국 이념은 그래서 불교 이념에 가깝지 기독교 이념에 가깝지 않다. 이런 논문이 한국의 불교 학자에게서도 나와야 한다고 생각한다.

〈타임지〉에는 적어도 몇 년에 한 번은 불교를 표지로 다루거나 혹은 기사거리로 소개한다. 미국의 지식인이나 정치, 사회 지도자들이 불교를 새롭게 소화하고 있기 때문에 불교를 소개하지 않을 수 없다. 어쨌든 미국이라는 사회에서 불교는 생소하지도 않고 소수 종교 또는 동양의 구석에 있는 종교로 취급하지 않는다. 아주 중요한 사회 철학 종교로 받아들여지고 있다.

두 번째, 지금은 과학시대이다. 인류역사상 유일무이한 과학자인 아인슈타인은 현대과학 요구에 상응하는 종교를 꼽으라면 불교라고 말하고 싶다는 말을 남겼다. 이 사람은 독일에 있다가 2차 대전 때 미국으로 이민한 유대인이다. 아인슈타인은 유대교는 선민사상 때문에 너무 유치하고 기독교는 어린아이 같다고 했다. 인류역사상 가장 유명한 과학자의 입에서 불교라는 답이 나왔다. 세상을 바라보는 불교의 가르침이 서양에는 새롭게 보이는 것이다. 서양의 이분법으로 과학을 발달시켰음에도 불구하고 불교적 사고에 접근해 있다. 서양에서는 신이 만들어 놓은 것이기 때문에 영성이 따로따로 있다. 불교는 과학을 하나로 다루지 않는다. 과학 하는 사람에게 불교는 접근하기가 좋고 알아듣기 쉬운 종교다. 불교는 진화를 거북스럽게 생각하지 않는다. 부처님은 그 당시 그 사회에서 보면 혁명가이다. 사성계급을 다 허물어 버렸다. 뱀이 물을 마시면 독을 만들고 소가 물을 마시면 우유를 만든다. 상호작용 하면 별것이 다 만들어진다. 과학이 불교를 좋아하지 않을 수 없다.

서양에서는 신에게 대들었다가 많은 사람들이 죽었다. 불교는 의심하는 사람을 좋아한다. 이런 종교는 불교밖에 없다. 자등명 법등명, 자기 자신을 등불로 삼고, 자신을 의지하라고 했지 부처님은 자신을 따르라고 하지 않았다. 심지어는 상이 떠오르면 부처님이든 뭐든 그것을 뚫고 지나가야 한다고 하셨다. 자기가 만든 허상을 깨라. 다른 종교에는 없다. 철학이 불교를 좋아하는 이유도 이 때문이다.

생태 포용, 평화의 종교 너무나 잘 아는 것이다. 지구가 우주의 중심이라는 생각, 어떻게 바라보고 있는가. 불교적 입장에서는 절대 중심이 없다. 누가 중심이냐. 여러분 한 분 한 분이 다 중심이다. 우주의 모든 분이 주인공이고 중심이다. 태양이 우리 은하계의 중심도 아니다. 50억 개가 되는 우리 은하계는 하나하나가 다 중심이지 특정한 것 하나를 뽑아서 중심이라고 할 게 없다. 천상천하 유아독존은 여러분이 다 주인공이라는 뜻이다.

민족문화의 뿌리는 불교다. 우리나라의 언어, 사고 등 모든 것을 다 따져보면 불교 아닌 것이 없다. 저는 김영삼 대통령과 장로 이명박 씨가 대통령이 되는 것을 반대했다. 불교를 모르면 지도자가 아니라고 생각한다. 김영삼 대통령이 도심을 통과하는 KTX를 뚫으려고 했다. 반대 서명운동을 20만 명 받았다. 황금알을 낳는 거위의 배를 가르지 말라며, 경주가 죽는다며 시민들에게 호소했다. (당시 대통령은) 우리 문화에 대한 이해가 없어서 그렇게 했다. 우리나라 지도자는 불교적 감성을 가진 사람이 되어야 한다.

한국 사회 이대로 좋은가. 불교 혼자만 좋으면 무엇하는가. 우리 사회를 멋진 사회로 만드는 게 불교여야 한다. 그리고 그런 자질이 불교에 있다. 경제 지수는 10위 11위 정도인데 웰빙 지수는 엄청나게 뒤처져 있다. 지금 한국의 자살률이 세계에서 1위이다. 보통이라고 생각하면 안 된다. 무엇이 문제인가. 우리 불자들이 잘 생각해야 한다. 한국의 부패지수가 높은 것은 공공성이 부족하다는 것이다. 공공성을 생각하라. 타인과 사회문제를 자신의 문제로 받아들여 보라. 이것이 불교의 공공성이자 공심이다. 공공성의 4가지인 공익성, 공정성, 공개성, 시민성이 OECD 중 하위에 속한다. 미국은 공익성 공정성은 좀 나쁘다. 개인주의가 강하기 때문이다. 그런데 뭐가 잘 작동하느냐 하면 공개성 시민성이다.

만해스님의 화두는 독립이었다. 혼자 참선할 때는 자신의 문제에 매달렸지만, 사회적 화두는 독립이었다. 여러분의 화두는 무엇인가.

최근 서초구청이 대형교회인 '사랑의교회'에 공용도로 지하공간을 사용하도록 허가해 준 것은 공익적 목적에 반한다는 대법원의 판단이 나왔다. 도로 지하를 완전히 예배당으로 지으려고 했는데, 서초구에서 이를 허용했다. 지하 용도를 사적으로 이용하게 한 유일무이한 케이스다. 그래서 문제로 삼았다. 서울시도 2012년 사랑의교회 주민 감사 결과 '공공도로 지하 점용이 위법하다'는 감사 내용을 발표하고, 서초구에 시정 조치를 요구했으나 이를 받아들이지 않았다. 이에 주민 소송을 제기했다. 1, 2심은 '도로점용 허가는 주민소송 대상이 아니다'라며 각하를 결정했다. 하지만 대법원은 이를 뒤집고 재산 관리 처분에 대해서는 주민소송의 대상이 된다고 판단했다. 아직 완전히 이긴 것은 아니다. 이제부터 우리 불교가 해야 할 일이 많다.

● 　　박광서 교수는 서울대 물리학과를 거쳐 미국 브라운대학에서 박사학위를 받았다. 이후 서강대 자연과학대 물리학과 교수로 재직하면서 한국교수불자연합회 이사, 사단법인 우리는선우 이사장, 생명나눔실천운동본부 이사, 참여불교재가연대 상임대표 등을 역임했다. 현재 종교자유정책연구원 상임대표를 맡고 있다. 박 교수는 불교계의 다양한 분야에서 활동을 펼친 공로로 제3회 만해대상 포교상, 제16회 불이상, 제1회 대원상 등을 수상했다.

무위의 공동체를 그리며

최근에 휘어지는 멀티탭을 하나 구매했다. 보통 구멍이 여러 개라도 공간이 부족하면 다 꼽을 수 없는데, 이번에 산 멀티탭은 정말 괜찮은 제품이었다. 훌륭한 아이디어 하나로 편리한 세상이 만들어졌다. 미국의 한 대학생이 아이디어를 내고 여러 전문가가 참여해 이 제품이 탄생했다. 제품을 팔아 최초의 아이디어 제안자와 자본을 댄 사람들, 디자이너 등 제품 생산에 공헌한 각자 기여도를 정확히 따져 수익도 정확히 분배한다고 한다.

우리는 정보화 시대에 살고 있다. 과거엔 노동력이 부를 창출했다면, 지금은 정보가 중요한 원동력으로 작용하고 있다. 새로운 아이디어를 제공하는 사람에 의해 세상이 변할 수 있다. 앞으로의 기술발전은 아이디어와 새로운 정보가 잘 결합되면서 이뤄질 것으로 보인다. 하지만 한국이라면 이런 아이디어를 갖고 있어도, 아이디어를 낸 사람보다는 돈을 투자하거나 아이디어를 가져간 사람이 돈을 더 많이 번다. 최초 아이디어를 제안한 사람에게 돈이 돌아가지 않는 일이 비일비재하다. 대한민국 현실이 이렇다. 과연 기술의 진보가 일어날 수 있을까. 기술의 진보도, 변화도 일어날 수 없다.

한국을 아이티(IT) 강국이라고 하지만, 사실 그간 성장할 수 있었던 것은 베끼기를 통해서였다. 선진국이 내놓은 제품을 빨리 모방해 비슷한 성능으로 저렴하게 만들어 팔아 이만큼 성장했다고 할 수 있다. 하지만 이제 우리는 첨단의 중심에 서 있다. 첨단에 있다는 뜻은 무에서 유를 만들어내야 한다는 뜻이다. 더 이상 베낄 것도 없고, 이제는 새로운 아이디어와 비전을 만들어내야만 앞장설 수 있다.

그런데 지금 우리 사회는 어떤가. 한국이 지옥과 같다는 '헬조선', 좋은 재산을 물려받으면 '금수저', 돈도 없고 재능도 없으면 '흙수저' 등 오늘날 대한민국을 설명하고 있는 키워드들이다. 여러분 자녀들이 고민하고 있는 부분이기도 하다. 젊은이들을 절망케 하는 것은 바로 그 사람이 가진 독특하고 새로운 생각을 포용할 수 없는 사회 시스템이라고 생각한다. 기발한 아이디어를 포용하고 시스템으로 보상해주는 체계가 필요하다. 적어도 좋은 자본주의가 되려면 서로 역할에 대해 공정하게 평가하고 받은 만큼 나눠 줄 수 있어야 한다. 그런 합리성이 있지 않다면 건전한 공동체를 형성할 수 없다.

요즘 '힐링'이다, '치료'다 이런 말을 많이 하는데, 이를 위해 불교적 명상도 인기를 끌고 있다. 하지만 원인이 변하지 않으면 그것은 그냥 잠시 위로를 주는 것에 불과하다. 원치 않는 것을 하게 만들고, 인간으로서 지키고 싶은 기본적인 것까지 버리게 하고 돈이면 뭐든지 감내해야 하는 분위기가 문제로 작용하고 있다. 지금처럼 돈이면 모든

것이 되는 세상은 없었던 것 같다. 심지어 감정까지도 돈을 위해 다 제공해야 한다. 좋아하지 않는 사람에게도 '고객님 섬기겠습니다' 하는 이런 말을 하게 만든다. 인간에 대한 예의가 없다. 이를 두고 자기 수행으로 삼으라며 좋게 말하기도 하지만 원치 않는 것을 하는 일이 쉬운 일인가. 서로가 살아남기 위해 못할 짓을 하게 만드는 사회가 되었다.

젊은이들이 자조적으로 말하는 헬조선이 바로 지금 우리의 초상화다. 불교계도 다르지 않다. 불교계도 많은 부분이 자본주의화 되어가고 있다. 사찰과 스님들 사이에 빈부 차이가 생기고 있다. 불교의 이상에 따른다면 정말 있을 수 없는 일이다. 반성하고 생각해 볼 문제다. 살아남아야 하고 싫은 일을 해서라도 먹고 살아야 한다. 자본주의적 시스템에서 벗어나는 것이 쉽지 않다.

문제는 우리 사회도 능력을 발휘할 수 있는 공간을 주지 않는다는 것이다. 엄청난 능력을 갖고 있는데 발휘할 공간이 없다면 여러분은 어떤 사람인가, 쓸모없는 사람이 되는 것이다. 여러분 자신이 주인이어야 한다. 직장에서나 가정에서나 돈이 주인이 되면 안 된다. 내 자신이 주인이 되어야 한다. 여러분 본연은 스펙에 있지 않다. 나의 노동을 내가 처리할 권한을 갖고 싶다는 것, 수동적 저항 즉 무엇을 하므로 해서 주인이 되는 것이 아닌 무엇을 하려고 하지 않음을 배우는 것을 통해 주인이 될 수 있다.

(돈을) 덜 쓰고 안 쓰는 삶에 적응하고 만족하면 누구도 여러분을 건드리지 못한다. 안 써도 보람 있고 행복하다면 누구도 여러분에게 '갑질'을 할 수 없다. 무언가 하는 것이 유위(有爲)라면 안 하고도 주인이 될 수 있는 무위(無爲)의 주인이 됐으면 한다. 수행을 할 때 항상 무언가를 얻고자 한다. 여러분이 절에 와서 기도를 하고 공덕도 짓고 그럴 때 어떻게 하고 있나. 뭘 얻어야지 하는 생각이 있다. 낮은 수준의 얻음을 말하는 것은 아니다.

『금강경』은 깨달음을 구하려고 하지도 말라고 가르치고 있다. 내려놓으라는 말도 가장 높은 단계인 깨달음조차도 구하려고 하지 말자. 마음의 움직임 속에서 무언가를 얻으려고 하는 수행은 무위의 수행도 아니고, 그것은 수행이 아니다. 일어나고 꺼지는 그 마음을 가만히 있게 만드는 것은 움직이게 하는 것보다 더 힘들다. 세상을 살면서 안하는 행위 또한 엄청나게 어렵다. 수행을 하면서도 뭔가 이만큼 했노라고 스스로 결과를 보여주려고 한다. 나 자신에게도 그것을 보여주려고 한다. 그리고 만족한다. '3년 동안 3000배 했어' 하면서 자부심 가질 만큼 '내가 뭘 했어'라고 생각하는 순간 유위에 떨어지는 것이다. 그런 마음이 일어나지 않는 상태, 그냥 삶을 그대로 즐길 수 있는 상태 스스로 주인인 세상이 되는 것이 필요하다.

이렇게 무언가를 지속적으로 하려고 하는 게 현대인의 병폐다. 안 하면 쓸모없는 존재가 된다고 생각한다. 자신의 노동을 팔아 필요한 것을 얻는 자본주의 시스템이기 때문에 안 하면 존재할 수 없다고 생각한다. 그래서 모든 사람이 바쁘다. 다른 한 편에서 보면 세상에 문 닫고 아무것도 안 하는 폐인도 꽤 많다. '오타쿠'족도 굉장히 많다고 한다. 때로는 사회문제로 대두되기도 한다. 일을 덜어내도 삶의 큰 지장이 없다. 안 하면서 놓을 수 있는 태도가 필요하다.

불자들의 한계가 뭐냐면 '나만 잘하면 되지' '내 수행 잘하고 열심히 일하고 간섭하지 말자' 등등 이런 생각에 빠지기 쉽다. 그래서 불교는 사회활동 분야에도 약했다. 불자들에게 공동체적 사유가 절실히 필요하다. 공동체적인 사유를 하다보면 외적인 집단이 원하는 것으로도 눈을 돌리게 된다. 불교적으로 우리 삶은 타인과 전부 연결돼 있고 타인이 없으면 여러분은 존재할 수 없다.

타인과 소통하려면 어떻게 해야 하는가. 남의 이야기를 들을 줄 알아야 한다. 내 이야기만 하면 소통이 안 된다. 다른 사람의 마음을 이해하려고 노력해야 한다. 경우에 따라 불협화음이 있더라도 당연하게 그것을 극복할 수 있도록 노력해야 한다. 불자들은 공동체적인 사유가 부족하다 보니 불협화음이 생기면 나쁜 일도 좋게 지내자 하면서 얼버무리고 지나가기도 한다. 불협화음을 감당하면서 극복하는 자세가 필요하다. 스님들의 독특한 공동체가 오래전부터 이런 방식으로 삶을 유지해 왔다. 역사적으로 존재한다는 것 자체가 희유한 일이다.

이것은 바로 각각이 무위의 존재로 소통하고 있기 때문이다. 사부 대중은 다 이런 존재가 되어야 한다. 여러분 자신도 연결되도록 노력해야 한다. 동시에 다른 사람의 삶과 연결되도록 노력해야 한다. 지금과 같이 서로가 서로에게 강요 당하고 강요를 하는 것이 아닌, 서로 지분을 정확히 인정해 주고 분배해 주는 시스템을 만들어 나가야 한다. '을'들은 원치 않는 일들을 하고 있으면서 세상이 문제라고 한다. 그 무위의 가치를 갖고 우리 자신들이 주인이 되는 것, 서로를 이해하고 만나고 북돋아 주고 인정해 줘야 한다. 그러다 보면 작은 아이디어를 낸 사람이 인정받게 되고 그것이 또 공동체에 기여하게 되면 개개인이 더 열심히 활동을 할 수 있게 된다.

불교를 '무위'다 하는데 가만히 있는 것이 무위가 아니라 하지 않을 것을 안 하는 것, 거부하는 것도 무위이다. 여러분 삶에서 진짜 주인이 되어 인간으로서 해야 할 일과 불자로서 해야 할 일을 해야 한다. 명상을 하는 이유가 머리가 좋아지고 능률을 높이기 위해서이기도 하지만, 진정으로 명상하는 것은 무엇을 하지 않는 그것을 익히기 위해서다.

● 　　명법스님은 서울대 불문과를 졸업하고 미학과에서 박사학위를 취득했으며 미국에서 공부하고 조계종 교육아사리를 지냈다. 현재 조계종 성보보존위원회 위원, 문화재청 문화재위원, 달라이라마방한추진위 추진위원 등을 맡고 있다. 주요 저서로는 『미술관에 간 붓다』, 『미국 부처님은 몇 살입니까』, 『한권으로 보는 세계불교사』 등이 있다.

불교와 자연과학 세상

이 자리는 『화엄경』 「입법계품」을 모티브로 공부를 조금 더 먼저 시작한 사람으로부터 이야기를 듣고 공부하는 시간이다. 화엄경은 선재동자가 발아뇩다라삼먁삼보리심을 일으켜 53선지식을 찾아 구도를 하는 것이 핵심내용이다. 바꿔 말하면 공부와 자신이 아무런 갭이 없는 상태, 이것저것 재지 말고 순수하게 공부해야 한다는 뜻이다. 이걸 공부해서 도움이 될까? 이런 생각을 하면 공부라고 할 수 없다. 자신이 한 번도 접해 본 적 없는 분야에 대해 아무 생각없이 미친 듯이 공부해야 한다.

여기 모인 여러분들은 모두 선재동자들이다. 20년 전 『대승기신론』을 공부하고 이후 자연과학을 공부하면서 다시 『대승기신론』을 공부했는데 정말 탁월한 가르침이라고 생각한다. 『대승기신론』의 구조를 보면 심생멸문(心生滅門)과 심진여문(心眞如門)이 완벽한 대칭관계를 이룬다.

지금까지 무수하게 많은 시행착오를 거쳐 호모 사피엔스에 와서 일차식과 고차식이 출현했다. 고차식에 와서 시간과 의식, 순차에 대한 개념이 출현하고 현재와 미래도 구분된다. 과거 기억을 참조해서 미래를 상정하는, 즉 시간이 흘러간다는 착각이 출현한 것이다. 그러나 시간이 흘러간다는 것은 착각 중의 하나일 수 있다. (『대승기신론』처럼) 입자물리학에서도 과거와 현재 구분은 없고 완벽한 대칭을 이룬다. 입자물리학에 들어가 살펴보면 엄밀하게 시간의 방향이 없다.

　　일부 이론가들에 따르면 시간은 흘러간다기보다는 얼어붙은 강에 가깝다고 말한다. 시간이 흘러간다는 것은 과거가 분명히 있다는 뜻이다. 하지만 사실은 두터운 현재의 층이 존재한다고 할 수 있다. 우리가 현재 딛고 있는 일시적인 징검다리를 영원이라고 믿어야 우리는

편안하다.

40년 이상 암석을 연구한 한 교수가 최근 새로운 이론을 제시했다. 이 사람이 쓴 책은 국내에도 번역됐다. 평생을 바쳐 암석을 연구한 지질학자이다. 이 교수에 따르면 현재 지구상에는 4,500종의 광물이 존재한다. 그런데 지구 초기부터 4,500종이나 되는 광물이 있었을까에 대해 물음을 던지고 있다. 광물도 진화한다. 지난 50년 간 혜성의 광물 종류에 대한 연구가 많이 이뤄졌는데 그 결과 250종이 넘지 않는다는 결과가 나왔다고 한다.

화성의 광물은 몇 종류인지 알고 계신가. 지구와 상당히 비슷한 화성의 경우 광물이 500종을 넘지 않는다. 그런데 행성 지구에 광물 숫자가 4500종이나 된다. 우리나라에서 가장 많이 보는 것이 바로 화강암이다. 하지만 이 화강암이라는 종류의 암석은 지구 이외의 지구형 행성에서는 발견되지 않는다고 한다. 금성에도 없고 화성에도 없다. 이것이 바로 싸이언스다. 우리가 매일 접하는 화강암도 태양계 전체를 놓고 보면 굉장히 희귀하다.

그렇다면 화강암은 어떻게 만들어졌을까. 화강암이 존재하려면 액체 상태의 바다가 있어야 한다. 해양지각은 현무암이 주 성분이다. 바다 깊이가 대략 4000m인데 지구 표면에 50% 해당되는 면적이 현무암으로 되어 있다는 뜻이다. 지구 초기에 해당되는 45억년에서 35억년 사이에 엄청나게 많은 운석이 떨어졌는데, 그 운석이 바닷물을 통과해 현무암과 충돌한 순간 바닷물이 들어가고 온도와 압력이 더해져 화강암이 만들어졌다. 때문에 화강암이 출현하는 곳에는 반드시 바다가 있어야 한다.

지구 초기에는 대략 60종류의 광물밖에 없었다. 지구 역사 20억년까지도 암석 개수는 1500개가 넘지 않았다. 20억년 이후 박테리아가 출현하고 행성 지구에 대륙이 산화되기 시작하면서 3000종류의 암석이 출현했다. 이후 전체 45000종의 다양한 광물이 생겼기 때문에 다세포 동물이나 육상 동물이 출현할 수 있는 생태계가 형성된 것이다. 바로 광물과 살아 있는 생물이 함께 진화했다(공진화)는 뜻이다.

지구의 4500종에 달하는 알려진 광물 대부분은 생명에 직간접적으로 책임이 있는 것 같이 보인다. 새로운 광물 가운데 일부는 진화하는 생명체에게 새로운 환경의 생태적 지위와 새로운 화학에너지원을 제공했기 때문에 생명체는 계속해서 광물과 함께 공진화해온 것이다.

박테리아는 생명력이 가장 끈질긴 생물인데, 미국의 한 소금광산에서 2억5000만년이나 된 박테리아를 되살린 연구결과도 있다. 그 박테리아는 2억5000만년 동안 잠을 잔 것이다. 이 소식을 접하고 충격을 받았다. 죽는다는 것이 비정상적으로 느껴지기까지 했다. 박테리아나 단세포 생물에게는 죽음이라는 것이 거의 없다. 다세포 생물들은 다세포 동물이 되면서 함께 죽기로 계약한 것이다. 다세포 생물이 죽음을 발명한 것이다. 인간의 언어, 나비의 날개 등은 죽음이 준 선물이다.

우리가 보는 바깥세상은 실재가 아니다. 우리가 만든 세계의 모델을 보는 것이다. 예를 들어 앞면이 같았지만 뒷면이 앞면처럼 보이는 그림이 있는데, 이렇게 보이는 이유는 사람은 감각이 아닌 지각에 의지해 사물을 판단하기 때문이다. 지각으로 우리가 만들어낸 세계상을 보는 것이다. 우리는 바깥을 보는 것이 아니다. 우리 내부 기록을 보는 것이다. 우리는 왜 감각에 의지하지 않고 지각에 의해 사물을 인지하게 되는 것인가. 인간은 생존 확률을 높이기 위해 지각을 통해 세계상을 만들고 있다. 그렇기 때문에 세계상은 사실과 다를 수 있다.

선재동자가 발보리심해서 구법여행을 하는 것은 지난한 과정이다. 끝까지 하는 것이다. 발보리심의 본질이 바로 이것이다. 오늘 제가 준비한 파워포인트 내용이 800장이 넘는다. 그런데 200장도 못 봤다. 저는 이런 800장 정도 되는 파일을 500개 이상 갖고 있다. 적어도 선재동자나 화엄경 이야기를 하려면 이 정도의 정보를 핸들링하고 만나야 한다. 화엄경의 핵심이 무엇인가. 중중무진의 연기, 폭포수처럼 쏟아지는 무한 연기이다. 「성기품」의 불성현기(모든 중생이 불성을 갖추

고 있음)라는 말도 무한한 인연으로 온다는 뜻이며, 무한한 이야기라는 것이다. 숨 막힐 정도의 내용과 정보를 만나봐야 한다. 그리고 하루 종일 다녀도 사람 하나 볼 수 없고 촛불 하나 없는 원초적인 자연 공간에 노출돼 봐야 한다.

지구에서 최고의 별 밤이 가능한 곳은 어디일까. 몽골 사막, 히말라야 산맥, 남태평양의 무인도 등을 생각할 수 있다. 선택하라면 서호주를 꼭 한 번 가보라고 말하고 싶다. 몽골을 실제로 두 번 탐사한 경험에 의하면 몽골 사막에도 구름이 많고, 히말라야 산맥도 산맥이 시야를 가리기 때문에 별의 최고 관측지는 아니다. 무인도도 바다의 습기로 시야의 투명도가 낮다. 결국 지상 최고의 별 밤은 단연코 서호주 사막이라 하겠다. 선재동자가 지금 있다면 단세포에서 척추동물까지 40억년 생명체의 진화 과정을 주제로 순례를 하지 않았을까. 『화엄경』에서 이야기하는 그런 세계가 아닌가 싶다.

● 　　박문호 연구원은 86년 경북대 전자공학과를 졸업하고 1996년 텍사스 A&M대학교에서 전자공학으로 석·박사학위를 받았다. 삼성경제연구원, 서울대, 카이스트 등에서 뇌를 주제로 다수의 강의를 펼쳤으며, 사단법인 자연과학 세상 이사장으로서 '137억년 우주의 진화', '특별한 뇌과학' 등을 주제로 8년째 강의를 진행하고 있다. 저서로는 『뇌, 생각의 출현』, 『그림으로 읽는 뇌과학』이 있으며, 2015년에 미래창조과학부 대한민국 과학문화상을 수상했다.

참선으로 나를 바꾸자

올여름은 굉장히 무더웠는데 이제 여름이 지나가면 겨울이 온다. 이렇게 끝없이 계속되는 시간 속에서 우리 스스로 정말 자신 있게 이만하면 여한 없이 살았다고 말할 수 있는 시간이 얼마나 될까. 그동안 가장 잘한 일은 무엇이고 또 잘못한 일은 무엇인지를 한번 회상했을 때 수없는 일들이 머릿속에 떠오르겠지만 그중에서도 가장 잘못한 일이 있다면 무엇일까. 바로 시간을 낭비한 것을 꼽을 수 있을 것이다. 1분 1초, 한 번 지나가면 영원히 돌이킬 수 없는 시간을 우리는 아낄 줄 모르고 생활하고 있다. 시간을 소중히 하고 제대로 쓸 줄 아는 것이야말로 세상을 잘 살아가는 길이라는 것을 가장 먼저 말씀드리고 싶다.

세상엔 많은 종교가 있다. 불교만 하더라도 티베트, 미얀마, 태국 등 수없이 많은 불교 국가에서 수행을 한다. 우리나라 또한 많은 불자들이 수행을 하고 있다. 하지만 수행을 제대로 하고 있는지, 어떻게

하는 것이 진짜 수행인지 돌이켜 볼 필요가 있다. 법문 시작 전, '대방
광불화엄경 용수보살약찬게'를 모두 다 잘 외우는 모습을 봤다. 마지
막 구절까지 경을 외는 동안 잡념 없이 딱 외워지던가. 반야심경 한
편 읽을 때도 잡념 없이 자르륵 외워지고 있지는 않나. 입으로만 읽고
있지 실제로 딴 생각을 하기도 한다. 입으로 외면서 마음으로도 똑
같이 할 때 제대로 된 염불을 했다고 할 수 있다. 아들딸 잘 되게 해
달라고 무릎이 다 상하도록 절하는 분들이 있다. 그러면 부처님께서
'나한테 절 해줘서 고맙다. 원을 이뤄주마' 하는 부처님을 만나보셨
나. 이런 부처님을 만나보지도 못했으면서 왜 하고 있나.

  어떻게 하는 것이 진짜 기도인가. 기도가 잘 되려면, 기도를 통해
원을 이루고 싶다면 우리 원이 왜 이뤄지지 않는지 그 이유를 먼저
알아야 한다. 하고 싶은 일들이 굉장히 많은데 이 원이 이뤄지지 않

는 까닭은 무엇일까. 업장 때문이다. 길을 가다 장애물을 만나면 제대로 갈 수 없듯이 업이라는 장애물 때문에 안 되는 것이다. 원대로 이뤄지지 않는 것이다. 그렇다면 기도하는 참뜻은 어디에 있는가.

업장소멸이 기본이다. 자기 원 이뤄달라고 업장은 잔뜩 놔둔 채 원만 하면 이뤄지겠는가. 업장을 소멸하려면 업의 자리를 본인이 잘 알아야 한다. 부처님께서는 업 자리, 업의 당체 자리를 알면 그 업이 소멸된다고 말씀하셨다. 얼굴에 더러운 게 묻었다는 사실을 알면 닦아 낸다.

기도는 무엇인가. 내 업장이 무엇인지 아는 것이 기도다. 관세음보살에게 해달라고 부탁하는 게 아니라는 것을 빨리 깨달아야 한다. 이것을 알고 수행하면 그만큼 얻어지는 것이 클 수 있다. 모르고 수행하면, 아무리 수행하고 목이 터져라 관세음보살 불러도 대답해 줄 분은 계시지 않다. 우리가 하는 염불 하나하나도 내 업이 무엇인지 아는 이것을 바로 알면 바로 해결된다. 느닷없이 돈을 잃어버린다든지, 병을 얻는다든지 혹은 사고를 당한다면 전부 장애 때문에 생기는 것들인데 이런 일들은 모두 업 때문에 오는 것이다. 자기가 지은 일들은 까마득하게 잊어버렸겠지만, 가만히 축적돼 있다가 갑자기 장애물처럼 나타나는 것이 업이다.

'내 업의 자리가 바로 아만심(我慢心)이었구나, 아만심을 갖고 어떻게 부처님 법을 공부할 수 있겠는가'라고 개탄하면서 이를 버리려는 마음을 먼저 내야 한다. 아만심을 없애려면 어떻게 하면 될까. 아만심의 반대말은 무엇일까. 자비수행이다. 도덕 선생님이 도덕을 가르친다고 해서 도덕군자인가. 수행을 해야 한다. 수행 없이 아는 것만 갖고는 내 것이 될 수 없다. 우리는 염불도 할 줄 알고 참선도 할 수 있다. 다들 잘 알고 있지만 하다말다 하니까 안 되는 것이다. 김연아 선수가 빙판에서 빙글 돌다 멋들어지게 착지할 수 있을 때까지 연습을 하듯, 꿈속에서 화가 나는 일이 있어도 자비심으로 웃을 수 있을 정도로 훈련하고 연습해야 한다. 이것을 수행이라고 한다. 이 수행은 어디서부터 시작하는가. 종교이기 때문에 기도로부터 시작한다.

바로 그 다음부터는 공부다. 사람을 바꾸고 세상을 바꿀 수 있는 길은 공부밖에 없다. 100살이 됐다 하더라도 늦지 않았다. 불교라는 종교, 이 큰 덩어리가 움직이려면 종사자들이 생겨나야 하고, 무엇보다 전문가가 되어야 한다. 비전문가들이 종사자라면 그 종교가 발전할 수 있을까. 앞으로 신앙종교는 모두 문을 닫을 수밖에 없다. 절대 살아남을 수 없다.

유럽이나 미국에 가 보시라. 일요일에 교회 가는 사람 있나, 없나. 올림픽에서 메달을 따려면 '하느님 아버지' 하고 기도를 해야 하나, 열심히 훈련을 해야 하나. 당연히 훈련하고 기량을 갈고 닦아야 한다. 대학 가려면 공부를 잘해야 할까 아니면 "관세음보살" 하면서 기도를 해야 하나. 공부해야 한다. 점점 눈이 열리는 세상이 오는데 우리 손자손녀딸에게 나무아미타불 하면서 앉아 있으라고 할 수 있는가.

무엇을 해야 하나. 여러분, 지금부터 나이나 환경 핑계 대지 말고 전부 공부해야 한다. 저 같은 경우 절에 오면 경전을 외우라고 한다. 공부가 도저히 안 된다는 사람에게는 시 300수만 먼저 외워보라고 권한다. 즐거운 것도, 공부해서 즐거운 것하고 놀면서 즐거운 것하고 완전히 다르다. 공부를 해야 가야 할 길이 보인다. 불교도 제대로 공

부하면 어떻게 믿는 것이 진짜 불교구나 하는 것이 제대로 보인다. 무턱대고 다니지만 말아라.

공부가 되면 아는 것을 연습해야 한다. 연습이 수행이다. 계속 연습해서 몸과 마음에 배고 잠을 자도 꿈을 꿔도 똑같이 나오게끔 연습을 해라. 예를 들어 내일 중요한 일이 있어 새벽 3시에 시계를 맞추고 자면 시계가 울기 전에 잠을 깬다. 훈련을 강하게 하면 머리처럼 말 잘 듣는 것도 없다.

나를 완전하게 바꾸려면 무엇이 필요한가. 이 마이크도 완전하게 다른 물건으로 바꾸려면 용광로에 들어갔다 나와야 하듯이 자신을 바꾸려면 참선삼매를 통하지 않고서는 바꿀 수 없다. 이 말을 명심했으면 한다. 여러분은 지금까지 살아오며 한두 번씩 삼매 체험을 다 했다. 본인이 모를 뿐이다. 언제일까. 정말로 간절한 일이 생기면 순간

삼매가 일어난다. 누구든 삼매에 들 수 있다. 가장 먼저 일념(간절한 한 생각)하는 노력을 해야 한다. 삼매가 거치고 나면 말은 말 밖의 말이 된다. 이것이 얼마나 기분 좋고 경쾌한 답인지 다 같이 꼭 성취하도록 발원을 하셔야 한다.

죽기 직전 한 순간, 태어나서 지금까지 일이 사진처럼 쫙 보이게 돼 있다. 그런데 한 곳에 딱 멈춘다. 그 자리는 바로 일생 동안 살아온 시간 가운데 가장 무거운 업 자리다. 죽음을 앞두고, 세세생생토록 복수하겠다는 생각에 멈춰 버리면 이놈이 업이 된다. 죽기 직전에 이런 생각이 빙글빙글 돌기 전에 지장보살, 관세음보살 염불하면서 삼매 속에 들어가야 한다. 선정 삼매에 들어가면 완전히 해탈이고 그이상은 필요가 없다. 선정 삼매에 들어가면 걱정이 없다. 이걸 모르면 딴짓하다 사진처럼 필름이 돌아가고 업처에서 딱 멈춘다. 업처에 자신의 운명이 걸리지 않도록 항상 염두에 두어야 한다. 그 업이 내생으로 연결될 수 있다. 공부하고 분발해 삼매 체험하고 나를 완전히 바꿔 자신의 소견을 넓히고 이 세상 모든 이들에게 이익을 주겠다는 이런 큰 원을 세우길 바란다.

● 혜거스님은 1959년 탄허스님을 은사로 출가하여 김제 흥복사 등에서 수선안거했다. 2013년 동국대 불교학술원 불교한문아카데미에서 강의했으며, 불교TV 경전강의 등을 통해 부처님 가르침을 전하고 있다. 2010년에 서울 자곡동에 탄허기념박물관을 열어 교육 박물관을 표방하며 보살사상 선양과 만일수행결사 운동, 금강경 강송대회, 명상지도자 과정 등을 운영하고 있다. 주요 저서로는 『참나』를 비롯해 『혜거스님의 금강경 강의』, 『유식 30송 강의』, 『15분 집중 공부법』, 『혜거스님과 함께 하는 마음공부』 등이 있다.

위빠사나 수행법과
수행자의 마음가짐

위빠사나는 '심수심법'이다. 위빠사나 수행은 무엇을 어떻게 하는 것인가? 선한 복을 지을 마음을 기르는 것을 말한다. 사띠, 삼매, 신심, 노력, 지혜 등 5가지 수행력을 기르는데 사띠(알아차림)가 우선이다. 또한 수행하는 것을 알았을 때 가장 중요한 것은, 어떤 마음으로 하고 수행을 해야 하는가를 알아야 하고, 정견이 있어야 한다. 위빠사나는 정견이 없이는 수행할 수 없다.

중생들은 선한 마음과 악한 마음이 일어나는데, 수행은 선한 복을 지을 마음을 기르는 것이다. 위빠사나는 몸과 마음에서 일어나는 것을 알아차리고(사띠) 계속해서 선한 마음을 길러내는 것이다. 수행은 마음이 하는 일이다. 아침부터 잘 때까지 온종일 수행하는 시간이다. 좌선, 경행을 하고, 수행을 하고, 5가지(사띠, 사마띠, 신심, 노력, 지혜)를 수행해야 한다.

사띠를 한다면 몸과 마음을 알아차리는 것, '안이비설신의'에게 일

어나는 모든 것을 알아차려야 한다. 기본은 몸과 마음을 알아차리는 것이며 6가지 대상에서 일어나는 모든 것을 알아차리는 것이다. 수행은 대상 쪽과 알아차리는 마음이다. 모르는 것은 5력이 없기 때문이다. 5력을 키워야 한다.

알아차림(사띠)에 드는 것은 너무 힘을 써서 할 필요는 없다. 앉아 있는 줄 어떻게 아는가? 들리는 줄은 어떻게 아는가? 보이는 줄은 어떻게 아는가? 대상에 마음을 기울였기 때문이다. 보이는 줄 알고 들리는 줄 알면 사띠, 알아차린다고 말한다.

마음의 성질은 그냥 두면 힘을 갖는다. 나쁜 마음, 좋은 마음을 일으키면 길러져서 커진다. 그래서 수행을 해야 한다. 수행을 한다는 것은 마음이 하는 것, 마음이 하게 해야 한다. 선한 마음이 점점 많이 일어나고, 많이 있으면 바라밀을 쌓는다고 한다.

알아차려야 할 것 6가지는 안이비설신에다 마음이 있다.(몸-5대상,

76

마음-1대상) 알아차림을 할 때 탐심·진심·치심으로 하면 안 된다. 번뇌(탐진치만의)로 수행을 한다면 잘못이다, 올바른 마음이 있어야 한다. 탐심은 억지로 힘을 쓰게 된다. 진심은 힘을 써서 원하는 대로 하는 것이다. 치심은 어떻게든 자기 생각대로 하는 것이다. 탐심·진심·치심이 있으면 집중을 할 때마다 바르게 할 수 없다.

어떤 공부이든 그것을 먼저 알아야 제대로 할 수 있다. 바르게 수행을 하면 허물이 없기 때문에 항상 편안하다. 수행은 고통에서 벗어나기 위한 것으로 바르게 수행할수록 편안해지고 밝아진다. 잘못된 수행은 탐심·진심·치심으로 수행이 힘들고 진실이 없고 고통이 따른다. 수행할 때 가장 주요한 것은 '정견'이 있어야 한다. 어떤 마음으로 수행을 하는지 알아야 한다.

위빠사나는 정견 없이 수행할 수 없다. 사람의 몸과 마음은 내 몸 내 마음이 아니다. 탐심·진심·몸의 느낌 등 모두 '나'라고 생각하면 진도를 낼 수 없다. '나'라는 번뇌가 강해진다, '내가'라는 나쁜 마음이 강해진다. 삿된 마음은 땅과 같다. 땅에 무엇을 심으면 '풀'이 난다. '나'라는 생각을 가지고 하는 것을 잘못된 견해라고 말한다. 수행자는 누구든지 일어나는 4대요소(지수화풍), 느낌을 자연의 이치로 일어나는 것이라고 생각해야 한다. 몸에서 일어나는 모든 느낌, 마음에서 일어나는 모든 느낌, 이 모든 것을 자연에서 일어나는 것으로 생각해야 한다.

몸, 마음에서 일어나는 대상의 연관관계를 알기 위해 수행한다. 수행을 하다보면 보이고 듣는 것, 모든 것이 그것의 성질로 인하여 알아지는 것이라는 것을 안다. 알아차리는 것을 계속해서 오래도록 할 수 있게 해야 한다. 노력하지 않아도 모든 것이 저절로 알 수 있는 상태까지 수행해야 한다. 알아차릴 수 있는 것은 대상인데, 처음부터 여러 대상으로 하지 말고 한 대상에 집중하고 고요해지면 다른 대상으로 옮겨본다. 몸이 가장 쉽기 때문에 들숨 날숨 등 몸의 대상으로 한다. 대상이 중요한 것이 아니라 알아지는 것이 중요하다. 많은 생각들이 일어나지만, 없애려고 하지 말고 일어난 대로 지켜보기만 하고 그대로 받아들이고 보면 된다.

마음이 불안하면 불안한 대로 하면 되지 일부러 고요하게 하려고 할 필요는 없다. 계속해서 알아차리면 번뇌는 커지지 않는다. 좌선이든 경행이든 그대로 알아차리면 된다. 일상에서도 걸으면서 자주 연습해야 한다. 처음에는 발에, 나중에는 몸 전체로 옮아가 본다. 하다 보면 몸의 모든 움직임을 알게 된다. 알아차림의 두 가지 방법은 '알아차리는 것'과 '일깨워 주는 것'이다. 잘 때도 몸과 마음이 일어나는 것을 알아차리면서 잠들면 좋다.

사띠(알아차림)를 놓치고 있는 시간을 줄여야 한다. 놓치면 놓친 줄 알고 알아차리려고 노력해야 한다. 할 수 있는 만큼, 알 수 있는 만큼 해보시길 바란다.

● 　우 떼자니야 사야도 스님은 10대 초반부터 고(故) 쉐우민 사야도 아신꼬살라(1912~2002)의 지도 아래 명상 수행을 하였다. 1966년에 출가하여 지금은 미얀마 양곤에 있는 쉐우민 담마 수카 또야 명상센터의 명상을 지도하고 있다. 그 자신의 수행 경험과 명상을 바탕으로 수행자들이 다양한 일상 생활에서 담마(법)을 관찰할 수 있도록 돕고 있다.

멋지게 사는 것과
낭만적으로 늙는 법

인간은 궁극적으로 행복하기 위해 산다. 예전에는 오래 사는 게 꿈이었지만, 지금은 장수가 기본이다. 예전과 다르게 다들 오래 사는 세상에서 어떻게 하면 즐겁게 살 수 있을까. 인간은 왜 사는가, 무엇이 목적일까. 대부분 돈을 좋아하지만 돈만 갖고는 살 수 없다. 돈이 많으면 좋겠지만, 돈이 많다고 모두가 다 행복한 것은 아니다.

10년만 젊었으면 하는 생각을 하기도 하는데, 그때 공부하지 않은 사람은 지금도 안 하게 되어 있다. 그 사람이 그 사람이다. 절대 바뀌지 않는다. 이런 생각을 하기보다 그 나이에 맞는 뭔가를 찾아서 하면 된다. 10년만 젊었으면 하고 말할 때도 이미 늙어가고 있다. 진짜 모진 사람이 아니면 숫자로부터 벗어나기 힘들다. 아무리 굳은 결심을 해도 봐주지 않는다. 인생이 그런 것이다. 오늘이 바로 내가 살아갈 수 있는 가장 젊은 날이다.

『니코마코스 윤리학』에 보면 돈이라는 것은 수단일 뿐이라고 가르치고 있다. 모두가 행복하려고 산다. 행복의 가치는 약간씩 다르다. 그래서 행복은 주관적인 것이다. 나름대로 맞는 행복을 찾는 공부를 하면 된다. 그걸 발견할 수 있으면 나이가 들어서도 행복할 수 있다. 젊어서 경험할 수 있는 것이 있고 나이 먹어서 할 수 있는 게 있다. 상황이 다르므로 다 똑같을 수는 없다.

"젊었을 때는 공부를 열심히 하고, 나이를 먹으면 여행을 다니고 더 나이 먹으면 기도를 하라." 이런 이야기를 한다. 그런데 젊었을 때 공부하라는 것은 학교 공부를 열심히 하라는 뜻이 아니다. 여러 가지 다양한 공부 가운데 학교 공부뿐만 아니라, 돈을 벌기 위한 공부, 인생을 즐기기 위한 공부가 필요하다. 대부분 사람들은 공부를 떠올리면 돈을 벌기 위한 공부만 생각하고 있다. 그런데 장기적으로 봤을 때 행복하고 만족하게 사는 데 큰 도움이 되지 않는다. 장기적으로 바라봤을 때 예술이나 문학 이런 것들이 삶의 지침이자 공부가 된다. 그래서 저는 '만 권의 책을 읽고 만리를 여행하라'는 말을 가장 좋아한다.

전 세계에서 유명한 그림 하나가 모나리자이다. 모나리자 뒤에는 산수화가 있다. 동아시아 그림의 경우 산은 큰 데 비해 사람은 보이지 않는다. 자세히 보면 사람은 숨어 있어서 사람의 형태는 뚜렷하지 않다. 그래서 말 그대로 산수화다. 반면 유럽의 그림은 인물이 중심점이고, 자연은 큰 비중을 차지하지 않고 있다. 요즘도 사진을 찍으면, 동아시아 사람은 최대한 전체가 나오게 한다. 유럽 사람들은 배경은 중요하지 않고 인물을 크게 찍는다. 이처럼 동아시아에서는 집단 안에서의 나라는 개념이 존재하고, 전체를 집단 단위로 본다.

집단이라고 하는 게 사실 편안함도 주지만 자기라는 부분을 내세

우지 못하면 피곤해지기도 한다. 자기 생각을 정리하지 못하면 행복도가 떨어진다. 휘둘리기 쉽다는 뜻이다. 여러분들에게 말하고 싶은 것은 자기에 대한 생각을 조금씩만 더 하라는 것이다. 그렇게 안 해본 사람들이어서 어려울 수 있다. 하지만 자녀분들은 다 그렇게 하고 살 것이다. 요즘 젊은 사람들은 개인주의로 다 바뀌었다. '나'라고 하는 부분을 조금씩만 생각하면 인생은 훨씬 행복해질 수 있다.

태양의 현재를 우리는 볼 수 있는가. 사실 우리는 태양의 과거만 보고 있다. 북두칠성도 마찬가지다. 각각의 시간대 속에 존재하는 것만 본다. 여러분도 마찬가지다. 『금강경』에서는 '과거심불가득 현재심불가득 미래심불가득(過去心不可得現在心不可得 未來心不可得)'이라고 이야기하고 있다. 현재에 대한 직접적인 것을 인지할 수 없다면, 무슨 일이 벌어지는지 아는가. 모든 것들은 다 개별적으로 존재한다. 제가 지금 여기서 동시에 50명, 100명 본다고 하지만 사실은 다 개별적으로 보고 있다. 모두 다 다른 시간대에 놓여 있다. 개별적으로 존재하는 것이지 집단으로 존재하는 것이 아니다.

개별성은 비교대상이 아니다. 비교가치가 없으면 절대가치가 되고 절대가치가 되면 행복하게 된다. 우주에서 유일한 존재, 유일성은 바꿔 말하면 완전성이다.

행복이라고 하는 것은 사실 희소성에서 오는 것이다. 예를 들어 루이비통을 전 국민에게 보급한다면 (이 물건은) 갑자기 쓸모가 없어진다. 특수성이 행복을 가져다주는 것이다. 여러분은 전 우주에서 유일한 특수성을 갖고 있다. 이를 자각하면 행복하다. 비교를 하기 시작하면 행복할 수 없다. 사람이 자존감이 떨어지기 시작하면 남들을 집적거리고 다니는데, 그러면서 자존감이 떨어지게 된다.

우리나라 교육이 잘못됐기 때문에, 존경하는 사람이 누구냐고 물으면 공부하는 사람은 세종대왕, 이순신이라고 답한다. 전 국민이 한두 사람만을 찍어 존경하는 인물을 꼽는 집단은 거의 없다. 누구를 존경하느냐고 물으면 '부모님이요'라고 답해야 행복한 나라이다. 세상에서 남의 돈은 전부 대가를 치러야 한다. 부모님은 뒤끝도 없고 AS기간도 없다. 그렇지 않은가. 가장 행복한 사람은 자식에게 존경받고, 부부간에도 서로 존경할 수 있는 아내와 남편을 갖고 있는 사람이다. 그렇게 되기 위해서는 자존감이 있어야 하고 중심이 서야 한다.

자식 또한 '우리 어머니 정말 모르고 계시네' 하는 무시하는 생각을 가져선 안 된다. 맹자는 "사람들은 집에서 기르던 개나 닭을 잃어버리면 찾으려고 눈을 뒤집는데, 너 자신을 잃어버리고는 찾을 줄 모른다."고 했다. 너 자신이 개나 닭만도 못한 것이냐고 했다. 자기 스스로 중심을 잡고 조금씩 맞춰가는 것이 중요하다. 이것은 작게 변화하면서 나타날 수 있는 현상이다. 절대 하루아침에 바뀌지 않는다. 지금 현재 마무리를 잘해야 그때 가서도, 다시 태어나도 기회가 온다. 흔히 잘못 생각하고 있는 것 중 하나가 금생에 힘들게 살면 그 다음 생은 반대가 될 것이라고 믿는 것이다. 그런데 실제로는 그렇지 않다. 연속되는 것이다. 극적인 반전은 존재하지 않는다.

여러분, 생각보다 살아갈 날이 많이 남았다. 살아갈 날을 위해 행복하게 살려면 노력이 필요하다. 핵심은 나라는 존재는 비교대상이 없는 유일자라는 것을 자각하는 것이다. 부처님께서 말씀하신 깨달음이다. 내가 유일자라고 하는 유일성은 곧 완전성이다. 굉장히 중요한 것이다. 선에서 말하는 견성성불은 나를 바꿔 붓다가 되는 것이 아니라, 내가 현재 그 자체로 붓다가 되는 것이다. 이것저것 기웃거리다 보면 한도 끝도 없는 것이다. 몇 가지만 외워서 실제로 실천해 보시라. 행복이라는 것은 절대가치가 아니라 상대가치다. 내가 느끼는 것이다. 여기서 핵심은 유일성에 대한 자각, 또 하나는 현재는 다시 오지 않는다는 것, 그 두 가지를 잘 기억하면 된다. 앞으로 살아갈 날이 더 많다.

그 기간을 스스로 책임지는 설계, 연금뿐만 아니라 인생에 대한 중장기적인 행복설계가 필요하다. 거기서 기쁨을 찾을 수 있는 인생이 되기를 바란다.

● 자현스님은 현재 불교신문 논설위원, 월정사 교무국장, 조계종 교육아사리, 울산 영평선원 원장 등을 맡고 있다. '학진' 등재지에 120여 편의 논문을 수록했으며, 스님이 쓴 30여 권의 책 가운데 『불교미술사상사론』은 학술원 우수학술도서로, 『사찰의 상징 세계』는 문화체육관광부 우수도서로, 『붓다순례』는 세종도서에 선정되기도 했다.

중중무진(重重無盡) 화엄바다로의 항해

보통 『화엄경』을 일컬어 '화엄대해'라고 한다. 수많은 불교경전 가운데 대해라고 이름을 붙여 이야기하는 경전은 화엄경이 대표적이다. 큰 바다라는 이름은 왜 붙였는가 하니, 굉장히 방대하고 심심미묘해 헤아리기 어려운 경전이기 때문이다. 큰 바다의 공덕에 비유해 가르침을 전하고 있는 경전이다. 화엄 행자의 삶과 마음을 주제로 특히 바다의 비유를 통해 가르쳐 주고 있는 화엄경 교설에 초점을 맞춰 그 가르침을 되새기는 시간이 됐으면 한다.

우리의 삶은 중생의 삶과 부처님으로 사는 삶, 부처님의 아들딸로 사는 불자의 삶 등 크게 세 가지로 나눠 볼 수 있다. 잘 알고 있다시피 우리는 고해바다에 사는 중생이다. '바다' 하면 가장 먼저 머릿속에 스치는 의미는 고해이다. 우리가 사는 이 세계는 생사 고통을 참아야 하는 사바세계이다. 사바세계에서 고통을 참아야 하는 삶을 사는 이들이 중생이다. 미혹중생이라고도 한다. 4고(苦)와 8고 등의 무

상고(無常苦)에서 벗어나기 어려운 세계에서 헤매는 것이다. 오래 가지 않을 것을 영원한 것처럼 집착하는 바람에 겪어야 하는 고통인 것이다. 그리고 그 고통은 끝없이 재생된다. 설사 선업을 짓는다 해도 생천할 수 있는 복(유루선, 有漏善)은 되지만, 윤회는 면할 수 없다. 그렇다면 윤회를 완전히 끊을 수 있는 무루선(無漏善)을 일으켜야 한다.

그래서 원효스님은 『대승육정참회』를 통해 모든 업장을 참회하고, 육정 즉 육근의 방일함에 대해서도 참회해야 함을 강조하고 있다. 중생은 참회해야 할 업장이 두텁고 계속해서 업을 지어가는 이들이다. 잘못을 하고도 뉘우치지도 않고 부끄러워하지 않고, 업을 지어 놓고도 업의 실상을 알지 못하면 어떻게 되는가. 죄는 자성이 없지만 지은 업의 업장 때문에 고통을 받는다. 처음 한 번 지었을 때는 마음을 바꿀 수 있지만 너무 많이 지으면 업에 끌려 다닐 수밖에 없다. 계속 나쁜 일만 하다가 어쩌다 한 번 좋은 일을 하기는 쉽지 않다. 옆에서 알아주지도 않는다. 반대로 착한 일만 하다 나쁜 짓을 한 번 하면 가슴이 두 근 반 세 근 반 한다. 그래서 참회할 줄 알고 죄나 업의 실상을 바로 알아야 한다. 그렇게 하지 않으면 고통 받는다. 그것이 중생이다.

원효스님은 참회를 해도 그 실상을 바로 알고 참회하라고 하셨다. 만일 방일하고 뉘우침도 없고 부끄러움도 없으며, 업의 실상을 사유할 줄 모르면 비록 죄의 자성이 없지만 장차 지옥 고통에 떨어질 것이라고 했다. 마치 환술로 만든 호랑이가 도리어 환술사를 삼켜버리는 것과 같다[幻虎還吞幻師]는 비유로 경책하셨다.

중생의 경우 언제부터인지는 모르지만 본래 생겨난 게 없는데 마음으로 여러 가지를 만들어낸다. 이를 꿈으로도 비유를 들었다. 어젯밤에 꿈을 꾸다 금방 깨면 꿈인 줄 안다. 실재하지 않는다는 것도 안다. 보통은 꿈인 줄 모르고 떠내려가고 있다. 태어나고 죽고 하는 것 전부 꿈이다. 그것을 대몽이라고 한다. 긴 꿈에서 미혹에 덮인 마음에 의해 다 만들어 냈는데, 자기 마음이 만든 환인지 모르고 거기에 화를 내고 집착을 하고 있다. 어떻게 하면 꿈에서 깨어날 수 있는가. 대부분 깨워달라고 하지만, 자기가 깨어나야 한다. 발보리심을 일으켜야 한다. 원효스님은 '몽관'을 하라고 하셨다. 꿈인 줄 알고 헛된 것인 줄 알고 '꿈이다' 하면서 관찰하라고 하셨다. 그렇게 하다보면 탐욕도 부리지 않게 되고, 미혹에 의한 행동도 하지 않게 된다.

중생이 보리심을 일으키면 보살이라고 한다. 불자들은 보살행을 한다. 우리도 부처님 같이 붓다로 살자. 지금 여기서 당장 이 몸으로 붓다로 살자.

『화엄경』에서는 깨달음을 바다에 비유해 각해(覺海)라 한다. '모든 것은 마음이 만든 것이다'라는 『화엄경』제일게는 '마음이 모든 여래를 만든다'는 것이다. 의상스님(625~702)은 '법성게'에서 이 마음을, 모든 존재를 '법성(法性)'이라 명명하고 있다. 오척되는 우리 몸과 마음은 오척법성신(五尺法性身)이다. 이 오척법성의 법성신을 바로 보기만 하면 십불로 출현한다는 것이다.

의상스님은 또 법성을 궁극적으로 증득한 경계를 해인삼매라 했다. 해인삼매는 화엄경의 모든 삼매를 통틀어 포섭한 것으로, 바다에 도장 찍듯이 일체 물상이 다 비쳐 나타난다는 비유로 말한 부처님 삼매이다. 바다에 모든 물상이 비쳐 나타나 있으나 실은 다 바닷물뿐인 것처럼, 부처님의 깨달음의 마음에 비친 온갖 존재 역시 부처님의 깨달음의 마음뿐이다.

공덕행을 실천하는 보살, 바로 불자의 삶이자 부처님의 아들딸로 사는 것이다. 각(覺)한 중생, 이미 깨달으셨는데 중생을 위해 더불어 동사섭하는 보살님, 그리고 범부들이 '앞으로 성불하여지이다' 하는 발원을 갖고 부처님과 같은 깨달음을 얻으려고 닦아나가는 보살, 그 모든 분들이 불자다. 중생을 본래 자기로 인도하는 이타의 삶을 사는 분들이다. 이런 보리심에 의해 보살도를 실천하는 화엄바다는 공덕의 바다[功德海]이다. 중생·붓다·불자(보살)의 삶을 고해·각해·공덕해를 항해하는 것으로 비유해 설명해 보았다. 하지만 실은 이 셋이 다른 것이 아니다. 고해가 바로 각해이고, 각해가 공덕해로 중중무진 펼쳐지고 있기 때문이다. 중생이 발심해 공덕을 짓는 보살의 마음이 바로 자성청정심이고 여래의 지혜 마음인 것이다. 중생의 힘은 업력이고, 불자와 보살의 힘은 원력이며, 붓다의 힘은 신통력이다. 그런데 그 모든 힘은 곧 마음이다. 마음 따라 존재의 모습이 달라지고 마음 따라 행복과 불행이 갈라지고, 마음 따라 살기 좋은 세상, 살기 힘든 세상이 펼쳐진다. 어떤 마음을 어떻게 쓰고, 어떻게 쓸 수 있는가에 따라 중생이기도 하고 보살이기도 하고 부처이기도 하다.

그런데 부처님 마음, 보살·불자 마음, 중생 마음이 따로 있는 것은 아니다. 그 근본은 다 부처님 지혜 마음인 한마음뿐이다. 그 마음을 바로 쓰면 된다. 사유 분별하는 대로 한량없이 나타난다고 한다. 우리는 모두 부처님 지혜를 구족하고 있다. 예부터 이미 온전한 오척법성(五尺法性)을 바로 보고, 본래 자기로 되돌아 가자. 설사 법성신을 바로 보아 지금 여기서 부처로 출현할 수 없을지라도, 우리 마음이 본래 부처님 지혜 마음과 다르지 않음을 철저히 믿는 신심으로 보리심을 일으켜, 자리이타의 공덕행을 지어 가자. 보현행원으로 보리를 이루자.

부처님과 같은 만덕을 쌓아가는 행위가 수행이다. 보현보살을 닮고 지장보살을 닮아서 공덕을 쌓아가는 것이 불자의 수행이다. 『화엄경』에는 무진장한 수행법이 있다. 중생은 다 환과 같다. 발보리심하고 붓다행이 될 수 있도록 노력을 하자. 이미 우리는 벗어났다. 불자로 오래 살다 보면 언젠가는 성불할 수 있다. 정정진으로, 화엄의 큰 바다에서 항상 행복하시길 바란다.

● 　　　해주스님은 1978년 동국대에 입학해 1982년에 졸업했다. 이후 동 대학원에 입학해 석·박사 학위를 취득했다. 비구니 스님으로는 처음으로 동국대 정각원장을 지냈으며, 불교학연구회 초대·제2대 회장, 동학사승가대학장 등을 역임했다. 현재 수미정사 주지이며, 학교법인 승가학원 이사, 조계종 전국비구니회 부회장을 맡고 있다. 저서로는 20여 편의 단행본과 60여 편의 논문을 발표한 바 있다.

이왕이면 우리 잘 살아보세

여러분과 좋은 인연 맺게 되어 뜻깊게 생각한다. 오늘 법문 주제는 더불어 잘 사는 법이다. 사람 몸으로 태어나기 어렵고 불법 만나기는 더더욱 어려운데 이왕 불교를 만났으니 우리는 잘 살아야 한다. 한마디로 지혜가 있어야 잘 살 수 있다. 큰 지혜는 화합이다. 크게 화합해야 만사가 다 잘되는 것이다. 우리나라도 지금 크게 뭉치려고 야단이다.

부처님께서는 6년 고행 끝에 우주 근본진리를 깨달으셨다. 그 내용은 연기법이다. 이것이 있어 저것이 있다, 이것이 없으면 저것도 없다. 모든 것은 원인이 있어서 생기는 것이다. 한두 가지가 아니다. 어마어마한 조건이 모여서 생겨나는 것이다. 연기법 때문에 진화도 하고 퇴화도 하는 것이다. 이 말은 자기라는 주관이 있기 때문에 우주라는 객관이 있다는 것을 뜻하기도 한다. 내가 있기 때문에 세상도 필요한 것이다. 내가 없으면 아무 소용이 없다. 자기 자신이 이만큼 훌륭한 것이다. 부처님께서도 천상천하 유아독존이라고 말씀하셨다.

얼마나 자신감 넘치는 말인가.

지나친 물욕은 경계해야 한다. 알고 보면 다 무상하게 사라질 뿐이다. 흔히 재색신명수(財色身命壽)라고 하는 오욕은 지나치면 안 된다. 하지만 지나치게 해선 안 된다는 뜻이지, 이것 자체를 부정하라는 말은 아니다. 남녀관계가 아니면 인류 유지가 될 수 없고, 먹지 않으면 살 수가 없다. 또 명예가 없으면 조직의 통솔도 어렵다. 이 다섯 가지 욕심이 세상을 만든다. 여기에 빠지지만 않으면 된다.

이는 행복의 조건일 뿐이지 이 자체가 복은 아니다. 재산이 많으면 돈 때문에 골치 아프고 너무 많이 먹으면 병이 난다. 명예도 마찬가지다. 부처님께서는 왜 출가하셨나. 복도 많고 아내도 미인이고 자식도 있는데 다 버렸다. 행복은 다른 곳에 있다. 인생의 목적을 달성하기 위해서는 행복의 조건에 매달려선 안 된다. 돈에 빠지고 먹는데 빠지고 최순실에게 빠지고 보통일이 아니다. 수행도 지나치면 안 된다. 그래서 연기법이 곧 중도이다. 모든 것은 지나가는 과정이다. 그러나 이 가운데서도 적당히 하면 안 된다. 자기 능력에 맞춰 지극정성으로 열심히 잘해야 한다.

오늘날 가장 큰 문제는 인성교육이다. 정치하는 사람들과 재벌들이 가장 문제인데, 특히 자기 자신을 소중히 생각할 줄 모른다. 지금 뭐든지 돈으로 계산하려고 한다. 우리 불교는 인본주의지 신본주의가 아니다. 꼭 명심해야 한다. 물질에 빠져 물욕이 생기면 무명으로 들어가 버린다. 그러면 깨달음도 없어진다.

세월호 때문에 난리가 나서 각성을 했는데도 상황이 더 복잡하다. 정치가하고 경제인들은 필히 인성교육을 해야 한다. 옛날에는 왕사, 국사가 있어 왕들도 교육을 많이 시켰다. 고려 때만 해도 우리 스님들이 왕사, 국사였다. 요즘에는 대통령을 누가 가르치고 있나. 목사가 가르치더라. 대부분이 목사다. 이승만, 윤보선, 김영삼, 이명박 대통령에 이르기까지 전부 목사들에게 배웠다. 보통 일이 아니다. 종교도 경제에 유착되면 같이 망한다. 고려불교가 왜 망했나. 고려는 불교가 국교였다. 귀족들하고 합착이 되어서 모든 재산을 다 말아먹었다. 세금도 안 내고, 개혁을 했어야 한다. 지금도 마찬가지다. 돈을 벌어서 전부 망할 짓만 하고 있다. 자식만 주는 게 아니라 손주에 증손주까지 해주고 있다. 고려불교가 망한 것도 말기에 지나치게 귀족들과 한 덩어리가 되었기 때문이다.

그래서 사실은 종교인도 세금을 내야 한다. 나라가 살아야 종교도 사는 거지 나라는 망하거나 말거나 종교인이 자기들만 살려고 하면 어리석은 것이다. 불교는 호국불교이지 않은가. 물욕에 빠지면 즉시 무명에 들어가 버린다. 인성교육만 할 게 아니라 인간교육을 잘해야 한다. 우리 보살님들이 특히 잘해야 하는 부분이다. 학교에서 도덕은 배우지만 모든 교육을 맡기면 안 된다.

본론으로 들어가 보자. 잘 사는 방법을 들여다보면 진리 그대로 사는 것이다. 간단하다. 삼법인, 자연의 법칙에 따라 사는 것이 참으로 잘사는 법이고 바르게 사는 것이다. 사회생활을 하는 사람은 육바라밀을 해야 한다. 복을 짓고 복을 받고 복을 누리고 육바라밀에 다 들어 있다. 보시·지계·인욕·정진·선정·지혜가 바로 복스럽게 사는 방법이다. 아주 쉽다. 밥도 잘 먹고 물도 잘 먹고 공기도 잘 먹고 나이도 잘 먹어야 한다.

더불어 잘 사는 법은 뭔가. 화합이다. 여러 사람이 더불어 잘 살기 위해선 화합을 해야 한다. 가정이나 사회 국가 다 마찬가지다. 화합을

하려면 어떻게 해야 하는가.

첫째가 신화동주(身和同住)다. 화합하는 데 있어서 몸으로 함께 거주하라. 자주 만나야 한다. 자꾸 삐그덕해도 부딪쳐야 한다. 안 만나면 아무 소용이 없다.

그 다음은 구화무쟁(口和無諍)이다. 화합하는 데 있어 말다툼을 하지 않아야 한다. 자기만 아는 소리를 하면 안 된다. 남의 말을 잘 받아들이고 공감을 해야 한다. 말다툼만 하면 만사가 안 된다. 부부간이나 친한 사이일수록 존경해야 한다.

세 번째는 의화동지(意和同志)이다. 뜻으로 화합하면 동지가 된다. 뜻이 맞아야 말이나 행동이 맞아지는 것이지, 뜻이 다르면 안 된다. 뜻이 맞도록 노력해야 한다.

그 다음, 화합하려면 견화동해(見和同解)라고 했다. 귀로도 들어보고 입으로도, 발로 걸어가 보고, 안이비설신의 다 보는 것인데 보는 것에 이해를 갖도록 해라. 옆에서만 봐도 안 되고, 뒤에서만 봐도 안 된다. 전체적으로 올바른 견해를 갖고 속도 들여다보고 해야 일이 잘 해결된다.

이와 더불어 계화동준(戒和同遵)해야 한다. 화합하는 데 있어 계를 잘 준수해야 한다. 모든 단체는 지켜야 할 약속이 있다. 승단이 계를 지키지 않으면 화합은 자동적으로 깨지게 돼 있다. 친구와의 약속도 지켜야 한다. 불평불만이 많은 사람은 자기 일을 제대로 못한다.

마지막으로 이화동균(利和同均)이다. 이익이 생기면 나눠 가지는 게 중요하다. 사업에는 반드시 손익이 따르는데 혼자 이익을 보려고 하면 절대 안 된다. 이익이 공평하면 서로 균등해야 한다. 화합이라고 하는 것이 이렇게 중요하다. 자기 욕심만 차려선 안 된다. 굉장히 중요하다. 이 여섯 가지로 잘 화합해야 더불어 잘 살 수 있다.

인류 전체는 평화로워야 한다. 평화가 실현되려면 상호관계가 평등하고 개인은 자유스러워야 한다. 등식으로 말하면 평화는 평등 플러스 자유이다. 자유가 되려면 힘이 있어야 한다. 자기 파워를 기르려면 정신적으로 자주적으로 살아야 한다. 내가 주인이다, 내 일은 내가 한다. 주인정신을 가져야 한다. 자기 스스로 자기를 도와야 한다. 자주 자조 자립하려면 자력을 키워야 한다. 그게 자유다. 자유라는 말은 굉장히 중요하다.

인간관계가 항상 겸손하고, 우리말로 하심하고 상대를 존경하고 그래야 서로 평등이 유지된다. 돈이나 명예를 쥐고 있다고 우쭐대면 안 된다. 인간관계에 있어 평등이 중요하다. 그러면 자연히 우리 사회가 평화스러워진다. 교리를 배워 충분히 생활에 활용할 줄 알아야 한다. 기억만 하면 지식이다. 지식은 밑천은 될 수 있지만 쓸 줄 모르면 아무 소용없다. 인류 전체가 화합을 해야 한다. 이것이 바로 불교의 근본 사상이다.

● 암도스님은 1955년 백양사로 출가, 조계종 18교구 본사 백양사 주지와 조계종 포교원장을 역임했다. '설법의 달인'과 '이 시대의 부루나 존자'로 불릴 만큼 가는 곳마다 쉽고 재미있게 법회를 이끌어 큰 호응을 얻고 있는 스님은 현재 고불총림 백양사 청량암에서 수행정진 중이다.

도량석 우는 정유의 새벽,
그대! 붓다로 다시 깨어라

불자들에게 불교의 목적이 뭐냐고 물으면 대부분 성불(成佛)이라고 할 것이다. '성불하십시오, 성불합시다' 하는 그 성불이 불교의 목적인데, 성불이 아니라 '깨달음, 깨침'으로 잘못 알고 착각하는 분들이 많은 것 같다. '깨달음, 깨침'은 목적이 아니다. 성불로 가는 과정이다. 이것을 확실히 알아야 한다. 성불이 목적지이고, 깨달음은 성불로 가는 정거장이다. 그런데 깨달음이 끝인 줄 알고 있는 분들은 깨닫기만 하면 성불하는 줄 알고 있다. 깨달으면 업장이 소멸되고 바로 부처가 되는 줄 안다. 깨치면 업장이 소멸되고 생사윤회하지 않는 줄 안다. 이것이 깨달음에 치우친 불교도들의 큰 병통이 아닌가 싶다.

도대체 깨달음은 무엇을 깨달았다는 말인가. 무엇을 깨달았다고 하는지 알아야 깨닫고자 할 것 아닌가. 여러분 신행생활의 방향을 결정짓는 문제이기 때문에 이 문제를 명확히 해야 목표가 드러나게 되고 그래야 어떻게 신행할지 실천수행 방도가 드러나는 것이다.

깨달음은 한마디로 우리 마음속에서 부처님의 성품을 본다는 것이다. '아, 내 마음속에 부처님과 같은 마음이 있구나' 하고 아는 것이다. 이 단계가 깨달음, 깨침의 단계이다. 이 얼마나 쉬운가. 여기 있는 불자들 중에 내 마음속에 부처님 성품이 있는 줄 모르는 사람이 어디 있겠나. 내 속에 부처님이 있다는 사실을 아는 이 순간, 분명히 여러분은 깨쳤다. 그 깨침의 순간은 역대 선지식, 큰스님들과 똑같다. 여러분은 대단한 경지에 오른 것이다. 여기까진 스님들과 여러분이 똑같은데 그 다음이 문제이다.

바로 깨쳤다는 그 순간에 머무르고 만다는 것이다. 내가 깨친 것이나, 큰스님들께서 깨친 것이나 그 깊이는 다르지만 본질은 똑같은데 다만 대부분은 깨쳤다는 생각에 머물러서 깨침이 끝인 줄 알고 그 다음 단계로 나아가지 않는 데 문제가 있다. 확실히 깨친 스님들은 성불로 나아가지만 깨침이 끝인 줄 아는 사람들은 깨친 후 다음 단계로 나아가지 않는다. 이것이 병이다.

그렇다면 그 다음 단계는 무엇인가? 바로 끊임없는 발보리심(發菩提心)의 단계이다. 보리심은 어떤 마음인가. 문수보살님은 "내거나 내지 않는 것이 없는 마음, 즉 보리의 상(相)을 따라 내는 마음"이라 하셨다. 이 말씀은 곧 어디에도 이끌리거나 취착하지 않는 마음이다. '나다, 남이다, 중생이다, 오래 살겠다, 착한 일 했다, 잘났다' 등등 아상·인상·중생상·수자상에 이끌려 내지 않는 마음이다. 이런 마음을 갖기가 쉽지 않다. 그러므로 보리심수행을 해야 한다 보리심수행은 업장을 녹이는 수행이다. 깨쳤다 해도 죽을 때까지 업은 계속 짓게 되는 것이다.

　보리심수행은 어떻게 해야 하는가. 무엇보다 계행을 단단히 지키고, 기도하고, 염불하고, 주력하고, 선정하는 일상의 실천수행을 해야 한다. 절에 와서 스님들에게 법문을 청해 듣고, 집에서 꾸준히 기도하고, 염불, 참선하는 그런 일상의 행이 중요하다.

　이 사바세계에 떨어지면 가장 큰 문제는 생사이다. 나지 말았어야 하는데 일단 엄마 뱃속에서 몸을 받아 나오고 나면 그때부터 죽음이 가장 큰 공포가 된다. 아파서 '아야' 하는 것도 죽지 않으려고 그러는 것이고, 남에게 아픔을 주고 포악한 말을 하고 폭행하고 살인까지 저지르는 것도 나의 이익을 위해서지만 깊이 들어가면 죽음이 두려워서 짓는 업이다.

　이 세상 그 누구도 이 업으로부터 자유로울 수 없다. 죽어서는 그 업장에 따라 사생육도를 끝없이 윤회하게 된다. 다행히 우리는 부처님 법을 만나서 그 업을 짓지 않는 부처님 같은 성품이 있다는 부처님의 지혜를 알게 됐다. '나도 부처님처럼 업장을 짓지 않고 윤회하지 않을 수 있구나' 하고 깨친 것이다. 그런데 부처님 같은 성품을 늘 간직하고 살아야 한다고 깨쳤는데, 그 깨침을 금방 잊어버린다. 때문에 깨친 이후에도 끝없이 보리심을 일으키는 보리심 수행을 해야 한다.

우리는 큰스님이나 조사스님, 선지식들께서 정진하신 결과로 한 소식했다는 이야기를 많이 듣고 보았다. 그 스님들이 깨쳤다는 말도 마음속에 부처님 지혜가 있다는 대 진리를 확연히 알았다는 것이다. 우리들처럼 그냥 아는 것이 아니라 확철대오해서 의심이 없어지니까 시원해지는 것이다.

그렇기에 정말 올바르게 깨친 선지식들께서는 깨친 이후에도 '내가 깨쳤네' 하고 내세우지 않는다. 그런 후에 어떤 경계에도 흔들리지 않는 반석 같은 마음, 보리심을 유지하고자 주야육시(晝夜六時)로 청정하게 계율을 수지하고 스스로 잘 닦으면서 중생들이 부르면 마다하지 않고 달려가는 대자비심을 펼치기도 한다. 또 일상으로 예배하고, 염불하고, 주력하고, 선정하면서 아미타부처님을 뵙고 성불하리라 발원하는 것이다.

이처럼 스님들이 힘들게 수행하는 모습을 보다 우리 같은 오욕칠정(五慾七情)에 물든 범부들은 언감생심, 갈 수 없는 이상향이 아닌가 하고 주저앉게 된다. 그러나 우리들은 처지에 맞게 발보리심 하는 수행을 꾸준히 이어가야 한다. 오로지 닦을 뿐이란 생각으로, 한 방울의 빗방울이 언젠가 바위를 뚫는다는 심정으로 보리심 수행에서 물러나지 말아야 한다.

깨침은 무슨 과거 현재 미래를 환히 볼 줄 알고, 눈 깜짝할 사이에 부산에서 서울까지 오가고, 공중에 붕 뜨고 하면서 세속적인 욕심을 다 이루는 경지가 아니다. 깨침은 생사고해를 벗어나는 길이 있다는 부처님 지혜를 확실히 아는 것이다. 그 깨침 후에 비로소 나도 부처님처럼 윤회고를 벗어나야겠다는 각오로 사상(四相)에 걸림 없는 보리심을 지니고 지계청정하게 수행하면서 성불로 가는 보리심수행을 멈추지 않아야 한다.

그렇게 담담하게 계행을 지키면서 자신에게 맞는 수행을 하다보면 일신에 업장도 녹아지고, 집안도 행복해지고 구경(究竟)에는 고통을 여의고 해탈 성불할 수 있다. 윤회하지 않는다.

오늘날 깨침은 강조하면서 깨침 후의 청정한 지계와 수행에 대한 중요성에 대해서는 불자들의 인식이 부족한 것 같아 법문을 했다. 바른길로 나아가시길 바란다.

● 혜총스님은 1963 범어사에서 동산스님을 계사로 비구계 수지했고, 해인사 승가대학과 동국대 불교학과를 졸업했다. 해인사 승가대학 총동문회 10대 회장, 5대 포교원장, 동국대학교 석림동문회장, 16대 대각회 이사장을 역임했고, 현재는 부산 감로사에 주석하며 수행 정진하고 있다. 저서로 『꽃도 너를 사랑하느냐』, 『새벽처럼 깨어 있으라』 등이 있고, 국민훈장 동백장, 조계종 포교대상 공로상, 조계종 종정 표창, 국무총리 표창, 자랑스런 동국인상, 자랑스런 부산시민상을 수상했다.

어떻게 살 것인가

　인생의 목적과 목표는 무엇인가. 부처님 제자들의 목표는 열반이고 해탈이다. 구하려야 구할 게 없고, 버릴 게 하나 없는 것이 열반이다. 우주와 내가 혼연일체가 된 상태이다. 그 경지는 너무 아름답고 신령스럽고 영원히 자유롭다. 영원히 고요하고 광대(廣大)해서 통하지 않는 것이 없다. 이것이 열반이고 해탈이다.

　중생은 과거에 집착해 괴롭고, 현재는 자유롭지 못해 괴롭고, 미래는 알지 못해 괴롭다. 깨달은 이는 과거에 집착하지 않으니 아름답고, 현재는 자유롭고, 미래는 걱정하지 않으니 새롭다. 있는 그대로 우주 대광명이다.

　불자 여러분은 의무와 책임이 있다. 불자로서 당연히 그래야 할 책임이 있다. 그것은 법보시(法布施)이다. 법보시는 불교의 진리를 가정이나 이웃에 전해주는 것이다. 희망과 용기를 갖고 고통의 세계에서 영원히 떠날 수 있도록 자유자재(自由自在)의 길을 알려주는 만큼 큰

보시는 없다. 그러한 보시를 여러분이 꼭 해야 한다. 부처님은 우리에게 돈을 주신 것도, 물질을 주신 것도 아니다. 인류의 스승으로 존재하고 계신 부처님이 위대한 것은 우리에게 진정한 삶이 무엇인가 가르쳐 주셨기 때문이다. 부처님은 중생들에게 삶의 지침을, 우리가 가야 할 길의 원리를 가르쳐 주셨고, 모든 생명의 등불을 비춰 주셨다. 그렇기에 부처님은 위대한 성자이다.

물질은 육체적 도움은 될지언정, 정신적 양식은 안 된다. 물질을 남에게 주는 것도 소중하고 중요하지만 진리를 남에게 주는 만큼 소중한 것은 없다. 대복덕(大福德)을 기대한다면, 부처님의 가르침을 이 순간부터라도 나눠줘야 한다. 그 공덕은 한량이 없다.

부처님은 '계율을 지키라'고 강조했다. 계는 진실하고 바른 삶이다. 한국불교가 진정으로 발전하고, 사회적 역할을 하면서, 혼탁한 세상을 변화시킬 수 있는 길이 있다면 그것은 계의 정신이다, 오계정신이 확산되어 모든 사람이 계율정신을 지키고 산다면 태평성대가 될 것이다. 계를 잘 지키며 생활을 철저히 하면 진리는 높아지지 않으려야 않을 수 없다.

부자로 살려면 보시해야 한다. 자기가 갖고 있는 것은 자기 것이 아니다. 그냥 세상에 살면서 관리하는 것이다. 돈이든, 물건이든 관리하는 것이지 영원히 자기 것이 아니다. 남에게 좋은 표정만 지어도 보시이다. 좋은 이야기, 위로의 이야기, 격려의 이야기, 기쁜 이야기만 해도 보시하는 것이다.

불자들은 삼보(三寶)에 정성스럽게 귀의해야 한다. 관념적인 신앙을 하면 안 된다. 깊은 신심을 갖고 삼보를 예경하면 그 공덕은 한량이 없다.

돈이 있다고 잘 사는 것은 아니다. 돈과 명예가 있어도 덕망이 있어야 한다. 덕성이 없는 지식이나 양심이 없는 지식은 악의 굴레로 갈 수밖에 없다. 청정하고 아름다운 불성(佛性)이 발현되어야 한다. 우리 사회가 갈등을 겪고 혼란스러운 것은 지식과 능력은 있지만 양심과 덕성이 없기 때문이다. 덕성이 없으면 사회나 개인에게 도움이 안 된다. 참으로 소중한 덕성은 진실해야 된다.

좋은 도반을 가지려면 먼저 은혜를 베풀어야 한다. 상대가 나에게 은혜를 베풀기 전에 내가 먼저 좋은 모습과 좋은 언어로 베풀어야 한다. 어려울 때 베풀어 주어야 한다. 설후시지송백조(雪後始知松栢操) 사난방견장부심(事難方見丈夫心), 눈 온 후에 잣나무 소나무의 지조를 알 수 있듯이, 어려운 일을 당해야 장부의 마음을 알 수 있다는 뜻이다. 어려움을 당했을 때 장부인지 졸장부인지 대인인지 소인인지 알게 된다.

중생은 모두 부처의 씨앗을 지니고 있다. 그렇기에 여기 계신 여러분이 곧 부처님이다. 인불사상(人佛思想)이다. 마음이 부처고 부처가 마음이다. 결국 그거 하나 분명히 하기 위해 부처님은 그렇게 긴 시간 동안 말씀하신 것이다.

그런데 중생들은 삼독(三毒)과 오욕(五慾)에 가려 능력을 발휘하지 못해 자유스럽지 않다. 매사에 걸려 육도윤회하며 생사에 끄달려 고통을 받는다. 그 고통은 누가 준 것이 아니고, 본인들이 만든 것이다. 그러면 어떻게 해결하고 가야 할까. 어디 가든 걸림이 없고 자유스럽고 넉넉하고 버릴 것도 없는 그런 자유자재한 삶을 살 수 있을까. 사바세계에 사는 중생들은 고통이 없을 수 없다. 부처님께서 사바세계

에 오신 것도 교화하기 좋은 장소라고 여겼기 때문이다.

사바세계를 고(苦)의 세계, 인토(忍土)라고 한다. 업이 비슷한 사람들이 태어나 살고 있으니 참고 살아야 한다. 인내에는 공덕이 있다. 부처님은 참는 것은 마치 곳간과 같다고 했다. 곳간에는 수많은 재물이 있다. 참는 것은 큰 배와 같다고 했다. 큰 배는 수많은 사람을 싣고 피안의 언덕으로 갈 수 있다. 참는 것은 큰 복덕과 지혜를 함께 구족할 수 있는 공덕이 있다. 참지 못하면 공덕도 날아가고 보리(菩提)의 길에서 후퇴할 수밖에 없다.

우리는 어떻게 공부하고 살 것인가. 원력(願力)과 신심(信心)을 가져야 한다. 신심 없는 사람은 불자가 아니다. 공부도 안 되고 공덕과 복을 지을 수 없다. 원력이 없으면 목적이 없는 사람과 같다. 부처님 공부를 열심히 해서 모든 중생을 편안하게 하겠다는, 그리고 국토를 장엄하겠다는, 일체중생의 행복을 일궈 주겠다는 원력을 가져야 한다. 그러한 원력이 있는 한, 그 사람의 삶은 항상 새롭고 환희가 넘친다.

불자는 공심이 있어야 한다. 신심, 원력, 공심은 부처님을 드러내는 유일한 길이다. 신심이 없는 사람, 원력이 없는 사람, 공심이 없는 사람이 부처가 되겠다고 하는 것은 연목구어이다. 관념적으로 불교를 믿어선 안 된다. 번뇌 망상을 청소하는 것이 참선, 주력, 염불이다. 자신을 위해서, 가족과 사회를 위해서, 참선, 주력, 염불을 해야 한다. 참선, 주력, 염불은 정신혁명 행위이다. 수 없는 생을 살아오면서 잘못된 습관, 더럽혀진 심성을 정화하는 것이다.

여러분이 갖고 있는 통념을 한꺼번에 없애버리고 털어버리는 것이 참선, 염불, 주력이다. 참선, 염불, 주력을 열심히 하면 여러분은 새로워질 수 있다. 신심, 원력, 공심을 갖고 참선, 염불, 주력 등 자신에 맞는 수행법으로 하루하루 정진해라. 생사근본을 깨치고 심성을 밝혀 윤회를 끊을 수만 있다면 여러분은 놀아도 된다. 그렇지 못하다고 하면 끊임없이 정진하길 바란다. 여러분들이 증득해야 할 몸은 법신(法身)이다. 영원히 자유스럽고, 영원히 행복하고, 영원히 걸림 없는 법신을 증득할 때까지 정진해야 한다.

영광독조탈근진(靈光獨照脫根塵)

영광이 홀로 비춰 근진을 벗어나니

좌와경행현묘진(坐臥經行現妙眞)

앉고 눕고, 경행 속에 묘한 진리를 드러낸다.

유시불각번신전(有時不覺飜身轉)

어느 때 모르는 결에 몸을 뒤집어 위음불에 도달하면

산하대지사자후(山河大地獅子吼)

산하대지가 그대로 법왕의 사자후더라.

● 　설정스님은 1954년 수덕사에서 원담스님을 은사로 모시고 출가한 후 수덕사 주지와 조계종 중앙종회 의장을 지냈으며, 덕숭총림 선원에서 납자들을 지도하고 있다.

김병조와 함께하는
봄날에 마음 닦기

사람들은 나를 보고 저 사람은 개그맨이니 좋겠다고 한다. 하지만 개그맨도 스트레스가 있다. 매주 새로워야 한다는 점이 가장 부담스럽다. 가수는 같은 노래를 50년도 부르지만, 개그맨은 한 번 안 웃기면 아웃이다. '뽀뽀뽀'라는 프로그램을 진행할 때가 가장 힘들었다. 가장 웃기기 어려운 것이 아이들이다. 그런데 내가 어떻게 오랫동안 인기를 누렸느냐 하면 노력을 했기 때문이다. 한때 '지구를 떠나거라' 등 유행어를 만들면서 개그코너 시청률이 70%를 육박했는데, 그동안 저는 작가가 써준 10여 분짜리 대본을 밤새 고치고 또 고쳤다. 한 시간짜리 대본을 쓴 작가의 5분짜리 대본과 내가 10시간 고친 대본 가운데 어떤 것이 재미있었겠는가. 당연히 내 대본이 더 재미있지 않았을까.

그와 같은 노력으로 7년간 높은 인기를 유지할 수 있었다. 모든 삶이 마찬가지다. 내가 노력한 만큼 결과가 오는 것이다. 아무런 노력 없이는 아무것도 돌아오지 않는다. 그것이 인과응보의 가르침이다.

내가 뿌린 대로 거둔다는 것이다.

저는 백양사가 있는 전남 장성의 양반집에서 태어났다. 어릴 때 슬픈 일이 두 번 있었는데, 한번은 보증을 잘못 서는 탓에 집안이 어려워진 것이고, "우리 강아지, 무섭고 외로울 때면 나무아미타불을 염송하라."고 늘 말씀하시던 할머니가 죄도 없이 51일간 교도소 생활을 하셨던 일이었다. 그때 화병으로 조부가 타계하면서 "어떻게든 장손을 가르쳐라."는 유언을 남기셨다. 어머니는 그 말대로 "자식 공부시키겠다는 데 양반 체면이 무슨 필요냐."며 군산을 오가면서 젓갈 행상을 해 나를 가르쳤다. 누님은 초등학교 6학년 때 장남이던 나를 위해 학업을 중단해야 했다.

그렇게 공부를 해 광주로 유학을 가 육군사관학교를 준비하는데, 담임선생님이 "너는 육사 가지 말고 연극영화과를 가서 코미디언이 되라."고 하셨다. 나도 그러고 싶었지만 수업료를 어떻게 감당할 것인가. "장학금 받으면 되지." 하시던 선생님의 격려에 연극영화과를 갔다. 그리고 동양방송으로 데뷔하면서 많은 인기를 누렸다. 그런데 제행무상이라, 모든 것은 영원하지 않았다. 결정적 사건은 1987년 6월 정치 행사에 초대를 받은 것이 계기가 됐다

이름에는 무거운 책임이 따른다고 했다. 그날 행사는 전 대통령이 노태우 대통령에게 "다음 대통령은 너 해." 하고 손을 들어주던 날이었다. 정당대회였는데 행사 공연에 이주일 등 쟁쟁한 분을 제치고 내가 선택이 됐다. 얼마나 영광스런 자리인가 생각하며 기쁜 마음으로 그 자리에 섰다. 그런데 내 멘트를 본 어느 높은 분이 "좋네요. 그런데 마지막에 이런 멘트를 좀 해보시죠." 했다. 다른 대통령 후보자를

비꼬는 내용이었다. 그때 거부했어야 했는데, 당시 저는 38살, 아이들을 길러야 하는 가장이었다. "꼭 해야 합니까?" 묻자 "알아서 하세요." 답이 돌아왔다. 5공화국 때 말이다.

당시 방송사도 없고, 녹화를 하는 것도 아니라서 괜찮겠지 하고 요구를 들어줬다. 그런데, 아차. 신문사 기자가 다른 웃기는 멘트는 다 빼고 그 대사만 콕 집어서 보도를 했다. '지구를 떠날 사람이 김병조'라는 세간의 비난을 받으면서 참 힘들었다. 세상을 떠날 생각을 했다. 그 기자가 증오스럽고 미웠다. 그런데 돌아보면 그 기자가 참 고마운 사람이었다. 방송에만 전념하던 내 눈을 뜨게 해 공부를 하게 만들었고, 내 고향에서 봉사를 하겠다는 마음으로 한 달에 78만원 받고 매주 서울에서 광주를 내려가 조선대에서 강의를 하게 된 원인이 됐다.

인생은 그와 같다. 살다 보면 누구에게나 어려움이 온다. 그때 좌절하거나 낙망하는 사람이 있고, 그것을 기회로 삼아 새로운 인생을 살아가는 사람이 있다. 새옹지마(塞翁之馬)의 가르침은 바로 우리가 어떤 마음으로 살아가야 할 것인가를 보여준다.

변방의 한 노인이 암말을 길렀는데, 어느 날 그 말이 도망을 갔다. 그러자 이웃 사람이 위로를 하러 왔다. 노인은 "이것이 나중에 행복이 될 겁니다."라고 말했다. 정말로 몇 달 있다가 암말이 수말을, 그것도 천리마를 데리고 왔다. 이웃 사람이 이번에는 축하를 하러 오자 "이것이 나중에 불행이 될 겁니다."라고 말했다. 마침 노인에게 아들이 있었는데, 천리마를 타다가 그만 말에서 떨어져 다리가 부러졌다. 그 바람에 얼마 후 있던 징병에서 빠져 목숨을 구할 수 있었다는 이야기다. 인생은 이와 같다. 영원한 행복도 없고, 영원한 불행도 없다.

잘 나간다고 교만하지 말고, 어렵다고 위축되지 않아야 한다. 그것이 곧 제행무상의 가르침이다.

'송무백열(松茂柏悅)'이라는 말이 있다. 소나무가 무성하니 옆에 있던 잣나무가 기뻐한다는 말이다. 벗이 잘되면 같이 기뻐해 주라는 말이다. 그런데 우리는 실상 어떠한가. 이웃사촌이 땅을 사면 배가 아픈 사람이 많은 사회다. 그렇지 않은 사람이 있다. 바로 어머니다. 어머니는 자식이 잘돼도 걱정, 잘 안 돼도 걱정을 하신다. 그 어머니 마음이 바로 보살의 마음이 아니겠는가.

가끔 내게 가장 존경하는 사람이 누군지 물어볼 때가 있다. 내가 가장 존경하는 사람이 누구냐. 루소도 만델라도, 김구도 아니다. 못난 동생을 위해 초등학교도 졸업하지 못하고, 평생을 세탁소 운영하면서 조카 셋을 대학까지 길러낸 내 누님을 존경한다. 누님의 마음이 바로 보살의 마음이었다. 우리는 지금의 내가 있기까지 수많은 주변 사람들의 희생이 있었다는 것을 잊어서는 안 된다.

하나 생각해 보자. 인기가 있을 때가 괴로울까, 인기가 없을 때가 괴로울까. 답은 안 좋은 게 좋은 거고, 좋은 게 안 좋은 거라는 거다. 맞는가? 다른 말을 해보자. 내가 조선대서 강의를 하고 받는 돈이 78만원이다. 서울에서 새벽에 내려가 밤늦게 집에 오는 생활을 몇 번 해서 받는 돈이 78만원이다. 그런데 초롱초롱한 눈으로 강의를 듣는 사람들을 만나 강의를 마치고 교문을 나설 때 내 마음은 7억8천만원이다. 왜냐하면 사람에게 꼭 필요한 인성을 가르치는 교수라서 그렇다. 사람을 기르는데, 그 가치가 얼마나 크겠는가.

『명심보감』에서 기억해야 할 내용 가운데 '자왈 위선자는 천보지이복하고 위불선자는 천보지이화(子曰 爲善者는 天報之以福하고 爲不善者는 天報之以禍)니라'는 말이 있다. 좋은 일을 하는 사람에게는 하늘이 복을 주고, 악행을 하는 사람에게는 하늘이 재앙을 내린다는 말이다. 여기서 좋은 일이란 바로 배려다. 상대방을 배려하는 마음이 좋은 일이다. 상대방을 걱정하고 염려하는 어머니와 같은 마음, 그것이 바로 이타행이고 배려심이다. 늘 자식 걱정을 하며, 돌아가시기 직전까지 108배를 올리던 어머니가 마지막으로 한 말이 "미안하다. 제대로 못 해줘서 미안하다. 다음 생에는 이런 어미 만나지 마라."는 말이었다. 얼마나 위대한 말이고, 얼마나 이타적인 말인가.

우리는 흔히 불심(佛心)을 지녀라, 불심으로 살아가자고 말한다. 어머니는 늘 무언가를 아낌없이 주면서도, 더 주지 못해 미안해 하는 마음, 그것이 바로 불심이고 이타심이다. 지도자가 국민을 대할 때, 스승이 제자를 대할 때, 부모가 자식을 대하는 어머니 마음으로 살아간다면 우리 사회는 바르게 설 것이다.

마지막으로 '분수를 지켜라'라는 말을 전하고 싶다. 분수가 무엇이냐. 3/4이다. 또 5/4도 있다. 우리는 5/4를 과분수라고 한다. 주어진 것이 넷인데 다섯으로 살려고 하는 것은 분수에 넘치는 것을 요구하는 것이다.

탤런트 임현식 씨는 집안이 아주 좋다. 아버지가 언론사 간부를, 어머니가 교장으로 정년퇴임했다. 탤런트 전원주 씨도 당시 숙명여대를 졸업한 인재다. 그런데 둘은 공통점이 있다. 작은 배역, 좋지 않은 역할을 연기해야 할 때도 최선을 다한다. 주인공을 부러워하지 않고, 묵묵하게 주어진 역할에 집중하고 또 집중한다. 그 역할이 머슴이고 하녀라도 최선을 다한다. 그것이 분수다. 남이 나를 알아주지 않더라도 그 길이 옳으면 최선을 다해 그 길을 가겠다는 마음으로 살아야 한다. 남이 보는 눈이 어때서, 내가 이런 사람이니까 하는 아상에 잡히면 과분수의 삶이 된다.

오늘 이 자리에 앉아 있다는 것은 큰 복이다. 날씨가 안 좋거나 지진이 났거나, 집에서 저녁에 나가는 것을 반대라도 했다 치자. 이 자리에 앉고 싶다고 앉을 수 있겠는가. 그러니 오늘 조계사 법당에 앉아 있는 우리 모두는 큰 복을 지닌 것이다. 늘 감사하는 마음으로 살아야 한다. 그것이 곧 행복의 지름길이다.

● 　 김병조 교수는 1975년 동양방송 '살짜기 웃어예'로 데뷔, MBC SBS BBS 등에서 인기 코미디언으로 활약했으며, 현재 조선대 초빙교수로 강의를 하고 있다. 청주판 명심보감을 완역한 『김병조의 마음공부』를 펴낸 바 있다.

금강경, 어떻게 수행할 것인가?

『금강경(金剛經)』은 600부 반야부 경전 가운데 577권째에 해당하는 경전이다. 조계종 종헌은 금강경을 소의경전으로 규정해 스님을 포함한 불자들이 반드시 금강경을 공부하도록 했다. 주석서만 800종이 넘을 만큼 예로부터 대승불교의 핵심을 연구하는 경전으로 유명하다. 어느 경전이든 경전의 제목에 그 경전의 핵심이 압축되어 있다. 금강이란 결코 깨지지 않는 다이아몬드와 같은 부처님의 가르침이란 의미다. 무엇이 영원히 사라지지 않는 지혜인지 찬찬히 살펴보겠다.

　불교의 수행이란 마하반야바라밀(摩訶般若波羅蜜)이다. '마하'는 '크다', 반야는 '최고의 지혜', 바라밀은 '반야에 이르게 하는 수행법'을 가리킨다. 쉽게 말하면 최고의 지혜를 키워나가는 행위와 생활이 곧 마하반야바라밀이라는 것이다. 그렇다면 최고의 지혜는 무엇일까? 이에 대해서는 여러 가지로 설명될 수 있다. 우선 초기불교에서 설명하는 지혜는 분명한 앎과 함께하는 통찰을 의미한다. 따라서 있는 그

대로의 실체를 분명히 알기 위한 수행에 나선다면 그것이 바로 지혜
를 키우는 일이다.

불교의 수행은 고정된 견해로부터 벗어나려 하는 노력에서부터 시
작된다. 우리의 편견과 선입견과 고정관념은 항시 어떤 현상의 한쪽
만 보거나 절반만 보는 데서 비롯된다. 부처님의 말씀대로 세상은 제
행무상이어서 끊임없이 변화한다. 그러나 중생은 기억에 의존하고 그
기억에 따라 현상을 재단하려는 습성이 커서 지금 현재 생생하게 변
화하는 삶의 모습을 좀처럼 정확하게 알아차리지 못한다.

흐르지 않는 물은 결국 썩은 물과 똑같다는 원리로 보시면 된다. 본
래 이 마음이라고 하는 것은 형상이 있는 것도 아니요, 끊임없이 변화
하는 것이다. 그것을 애써 막으려고 하면 마음에는 집착이라는 괴로
움이 자리하게 된다. 그래서 마음에 어떠한 편견과 선입견과 고정관념
도 있어서는 안 된다는 무주(無住)의 도리를 금강경은 밝히고 있다.

예를 들어 누구나 사랑하는 사람과 영원하기를 바라지만 사랑하는 사람은 영원하지 못하다. 늙고 병들고 죽어가는 변화의 과정을 벗어날 수 없기 때문이다. 여기서 영원하기를 바라는 마음은 고정된 생각이고 빠르게 변화하는 것은 실제 현실의 모습이다. 결국 우리의 생각은 실상(實相)을 반영하지 못한다. 그럼에도 나의 고정된 편견으로 현실을 재단하려 할 때 괴로움이 생기는 것이다. 이렇게 발생하는 고통을 알아차리는 시도가 바로 불교의 수행이다. 최선을 다해 업념(業念)에서 실상을 통찰하려는 것이다.

'범소유상(凡所有相) 개시허망(皆是虛妄) 약견제상비상(若見諸相非相) 즉견여래(卽見如來).' 금강경의 본질을 가로지르는 사구게(四句偈)이다. '범소유상 개시허망', 부처님은 이 세상에 존재하는 모든 것들은 다 허망하다고 설명한다. 여러분 어렸을 때부터 인생의 여러 장면을 떠올려 보라. 갓난아기였을 때와 파릇파릇한 청소년 시절부터 결혼을 하고 자식을 낳고 열심히 생계를 잇고 양육을 하면서 지나온 그 세월들을. 그리고 이젠 얼굴에 주름살이 지고 기력이 예전 같지 않은 지금을 생각해 보라. 자, 얼마나 허망한가? 이렇게 '눈에 보이는 나'란 존재는 참으로 허망하다는 걸 절감해야 한다.

그러나 여기서 끝이 아니다. '약견제상비상 즉견여래', 보통 만약 상이 상 아님을 볼 수 있다면 그 즉시 부처님을 보리라는 의미로 해석한다. 저는 이를 '모든 것은 허망하지만 결코 허망하지 않은 것이 있다'는 뜻으로 바라본다. 예컨대 우리의 생각은 끊임없이 일어났다가 없어지지만 그렇게 일어났다가 없어지는, 생각이 계속해서 들락날락하는 마음의 바탕이 있다. 그러한 바탕을 흔히 '불성이다 여래다'라고 하는데 저는 그걸 양심이라고 명명한다.

　여러분, 우리가 양심을 느낄 때가 언제인가. 배부르고 등 따뜻하면 절대 양심을 느끼지 못한다. 내 인생이 잘 나갈 때는 제 건강과 잇속만 챙길 뿐 나의 사정을 헤아리지 않는다. 남에게서 빼앗지나 않으면 다행이다. 남에게서 사기를 당해 가진 재산을 다 잃었을 때, 제 잘난 맛에 살다가 뼈저린 실패를 맛봤을 때, 내가 그동안 잘못 살아왔구나 하는 깊은 후회와 반성에 빠져든다. 내가 공들여 쌓아 올린 상이 허망하게 무너졌을 때 진정한 참회와 함께 참된 불자로 살아야겠다고 각오를 다지게 되는 법이다. 나의 존재가 한심하고 덧없음을 알게 될 때, 향락이 허무하다는 걸 느꼈을 때, 그 사무치는 마음에서 톡 튀어나오는 것이 바로 양심이다. 나의 이익을 위해서만 살던 사람은 허망함을 통해서 비로소 양심의 자리를 발견한다. 결국 허망하지 않은 자리는 바로 양심의 자리이다.

　양심이 일깨워지면 나눔에 익숙해진다. 대승불교에서 으뜸가는 실천덕목은 보시다. 불교는 살아 있는 모든 생명들을 고통의 속박에서 해탈시키는 데 목적이 있다. 이것이 곧 중생제도 중생복지이자 대승보살도의 실천이다. 이것을 현대의 용어로 말하면 사회복지라고 한다. 사회복지의 궁극적인 목표는 사회의 모든 문제를 해결하고 모든 사람이 사람답게 살 수 있는 불국정토를 이루는 것이다. 이러한 관점에서 볼 때 불교와 사회복지는 고통을 여의고 행복을 얻는다는 '이고득락(離苦得樂)'이라는 공통점을 가지고 있다. 따라서 부처님의 말씀을 시대에 맞게 전법포교하기 위해서는 현시대의 사회복지 정책과 제도를 통하는 것이 가장 효과적이라고 생각한다.

양심을 깨우치고 남들에게 베푸는 사람이 많아질 때 모두가 부처가 되는 사회는 한걸음 더 가까워질 것이다. 헐떡거리는 마음을 가라앉히려면 금강경만큼 좋은 경전도 없다. 금강경을 늘 품에 수지하고 다니며 하루에 한 번씩이라도 독송한다면 자연스레 깨달음의 눈이 열리고 깨달음의 말을 할 수 있게 되리라고 여러분에게 약속한다. 쉴 새 없이 바라고 조르는 중생심이 녹아내리는 묘한 가피를 맛볼 수 있다. 애욕의 구렁텅이에서 빠져나와 정도를 걸을 수 있다.

부처님은 베풀었다는 마음[相]을 갖게 되면 그에 상응하는 대가를 바라기 때문에 베풀었다는 그 마음마저 없이 행하라고 하셨다. 나를 위하고 뻐기는 마음이 조금이라도 있게 되면 공덕은 달아난다. 이를 무주상보시(無住相布施)라고 한다. 어디에도 머무름 없이 마음을 내라는 응무소주 이생기심(應無所住 而生其心)의 실천행이라고 할 수 있다. 우리들은 대개 경제적으로 넉넉해졌을 때, 인생이 여유로워졌을 때 해야지 하고 생각한다. 그러나 보시란 따로 마음을 내고 시간을 내는 것이 아니라 생활의 한 부분이 되어 행해져야 한다. 그리고 온전히 남을 위한 진실한 보시일 때 그 공덕은 정말로 엄청나고 무한할 것이다. 제가 분명히 약속한다.

● 성운스님은 출가 이후 40여 년을 현장을 떠나지 않으며 부처님 가르침을 널리 전하며 포교에 앞장서 왔다. 특히 사회복지법인 인덕원을 설립하고 불교사회복지론을 개설하는 등 불교사회복지 발전에 기여했다. 지난 2015년 제27회 포교대상을 비롯해 만해대상 실천부문, 국민훈장 동백장 등을 수상하기도 했다.

혜초스님과 왕오천축국전

제가 현재 공불연 회장을 맡고 있고, 감사원에 근무하고 있다. 비전문가라서 오늘 주제와 잘 안 맞을 수도 있다. 이런 자리의 강의 공부도 많이 하고 연구도 많이 한 교수님들이 하는 게 맞는데 이렇게 서게 되어 사실 좀 쑥스럽다.

사람들이 의외로 혜초스님에 대해서 잘 모르는 거 같다. 기독교의 성경에 보면 『사도행전』이라고 있다. 기독교의 전파 과정이 인간에 의해서가 아니라 신의 역사에 의해 이루어졌다고 설명하는 책이다. 그런데 왜 불교에는 그런 책이 없을까 한참 의문을 갖던 중 『왕오천축국전』에 대해 관심을 갖게 되었다. 사실 5세기에서 12세기까지 중국에서 인도로 순례한 스님은 약 180명 정도 된다고 한다. 그중에서 약 80분 정도가 여행기를 남겼는데 자신의 여정을 기록으로 남긴 사람은 극소수에 불과하다. 지금까지 전해진 기록으로 법현스님의 『불국기(佛國記)』, 현장스님의 『대당서역기(大唐西域記)』, 송운스님의 『송운행

기』, 의정스님의 『남해기귀내법전(南海寄歸內法傳)』, 혜초스님의 『왕오
천축국전(往五天竺國傳)』이 있다.

　『왕오천축국전』이 단순한 불서(佛書)가 아니라 이 대단하고 위대한
것은 우리나라 신라 출신의 스님이 인도 및 중앙아시아 40여 개 국
가의 사회, 풍습, 종교 등을 기록한 책이라는 사실이다. 당의 혜림이
편찬한 『일체경음의(一切經音義)』에 의하면 상권 39개, 중권 18개, 하
권 28개, 3권으로 분절되었고, 총 85개 글자가 있고 발견된 책에서
같은 글자는 17개에 불과하다고 한다.

　여행 동기 및 당시 시대적 상황은 상권이 훼멸(毀滅)되어 정확한 여
행 목적을 알 수 없으나 금강지 선사를 만나고 나서 인도 여행을 결
심한 듯하며 선사의 권고가 있었을 것으로 판단된다. 당 현종의 '개
원의 치(開元之治)' 때는 이슬람 문명권이 출현하던 시대였다. 당 제국
이 전성기를 맞이하여 막강한 2대 문명권이 동서로 상치(相馳)한 시

대이기도 하다. 혜초스님의 기록에 의하면 서인도 및 중앙아시아가 아랍의 지배와 영향권 내에 들어간 것을 확인할 수 있다. 이것으로 보아 당시 서역의 상황을 이해하는 주요한 자료라 할 수 있을 것이다.

> 다시 이 범인국에서 북쪽으로 스무 날을 가면 토호라국에 이른다. 왕이 사는 성의 이름은 박저야(박트리아, 대하, 현 발흐)인데, 지금은 대식 군사에게 진압되어 왕은 할 수 없이 동쪽으로 한 달 걸리는 포특산에 가서 살고 있다. 대식의 침략으로 나라의 절반이 손상을 입었다. 그래서 대식의 소관하에 있게 되었다.

이것은 『왕오천축국전』에 수록된 내용으로 인도 내의 불교 쇠퇴상을 알 수 있다. 가비야라국(부처님 탄생지, 룸비니)성은 이미 폐허가 되어 탑은 있으나 승려와 백성은 없고, 길 가에 도적이 득실거려 그곳으로 예불을 하러 가기 어려웠고 구시나(부처님 열반처)성은 황폐화되어 아무도 살지 않고 있었다고 한다.

인도 내에서 불교의 쇠퇴원인으로는 ① 힌두교의 포용력(제사 때 가축 도살→)불교의 비판 수용, 과일과 꽃으로 공양) ② 상업의 쇠퇴(파르티아 멸망, 동로마제국 쇠퇴, 이슬람 대두로 로마와의 교역 위축) ③ 이슬람의 대두(불교의 장점이 평등사상이었으나, 이슬람이 이를 대체)로 볼 수 있다.

또한 『왕오천축국전』에서는 불교의 중심지 이동을 엿볼 수 있다. 8세기 초반, 북천축국과 중앙아시아 지역에서 대승이 크게 부각하였다. 혜초스님 기록에 따르면 22개국 중 11개국은 대승과 소승이 병존, 7개국은 소승, 4개국(모두 중앙아시아)에서는 대승 독행이고 인도에 관한 기록보다 중앙아시아에 대한 기록이 많다.

중앙아시아는 돌궐족이 지배하였다. 따라서 왕과 군사도 돌궐족이었다. 건다라국, 사율국(자불리스탄), 계빈국(카피시), 골탈국(쿠탈) 기타 동녀국 등 진기한 기록과 인도의 지방중 하나인 소발나구달라국은 티벳 관할하에 있었다는 기록도 있다. 그러나 티벳은 절도 없고, 승려도 없다고 기술되어 당시 불교가 전파되지 않았음을 보여준다.

인도에 대한 평가는 전반적으로 후한 편으로 깊이 있는 분석을 할 수 없는 단순 여행기의 한계도 보인다. 건물 양식은 절이건 궁궐이건 모두 3층으로 지은 게 특징이라고 한다.

오천축국 사람들은 술을 많이 마시지 않는다. 술에 취해서 서로 치고받은 이들은 없었다. 설령 마셨다 하더라도 의기나 좀 양양하고 기운이나 좀 얻을 뿐, 노래하고 춤추며 떠들썩하게 술자리를 벌이는 이들은 없었다.

중천국에서는 전쟁 중 코끼리가 적고 병력도 적은 줄 알면 곧 화친을 청하고 서로 싸우거나 죽이지는 않는다.

또한 오천축국 사람들은 출타할 때 양식을 갖고 다니지 않아도 가는 곳마다 구걸하면 먹을 것이 생긴다. 왕과 수령은 출타할 때 스스로 양식을 가지고 다니며, 백성들이 마련한 것도 먹지 아니한다.

오천축국에서는 사람을 팔지 않으며 노비도 없다. 그래서 백성과 마을에 반드시 보시를 해야 한다. 도둑은 물건만 뺏을 뿐 사람을 해치지 않는다. 형벌을 가할 때 목에 칼을 씌우거나 매질하거나 투옥하지 않는다. 벌금만 물리고 심한 형벌이나 사형은 하지 않는다.

솥은 흙으로 만든 솥이며, 쇠가마는 없다. 사냥에 있어서도 수렵에

나가 매를 날리거나 사냥개를 내모는 것을 본 적이 없다.

이렇게 『왕오천축국전』에는 당시의 생활상을 소상히 밝혀 놓았다.

법현스님의 『불국기』와 현장스님의 『대당서역기』를 비교해 보면, 법현스님의 『불국기』에는 여행의 어려움 등이 생생히 기술되어 있을 뿐 아니라 문학적 묘사가 탁월하다. 불교설화도 여러 가지 소개한 것을 보면 알 수 있다. 마찬가지로 현장스님의 『대당서역기』에도 많은 불교설화가 기재되어 있으며, 여행 가이드 역할의 내용도 담고 있다. 반면 혜초스님의 『왕오천축국전』은 간략하고도 사실적인 기록 중심이라고 할 수 있다.

『왕오천축국전』에 기술된 내용 중 몇 가지 요약본을 살펴보도록 하겠다.

폐사리국(바이살리), "삼보를 …… 맨발에 알몸이다. 외도(外道)는 옷을 입지 않는다. … 음식은 보자마자 먹어치우며 재계(齋戒)도 하지 않는다. 땅은 모두 평평하고 … 노비가 없으며 사람을 파는 죄와 사람을 죽이는 죄는 다르지 않다."

피라날사국(바라나시), "며칠 걸려 피라날사국에 이르렀으나, 이 나라 역시 황폐화되어 왕도 없다. 즉 여섯 …… 구륜(俱輪)을 비롯한 그 다섯 비구의 소상(塑像)이 탑 안에 있는 것을 보았다. …… 석주(石柱) 위에 사자(師子)가 있다. 그 석주는 대단히 커서 다섯 아름이나 되지만 무늬는 섬세하다. …… 탑을 세울 때 그 석주도 함께 만들었다. 절 이름은 달마작갈라(達磨斫葛羅)이다. 승려 …… 외도는 옷을 입지 않고 몸에 재를 바르며 대천(大天)을 섬긴다."

사국(탁샤르), "다시 사란달라국에서 서쪽으로 한 달을 가면 탁

사국(Takshar)에 이른다. 언어만 좀 다르고, 다른 것은 대체로 비슷하다. 의복과 풍속, 땅 소출, 절기, 기후 등이 북천축국과 비슷하다. 절도 많고 승려도 많으며 대승과 소승이 함께 행해지고 있다. 백성들은 삼보를 크게 공경하고 믿는다."

범인국(바미얀), "다시 사율국에서 북쪽으로 이레를 가면 범인국에 이른다. 이 나라 왕은 호족이고 다른 나라에 귀속되어 있지 않다. 강한 군사가 많아서 다른 나라들이 감히 내침하지 못한다. 이 땅에는 양과 말, 모직물 등이 나며 포도가 대단히 많다. 이 땅은 눈이 오고 매우 추우며 사람들은 다분히 산에 의지해 살아간다. 왕과 수령, 백성들은 삼보를 매우 공경하고 절도 많고 승려도 많으며 대승법과 소승법이 행해진다. 이 나라와 사율국 등에서는 다 같이 수염과 머리를 깎으며, 풍속은 대체로 계빈국과 비슷하지만 다른 점도 많다. 이곳의 말은 다른 나라와 같지 않다."

대불림국, "다시 소불림국에서 바다를 끼고 서북쪽으로 가면 바로 대불림국이 있다. 이 나라 왕은 강한 군사를 많이 가지고 있고, 다른 나라에 속해 있지 않다. 대식이 몇 차례 정토(征討)하였으나 얻지 못하였으며, 돌궐도 침입했으나 얻지 못하였다. 이 나라 땅에는 보물이 많으며 낙타, 노새, 양, 말, 모직물 등의 물품이 대단히 풍족하다. 의상은 파사, 대식과 서로 비슷하나 언어는 각각이어서 같지 않다."

이와 같이 혜초스님은 직접 가지 않은 곳까지 들은 이야기를 다 정리하고 돌아오셨다. 아무리 그렇다 해도 직접 가지 않고 이렇게 세세하게 정리한 것이 신기하지 않나? 보통 사람이라면 생각도 할 수 없는 일이다. 이는 아마도 혜초스님이 인도로 떠나기 전 스승인 금강지

스님과 한 약속을 지키기 위함일 것이라고 생각한다. 가령 "인도에 다녀온 증거를 내놓아 보아라." 하는 숙제 같은 약속 말이다.

혜초스님은 많은 편의 시도 남기셨다. 그중 몇 편을 살펴보겠다.

불려보제원(不慮菩提遠) 보리수 멀다고 걱정하지 않는데
언장녹원요(焉將鹿苑遼) 어찌 녹야원이 그리 멀다 하리오.
지수현로험(只愁懸路險) 가파른 길 험하다고만 근심할 뿐
비의업풍표(非意業風飄) 업연의 바람 몰아쳐도 개의찮네.
팔탑성난견(八塔誠難見) 여덟 탑을 친견하기란 실로 어려운데
참차경겁소(參差輕劫燒) 오랜 세월 겪어 어지러이 타버렸으니
하기인원만(何其人願滿) 어찌 뵈려는 소원 이루어질까.
목도재금조(目睹在今朝) 하지만 이 아침 내 눈으로 보았노라.

위의 시는 부다가야를 찾은 혜초스님이 부처님께서 6년 고행 끝에 깨달음을 얻으시고 이를 기념해서 지은 보리사(菩提寺)에서 지은 것이다. 다음은 모래바람 부는 사막과 차가운 밤, 사막의 달을 보고 이국의 정취를 표현한 시다.

달 밝은 밤에 고향길을 바라보니
뜬구름만 너울너울 가고 있구나
구름 편에 편지를 부쳐보지만
바람이 거세어 답신을 들을 수 없네.
내 나라는 하늘가 북쪽에 있고
남의 나라는 땅끝 서쪽에 있는데

일남에는 기러기마저 없으니
누가 계림으로 소식 전하리.

시의 끝에 '계림'이라 한 것은 고향을 그리워하는 혜초스님의 마음을 표현한 것이다. 다음은 중국인 구법승이 중천축을 거쳐 이곳에 왔다가 중국으로 돌아가지 못하고 풍토병으로 천화했다는 이야기를 듣고 지은 시다.

고향의 등불은 주인을 잃고,
타향의 보물나무는 꺾였으니.
신령은 그 어디메로 갔는가,
옥 같던 용모는 이미 재가 되었구나.
생각하니 가엾고 애절토다.
그대 소원 못 이룸이 슬프구나.
그 누가 고향 가는 길 알리오,
흰 구름만 덧없이 떠돌아가네.

또 다음의 시는 타국의 땅을 걸으며 갖은 풍파를 다 겪다가 비록 나라가 다른 중국인이지만 자신과 용모가 비슷한 사람을 만나 고향 사람 만나듯 반가운 마음에 지은 시다.

그대는 서쪽 이역이 멀다고 원망하고,
나는 동쪽 길이 멀다고 탄식하노라.
길은 험하고 눈 쌓인 산마루 아스라한데,

험한 골짜기엔 도적떼가 길을 트는구나.
새도 날다가 가파른 산에 짐짓 놀라고,
사람은 기우뚱한 다리 건너기 어렵네.
평생 눈물을 훔쳐본 적 없는 나건만
오늘만은 하염없는 눈물을 뿌리는구나.

『왕오천축국전』을 보면서 우리가 쉽게 접하는 금강경이나 법화경 등의 불경(佛經)이 그 어려운 고행 끝에 전해진 것이라는 것을 생각하면 불법의 소중을 새삼 깨닫지 않을 수 없다. 천수경에 '무상심심미묘법 백천만겁난조우'란 표현을 쓴 것도 그만큼 어렵게 만난 불법(佛法)이란 뜻일 것이다. 고행의 긴 과정에서 얻은 깨달음은 그만큼 값지고 의미가 크다.

지금이야 비행기 등으로 편하게 세상을 다닐 수 있지만, 모든 게 열악하기만 한 그 시대에 목숨 걸고 구법을 하신 혜초스님의 도전 정신을 본받고 실천하는 불자가 되시길 바란다.

● 　　김상규 감사위원은 경남 김해에서 태어나 연세대 법학과를 졸업했다. 제28회 행정고시 합격 후 기획재정부 경제예산심의관·재정업무관리관을 거쳐 2014년 제32대 조달청 청장으로 취임했다가 차관급인 감사원 감사위원으로 임명됐다.

행복한 삶의 향기
– 일감스님 묻고 답하다

상대방이 기분 좋아하면 그것이 바로 큰 법문이다. 어디에 가서 옷을 살 때 조금 속아서 비싸게 사더라도 파는 사람이 내 기분을 좋게 해주면 좋은 법이다. 조금 손해를 보는 일이 있더라도 늘 상대방을 기분 좋게 하고 배려하면 된다. 부처님께서는 매번 쉬운 이야기를 하셨지, 어려운 이야기를 하지 않으셨다. 너무 어려운 이야기들은 잘 몰라도 된다.

스님은 출가했으니까 불교 전문가라고 할 수 있다. 하지만 출가한 스님들도 모르는 일이 많다. 남을 행복하게 해주고 그것으로 내가 행복하면 곧 부처님의 길이자 보살의 길이다. 부처님의 법이 어려운 곳에 있지 않다. 그런 것들은 어려운 분들에게 맡겨두면 된다. 쉬운 불교를 해야겠다 생각하면 불교가 재미있어진다. 어려운 진리를 깨치려고 하면 어려울 뿐이다. 어려운 것은 조금 몰라도 괜찮다.

조계종에서 저를 아는 분들이 조금 있다. 제가 하는 것 중에 '내비

뒤 콘서트'라고 있다. 잘하려고 하는 마음, 아이들도 잘 키우려고 하는 마음을 갖고 있다. 그러면 나도 스트레스이고, 아이들도 스트레스다. 그러니 그냥 믿고, 잘하고 있으니 그냥 내버려 두라는 것이다. 여러분도 어렸을 때 말을 잘 듣지 않고 자랐을 것이다. 그래도 잘 살았다. 잘하던 못하던 내버려 두면 된다. 우리는 잘하려고 하는 마음으로 스트레스를 받는다. 걱정하지 마시고 내버려 두면 된다.

오늘은 편안하게 여러분과 이야기를 나누려고 한다. 그래서 오늘 가사를 입지 않고 편하게 하려고 왔다. 53선지식을 찾아가는 것은 선재동자가 찾아가서 묻고, 선지식이 답하는 형식이다. 일방적으로 이야기하는 것이 53선지식 법회에 맞지 않는 것 같아 오늘은 그냥 편하게 이야기를 나누고자 한다.

출가할 때 이야기로 시작하겠다. 책을 잘 보지 못해서 출가를 하게 됐다. 젊은 날에 이런저런 문제로 고뇌가 많았던 것 같다. 고뇌가 있을 때면 강원도 월정사에 자주 갔다. 12월 31일에 동해 바닷가를 가서 밤새 바다를 바라보았다. 다음날 첫차를 타고 월정사에 갔다. 무슨 고민이 있었는지 시간만 나면 산에 가고, 절에 자주 갔다.

예불을 마치고 온 스님께서 공양간에 가서 밥을 챙겨주셨다. 그리고 차 한잔 하며 이런저런 이야기를 나눴다. 쉬고 있으라고 방을 하나 내주셨다. 그리고 저녁 늦게 나타난 스님께서 책을 한 권을 주셨다. 서산대사의 『선가귀감』이었다. 책을 보니까 책이 잘 읽혀졌다. 가장 마음에 드는 것이 다른 것은 다 안 해도 된다, '이뭣꼬' 하면 된다는 것이다.

그 당시 여러 가지 일로 복잡했다. 서산대사의 말씀처럼 해 봐야겠다고 생각했다. 그때부터 '이뭣꼬'에 대한 생각을 하게 됐다. 그날 저녁 책을 3분의 2 이상 읽었다. 다음 날 아침에 스님이 건너오라고 해서 차 한잔을 하게 됐다. 차를 마시는 도중에 하늘에서 눈이 꽃처럼 내렸다. 눈이 내리는 모습을 물끄러미 보면서 내가 출가를 해도 되겠다는 생각이 들었다.

출가를 생각하고 나니 부모님이 마음에 걸렸다. 내가 출가를 하면 부모님이 슬퍼하시겠구나 고민하고 있는데 마치 스님께서 내 마음을 꿰뚫어 본 것 같다. 스님께서 "모든 것이 인연 따라 이뤄진다."고 하셨다. 부모님도 인연으로 만났다고 생각하니, 인연 따라 헤어질 수 있겠구나 하는 생각이 들었다. 그래서 무겁게 생각하지 않고 출가를 결심하게 됐다.

돌아보면 사실 내가 편리한 대로 생각한 것이다. 언제 이야기를 할까 기회를 보고 있었는데 아버님께서 갑자기 아프셨다. 기회라고 생

각했다. 아버님 간호를 위해 직장을 그만두고 시골집으로 내려왔다. 아버님께서 난리를 하셨다. 어머님도 마찬가지였다. 사표를 쓰고 왔다고 하고 며칠을 버텼다. 그렇게 부모님 마음을 아프게 했다. 그리고 한 달 동안 부모님을 설득하고 출가를 하게 됐다.

출가를 생각하고 바로 출가를 하지 못했다. 출가가 무엇일까, 궁금했다. 그래서 서울로 올라와 조계사에 갔다. 조계사청년회 내에 구도부가 있다. 당시 구도부는 누구보다 열심히 정진했다. 나중에 수선회로 발전했다. 구도부에 따라다니면서 주말마다 산에 가서 참선을 했다. 그때는 조계사에서 선사 스님들이 법문을 많이 하셨다. 법문 뒤에는 용맹정진 참가자를 모집했다.

당시 불교는 잘 알지 못했지만 용맹정진을 모집하는데 원서를 썼다. 나중에 보니 나만 초보자였다. 나머지는 모두 경험이 많았다. 일주일 용맹정진을 하는데 출가를 앞두고 있다 보니 잠이 오질 않았다. 절박함이 있어서였다. 무슨 일을 하더라도 절박함이 있으면 잠이 오질 않는 법이다. 진짜 고민이 생기면 머리가 아니라 온몸이 같이 고민하는 법이다.

부처님이나 관세음보살님이나 미륵보살님께서 항상 평안하실 것으로 생각하기 쉽다. 여러분이 할아버지, 할머니라고 생각해보자. 항상 편안할 것인가. 그렇지 않다. 손자손녀들 생각에 늘 걱정이 있다. 할아버지, 할머니들은 손자손녀들을 늘 걱정한다. 걱정이 없으면 할아버지, 할머니 자격이 없다. 손자가 없는 할아버지를 봤는가. 손자가 없으면 그냥 아버지다. 그 자체로 대단한 것이다. 걱정을 하다보면 긴장되는 부분이 있다.

참선도 마찬가지다. 참선을 할 때도 화두를 드는 사람과 그렇지 않은 사람은 차이가 나기 마련이다. 어떻게든 화두를 든 사람은 표가 난다. 몸이 긴장이 돼 있다. 그렇게 몸을 깨어 있게 하는 것이다. 몸동작은 긴장시키고 마음의 눈은 배꼽 밑에 단전에 두고 화두를 드는 것이다. 살아 있음이 없으면 상기가 된다. 공부도 옳게 되질 않는다. 항상 어떤 수행을 하든지 머리가 배꼽 밑 단전에 있다고 생각하고 수행을 해야 한다.

부처님 법은 어디에나 있다. 법당 안에만 있는 것이 아니다. 깨달은 큰 스님이나 우리 모두에게 부처님 법이 있다. 다만 깨닫지 못해서 그것을 발견하지 못했을 뿐이다. 부처님 법은 여기도 있으면 저기도 있다. 산 사람에게 있으면 죽은 사람에게도 있다. 스님에게 있으면 목사에게도 있다. 불교에 있으면 불교 아닌 곳에도 있다. 지구 안에 있으면 지구 바깥에도 있다. 그래야 우주에 가득한 부처님 법이다. 그래서 부처님 법은 보편적이다, 우주에 가득하다 이야기하는 것이다. 부처님 법은 우주에 늘 가득하다는 것을 믿어야 한다.

문제는 내 입장에서만 생각하면 부처님 법을 잘 모른다는 것이다. 기준을 어떻게 세우느냐에 따라 달라진다. 내 입장을 벗어나서 생각해보면 기준이 없기 때문에 쉽게 답을 이야기할 수 없다. 다른 사람의 입장을 모르니까 쉽게 대답할 수 없는 것이다. 기준에 따라 다른 것이다. 기준을 어떻게 세우느냐에 따라 답이 달라진다. 내 입장을 벗어나서 생각하면 어떤 것도 기준이 없으니 답이 없는 것이다. 중요한 것은 무엇이냐. 보편적인 생각이라는 것이 있다.

『금강경』에 '무유정법(無有定法)'이라는 말이 나온다. '하나로 정해진 것은 있는 것이 아니다'라는 뜻이다. 이것이 무유정법이다. 정해진 것이 없으니 마음대로 해도 된다는 것은 아니다. 이것이 좋은 일인가, 아닌가. 도움이 되는 일인가, 아닌가. 나와 남을 좋게 하는가, 나쁘게 하는가. 깨달음을 얻게 하는 길인가, 무명으로 떨어지게 하는 길인가. 괴로움이 생기는 일인가, 즐거움이 생기는 것인가. 이것은 생각해 보면 기준이 나온다. 어떤 일을 할 때, 그 일을 해야 하는가, 안 해야 하는가는 옆의 사람에게 물어보면 된다. 어려운 문제는 부모에게 물어보면 되고, 자식들에게 물어보면 된다. 그런 것이 기준이 된다. 기준을 잡을 때 내게 기준을 두지 말고, 내가 사랑하는 사람들에게 기준을 두게 되면 답이 쉽게 나오는 법이다.

해인사 일주문에 보면 '역천겁이불고(歷千劫而不古) 긍만세이장금(亘萬歲而長今)'이라는 주련이 있다. '수많은 세월이 지났으나 과거라고만 할 수 없고 앞으로 한량없는 미래가 있으나 지금 여기에서 출발한다'는 뜻이다. 내 조상님들 돌아가셨지만 조상들의 지혜와 경험이 아버지, 어머니를 통해 내게 그대로 다 있다. 또 그대로 후손들에게 전해진다. 내가 지금 하는 행동, 생각은 내 것이기도 하지만 부모님의 인생이기도 하고, 후손들의 인생이기도 하다. 그래서 내 인생을 즐겁다고 하고 싶은 대로 하는 것이 아니라 절제해야 할 때도 있고, 힘들고 어려운 일이 있어도 견디고 해야 할 때도 있다. 부처님께서는 해야 할 것과 하지 말아야 할 것을 잘 구분하는 것, 이것을 계율을 지킨다고 말씀하셨다.

진정한 삶의 향기는 무엇일까. 살면서 탐욕과 욕심과 어리석음을 늘 내려놓는 것, 그런 노력을 늘 하는 것, 그런 속에 삶의 향기가 우러나는 것, 이것이 삶의 향기다. 진정한 행복은 사람에 따라 다를 수 있다. 될 수 있으면 과도한 성냄, 잘못된 성냄을 내려놓는 것이 좋다. 욕심도 마찬가지다. 욕심도 너무 과도하면 안 된다. '욕심을 전혀 내지 말라'고 이야기하고 싶지는 않다. 욕심을 내다 보면 마음에 괴로움이 생길 때가 있다. 힘들지 않을 정도로 적당하게 너무 과도하게 내지 말아야 한다. 어리석은 생각도 늘 돌아보고 내려놓는다. 쉽게 말해 탐진치(貪瞋癡)에 대해 늘 생각해야 한다. 거기에서 행복을 찾기 쉽다.

부처님께서는 "깨달음이나 행복을 내 몸에서 찾으려고 하는 사람은 어리석다, 남을 남이라고 하는 사람은 어리석다, 우리끼리라고 하는 사람은 어리석다, 나라고 하는 존재가 영원하다고 생각하는 사람은 어리석다."는 말씀을 하셨다. 나라는 것은 고정되어 있는 것이 아니다. 공기와 바람과 물과 흙 모든 것이 합해져서 나란 존재가 있는 것이다. 그래서 늘 주변을 살피고 함께 살아야 행복도 있고, 깨달음도 있다. 보살행을 하는 사람은 주변에 있는 사람을 어떻게 행복하게 해줄까 그런 것을 생각하는 속에 행복한 삶의 향기가 있다.

● 일감스님은 원융스님을 은사로 출가해 1990년 해인사에서 사미계를, 1994년 범어사에서 구족계를 수지했다. 자성과쇄신결사추진본부 사무총장, 총무원 재무부장, 기획실장, 불교문화재연구소장 등을 역임했으며, 금산사 수련원장 소임 당시 '내비둬 콘서트'를 열어 대중들에게 쉽게 불교를 전하며 템플스테이 활성화에 기여했다.

보르부드르에 꽃핀 선재동자

부처님과 함께하는 세상에는 여러 가지 많은 꽃들이 피지만 이름 모를 꽃들도 대단히 많다. 이런 꽃들이 존재하는 세계가 화엄세계다. 여기 오신 여러분들도 이름이 거명되지 않았다고 해서 서운해 하지 않길 바란다. 저는 이름이 들먹여지는 순간 공덕이 사라진다고 생각한다.

꼭 이름을 알리지 않고 하는 보시, 무주상 보시, 이것이라는 상을 드러내지 않고 하는 보시가 최고의 보시이고 공덕이다. 괜히 이름이 드날려서 불리면 그만큼 공덕이 줄어든다고 생각하라.

하루에 어떤 모습을 보면 기분이 좋을까? 어떤 것을 보아야 많이 돈이 잘 벌릴까? 그런 생각을 해본 적이 있을 것이다. 내가 무엇을 보아야 기분이 좋고, 또는 내가 이러려고 사나 생각도 들고 어떻게 해야 즐겁게 살까? 그런 생각이 들 때도 있을 것이다. 이 모든 것은 마음가짐에 따른다.

하루에 어떤 모습을 보면 기분이 좋을까? 어떤 것을 보아야만이 돈이 잘 벌릴까? 어제저녁에 대판 싸워서 저 인간하고 살까 말까? 이러려고 세상을 사나? 하는 일마다 사업이 안 될 때, 이런 생각이 들 때가 있을 것이다.

그래서 야구 감독야구 김응룡 감독은 아침에 경기장으로 이동할 때나 중요한 경기가 있을 때, 앞에 장의차가 꼭 지나갔단다. 처음에는 우연찮게 봤는데 그 장의차를 보고 난 다음에 선수들이 "오늘 우리가 이기겠네." 하더란다. 감독은 내심 '오늘은 됐네!'라고 생각했는데 경기를 보니 투수는 잘 치고 수비도 잘해 진짜로 이기더라는 것이다. 감독이 아무리 훈련을 시키고 지시를 해도 잘 안 풀리던 경기가 의외로 잘 풀리자 감독은 고민 끝에 '이것은 마음이 문제구나!'라고 생각하고 중요한 경기가 있는 날은 일부러 장의차를 섭외해서 선수 차량이 지나가는 코스로 지나가게 했다는 것이다. 이상하게 생각할 수도 있겠지만 감독으로서 이것도 하나의 전략이 아니겠는가?

그런데 여러분이 아침에 조계사에 왔는데 스님을 보았다. 그것도 부주지를 만났다면 '아이고 김새~' 이러실지도 모르겠다.

화엄사의 각황전 불사 이야기가 이와 같은 것이다. 불사를 하려는데 다 잘 안 되고, 손에 물을 묻혀 밀가루가 안 묻는 사람만이 불사를 할 수 있다는 것이다. 그래서 불사를 못하고 있는데 마지막 한 스님이 남았다. 그런데 그 스님은 맨날 버려진 음식이나 먹고 옷도 불결하여 모두 손가락질하는 스님이었다. 그런 스님이 손에 밀가루를 묻히자 묻지 않는 것이었다. 그 스님은 고민에 빠졌다. "내가 왜 이렇게 생겨가지고 무슨 수로 불사를 한단 말인가?" 하면서 깜박 잠들었는

데 신장이 나타나 "스님, 걱정하지 마세요. 내일 아침에 첫 번째로 만나는 분이 일을 다 해결해 주실 겁니다." 하는 것이다. 깜짝 놀라 일어났는데 꿈이었다. 그래서 새벽예불이 끝나자마자 밖으로 나갔더니, 세상에, 새벽에 절 앞에서 노보살을 만난 것이다. 그것도 다리가 부러져 걷지도 못하는 노보살이었다. 옷도 남루하고 먹을 것이 없어 겨우입에 풀칠해서 사는 것 같은데 돈이 어디에 있겠나? 그때 노보살이 "스님 어디 가세요?" 해서 스님은 그대로 뒤로 자빠져버렸다. 기가 막힌 일이 벌어진 것이다. 꿈대로라면 첫 번째 만난 사람이 어마어마한 불사를 해줄 건대 불구의 노보살이라니… 스님이 엉엉 울자 노보살님이 "아니 스님, 왜 그러세요?" 하는 것이다. "꿈에 첫번째 만난 사람이 각황전 불사를 다 해결해 준다고 했는데 내가 불사를 해야 되는데…" 하고 설명을 하며 "내가 보살님을 첫 번째로 만나서 어떻게…"

그러자 노보살이 "스님, 제가 해줄 테니 걱정 마세요." 하고는 데굴데굴 굴러서 앞에 있는 연못에 빠져 죽어버렸다.

그 다음 어떻게 되었는지는 여러분이 알아보시기 바란다.

그리고 비슷한 이야기인데, 어떤 총각이 있었다. 총각이 30년이 넘도록 열심히 한푼 안 쓰고 모아 현재 돈으로 약 3억 정도 모았다. 그때 30은 많은 나이인데 결혼도 못하고 집도 없고, 지금처럼 돈을 맡아 보관해줄 은행도 없어서 유명한 절에 가서 스님 앞에 그 돈을 놓고 큰절을 했다. 그러자 스님께서 "너는 누구고 이것은 무엇이냐?" 하니 "네, 제가 평생을 모은 돈입니다. 스님 다 가져가세요." 하였다. 어떻게 하면 장가를 갈까 고민고민 하다가 절에 큰스님에게 가면 다 해결된다는 말을 믿고 무작정 아무 생각 없이 그 돈을 다 들고 가서 스님께 드린 것이다. 그러다 얼마가 지난 후 "스님, 저 장가도 가야 되고 집도 사야 됩니다. 저 돈 좀 주세요?" 하니까 스님께서 "그래? 알았어." 하고는 스님께서 뭘 하나 주셨다.

총각은 스님 앞에서 바로 볼 수가 없어 집으로 들고 왔다. "나는 드디어 장가도 가고 큰 부자가 될 것이야."라며 급히 풀어보았는데 웬걸? 돈이 아니라 '대방광불화엄경'이라고 일곱 자가 쓰인 종이가 있었다. "이게 뭐야!" 총각은 기가 막힐 따름이었다. 3억이란 돈을 바쳤는데 일곱 자 글이라니! 사람이 기가 막히면 어떻게 되나? 총각은 약간 실성한 모습으로 이때부터 "대방광불화엄경! 대방광불화엄경!" 하고 동네를 다니기 시작했다. 그러자 동네 사람들도 "에구 불쌍하다. 그런데 '대방광불화엄경'이 뭐지? 하고 걱정하면서도 의아해 했다. 총각은 자나깨나 일년 내내 '대방광불화엄경'을 외치며 이리저리 이산 저산 돌아다녔다. 봄, 여름 정도 되었을까? 어느 날 목이 말라 물 한 모금 마시고, 또 한참을 자다가 일어나서 "대방광불화엄경!" 외치고는 문득 잠이 들었다.

꿈에 아주 예쁜 옷을 입은 천상의 여인이 나타나 총각에게 절을 했다. 그래서 총각은 "왜 절을 하세요?" 하고는 자기도 모르게 같이 절을 했다. 그랬더니 여인은 자기가 전생에 엄청 부자였고, 죽기 전에 자기 재산을 다 팔아 50억쯤 되는 돈을 금괴로 해놓고 죽었는데 그것이 한이 되어서 다시 뱀으로 태어나 금괴 주변에서 그것을 계속 지키고 살았는데, 총각이 나타나 "대방광불화엄경!" 하는 소리에 깜짝 놀라서 '내가 왜 지금까지 이렇게 살았는가?' 하고 깨닫고는 아라한 과를 얻게 되었다는 것이다. 그 순간에 뱀의 몸을 벗고 총각에게 "이것 다 가져 가라!" 외치는 소리에 놀라 깨 보니까 정말로 큰 뱀이 죽어 있고 그 옆에 금괴가 있는 것이었다. 총각은 그것을 팔아 부자도 되고 결혼을 하여 행복하게 살았다고 한다.

인도네시아 보르부드르 사원은 족자카르타에서 42km정도 떨어져 있는데 보르부드르는 '언덕, 적정수행처'라는 뜻으로 언덕 위에 있는 사원이란 뜻이다. 보르부드르 사원의 모형도를 보면 회랑을 따라 걸어 다닐 수 있고 각 벽면에는 벽화가 그려져 있다. 10층으로 이루어진 거대한 규모에 한 변의 길이가 120m정도, 높이가 42~43m정도 된다. 모든 탑에는 부처님이 모셔져 있고 전체 탑의 수가 75개 정도 된다. 4개의 회랑 중 제1회랑은 주벽이 있는 상단과 하단 구조로 되어 있다. 상단은 부처님의 일대기, 도솔천에서 태어나서 입멸하시기까지를 하단은 자타가, 마노하나로 되어 있다. 제2회랑 제3회랑 제4회랑은『화엄경』「입법계품」에 대한 내용을 그림으로 그려 128개, 86개, 83개로 총 300정도를 주벽에 담고 있다. 우리는『화엄경』을 80권으로 했는데 「입법계품」은 60권부터다. 그래서 우리는 21개 변상도로 표현을 하는데 여기에서는 약300개 그림으로 「입법계품」을 설명해주고 있다.

제2회랑에는 「입법계품」 53선지식에 관한 128개의 그림이 그려져 있다. 그냥 지나가면 잘 모른다. 본래는 다 채색이 되어 있었으나 퇴색되었고, 760년에서 830년까지 약 80년에 걸쳐 조성되었다. 인도네시아는 약 13,000개 정도의 섬에 4개의 큰 섬으로 나뉘는데 그중에 자바섬 족자카르타에 있고, 약 100만개 정도의 돌이 사용되었다.

부처님 전생 중 제석천이 인욕 생활을 하는 토끼를 시험하는 부처님 전생담인 '토끼 본생담'을 살펴보면 4종류의 동물이 등장하는데 토끼와 원숭이, 수달과 자칼이다. 이들은 서로 불교의 5계를 지키자고 다짐하며 살고 있었다. 어느 날 인드라 신은 이들의 진심을 알아보고자 이들 앞에 걸인의 모습으로 나타나 음식을 동냥했다. 수달은 물고기를, 자칼은 도마뱀을 그리고 원숭이는 망고를 보시했다. 하지만 토끼는 가진 것이 풀밖에 없었다. 토끼는 스스로의 몸을 음식으로 보시하겠다고 하였다. 그 말을 들은 걸인은 불을 지폈고 토끼는 망설임 없이 불 속으로 뛰어들었다.

하지만 토끼의 몸은 타지 않았다. 이는 제석천이 시험한 것으로 그 토끼가 부처님의 전생담이다. 그외 '루루사슴 본생담' '원숭이 왕 본생담' 그리고 우리나라 '선녀와 나무꾼'과 비슷한 '마노하라' 등 많은 이야기들을 표현하고 있다.

『화엄경』 61권에 선재동자가 문수보살의 가르침을 받는 모습은 해인사라든지 수원 봉녕사 화엄경변상도, 문경 봉암사 화엄경 80변상도 등으로 주변에 잘 그려놓고 있다.

보르부드르 사원에는 각 선지식의 이름은 없으나 한 폭 한 폭에 각 선지식을 그려 설명하고, 우리나라 변상도에는 공덕비구 선지식, 해운비구 선지식, 선주비구 선지식 등 각 선지식의 이름을 그림에 써넣고 있다. 오늘은 이렇게 보르부드르 사원을 소개하는 정도로 이야기를 마치도록 하겠다.

● 　　원명스님은 성오스님을 은사로 출가해 1990년 자운스님을 계사로 사미계를, 1993년 일타스님을 계사로 구족계를 수지했다. 조계종 포교원 포교연구실 사무국장, 광명 금강정사 주지, 조계종 자성과쇄신결사추진본부 사무총장 등을 역임. 현재 조계사 부주지로 재임중에 있다.

대한민국의 안보 현실과 과제

불교와의 인연을 먼저 말씀드리겠다. 결혼 전에는 교회를 다녔다. 결혼을 하게 돼서 약혼하는 날 장인어른이 기분이 좋으셔서 술을 많이 드셨다. 그게 원인이 돼 이틀 뒤에 병원에 가셨고 갑자기 돌아가셨다. 졸지에 결혼하면서 장인어른을 잃게 되었다. 장모님은 장인어른이 돌아가신 뒤에 제게 많이 의지하셨다. 계속해서 장모님을 모시고 다니다 보니 어느새 불교신자가 됐다. 불교신자가 된 지는 오래됐지만 불교 공부를 많이 안 해서 불교에 대해 이야기 할 것은 많이 없다. 여러분이 다 아시는 내용일 것이고 저보다 더 많이 아시기 때문에 불교에 대한 이야기는 하지 않겠다.

국군불교총신도회장을 두 번이나 했다. 그렇게 불교 소임을 맡게 됐다. '불교적 관점으로 보는 대한민국의 안보현실과 과제'를 주제로 말씀드리겠다.

국제정세가 빠르게 변화하고 있다. 여러분이 보시는 것처럼 세계가 같이 잘 살자는 이야기를 고민하고 있다. 세계가 무역도 자유화시키고 국제적으로 협력하는 모습, 미국이 주도하는 모습, 그런 이상주의적 국가관이 있었는데 유럽연합에서 영국이 탈퇴하고, 미국에 트럼프 대통령이 당선되면서 미국우선주의가 나오니까 세상이 바뀌고 있다. 국제사회는 그야말로 맹수들 속에서 사는 것 같다.

우리는 어떤 나라인가? 우리나라는 유럽에 비교하면 잘 사는 나라다. 세계 12위권의 경제 대국이다. 그러나 우리가 있는 동북아에서 우리 목을 조르고 있다. 여러분 알다시피 중국이 세계적인 국가로 올라섰고, 옛날에 강대국이었던 중국으로 돌아가겠다고 벼르며 동남아 바다를 자기 땅으로 보고 거길 매입해서 중국 사람들을 살게 하겠다고 하는 것이다. 그런 상태에서 중국이 무슨 얘기를 했느냐 하면 독일에서 한국 대통령을 만나 북한하고 더 친하다고 말한다. 우리는

중국하고 가깝다고 생각하지만 중국은 북한하고 더 가깝다고 생각하는 것이다.

또 일본을 보면 우리나라는 일본에 대해 부담을 갖는다. '위안부' 문제니 뭐니 하면서 일본은 평화협정으로 군대를 갖지 않는다고 하지만 자위대를 갖고 있다. 예전에는 자위대를 우습게 알았지만 지금은 그게 아니다. 일본도 군대를 가졌다는 것이다. 필요에 따라서 파병을 할 수 있는 것이고 그런 군대를 만들겠다는 것이다. 우리에게는 중국이 더 큰 위협이다. 아직까지 미국은 세계 최대 국방비를 쓰고 있다. 2위에서 7위까지 합친 것보다 많은 국방비를 미국이 쓰고 있다. 중국이 일본을 추월한 것이 2010년이다. 7년밖에 안 됐는데 일본의 2배가 넘는다. 이렇게 빠르게 중국이 국방력을 강화하고 있다.

세계 230개 국가 중에 맨 앞에 미국이 있고, 그 한참 뒤에 중국이 있고, 그로부터 한참 뒤에 일본이 있다. 또 한참 뒤에 우리가 12위 정

도로 있는 것이다. 미국, 중국, 일본 등 3개국에 비하면 격차가 있다. 그 속에서 우리가 살아 남아야 한다. 우리나라 주변에는 어마어마하게 강한 나라가 있기 때문에 우리나라가 작은 나라가 아님에도 불구하고 코끼리 속에 있는 입장이다. 눈치를 안 볼 수 없다. 이런 상황에 있다는 것을 알아야 한다.

북한은 여러분들이 아시는 것처럼 엄청난 공포정치를 하고 있다. 핵과 미사일 프로그램을 하려고 애를 쓰고 있다. 문재인 대통령이 취임하고 나서 북한하고 대화하려고 여러 노력을 하고 있는데 북한은 미사일을 발사하면서 우리나라랑은 대화하지 않으려고 한다. 이런 상황이다.

사드 배치에 대해 이야기 하겠다. 지난 2014년에 한미 연합사령관이 이런 얘기를 했다. 사드 배치를 건의했다. 그럼에도 불구하고 박근혜 정부는 확인을 안 해줬다. 애매모호한 상태로 2년이 흘렀다. 미국이 요청한 것도 합의한 것도 계획한 것도 없다고 해서 끝났다. 사드라는 무기 체계는 높이 날아가는 것을 격추하지도 못한다. 떨어지는 것을 맞추는 것이지 높이 있는 것을 맞추지 못한다. 또 미군을 평택으로 옮기는 것은 미군을 더욱 효율적으로 쓰겠다는 것이다. 2년 동안 많은 사람들이 우리를 위해서 사드를 배치하면 안 되는데 미국이 자꾸 옆구리를 찔러서 할 수 없이 배치한다고 국민들이 생각한다. 국회의원도 그 역할을 안했다. 별안간 지난해 7월 한미 간 합의하에 성주에다 사드를 설치하겠다고 발표했다. 성주 공군 미사일 기지에다 하겠다 하니깐 난리가 일어난 것이다. 지난 정부의 잘못이 크다. 국민들에게 설명을 해줬어야 했는데 설명을 안 하다 보니, 국민들에게 의혹으로 남아 있던 것이다.

국방부에서 대기환경평가를 하겠다고 했지만 대기환경평가가 1년 반 정도 걸린다. 지금 사드가 이미 한국에 들어와 있는데 1년 반 뒤에야 설치 가능한 것이다. 사실 사드 문제에서 가장 문제가 되는 것이 전자파 문제이다. 그러나 전자파 문제는 그 전에 한 번 확인을 해서 아무 피해가 없다는 것이 입증이 됐다. '아무런 영향이 없다'는 결과가 나왔는데 대통령이 우리 한반도에서는 군사적 옵션을 해서는 안 된다고 말했다. 그 얘기는 북한도 포함되지만 미국도 우리나라에서 군사적 행위를 해서는 안 된다는 식으로 풀이된다. 북한에 대해서 얘기한 것이 아니라 미국 보고 얘기한 꼴이 됐다. 심각한 문제다. 한미동맹에 심각한 문제가 될 수 있는 걱정스러운 문제다.

북한의 핵과 미사일에 대비하는 것은 응징이다. 저쪽에서 총을 뽑기 전에 우리가 먼저 쏘는 선제공격이 돼야 한다. 그 다음에 만약에 그렇게 해도 공격을 당하면 죽지 않게 방탄조끼를 입는 준비를 해야 한다. 그런 것들을 갖춰야 한다. 우리는 그것을 갖추지 않고 있는데 이스라엘 예를 보면 이스라엘은 다 갖추고 있다. 이스라엘은 응징할 수 있는 핵탄두도 가지고 있고, 중거리, 장거리 미사일 체계도 있다. 그 밖에 모든 공격을 막을 수 있는 대책이 있다. 우리는 페트리어트도 구형인데 일본은 신형으로 갖고 있다. 일본도 위험에 대비를 하고 있다. 우리가 응징을 할 수 있는 대책을 갖고 있어야 한다.

장관으로 있는 동안 북한과 3차례 전투가 있었다. 북한에서 들어온 배가 경고했는데 선제공격을 진행해 맞대응한 사건, 천안함 침몰 사건, 그리고 제가 물러나게 된 계기인 연평도 포격 사건이었다. 연평도 사건 때는 우리도 때리고 싶었다. 미국에 전투기 요청도 했는데 미국에서 이틀 뒤에 연락이 왔다. 한국 해병대가 맞대응을 했기 때문에 우리까지 가면 국제적인 문제가 될 수 있으므로 안 했으면 좋겠다는 것이다. 결국 미국 도움을 안 받았다. 우리가 막강한 군사력이 있었으면 마음먹고 했을 텐데 아쉽다.

우리는 늘 자주국방을 얘기한다. 우리가 나라를 지키려면 크게 2가지에 주력해야 한다. 하나는 자주국방을 해야 하고 또 하나는 우리 스스로 능력 가지는 것 이외에 도와줄 수 있는 외국 능력을 받는 것이다. 우리 정치인들이 이걸 착각한다. 결국은 자주국방을 하려면 제대로 된 군대를 만드는 것이고, 그 다음에 국제협력, 한미동맹을 잘 유지하거나, 협력할 수 있는 시스템을 갖춰야만 한다. 그런데 자꾸 이것을 우리가 놓치고 이 두 가지를 상치된 개념으로 생각하여 자주국방을 하기 위해서는 동맹을 끊어야 한다고 말한다. 그렇지 않다. 두 가지 모두 추구해야 한다. 우선 국민의 신뢰를 받으려면 군대가 똑바로 해야 하고 청렴해야 한다. 또 우리 간부들도 병사들도 어영부영할 것이 아니라 군대 들어와서 확실한 군인이 될 수 있도록 노력하는 게 중요하다.

● 김태영 전 장관은 육군 23사단장, 수도방위사령관, 합동참모본부 작전본부장, 제1야전군사령관, 합참의장 등을 거쳐 국방부 장관을 맡으며 40년 넘게 군인의 길을 걸어왔다. 국군불교총신도 회장을 역임하며 군불교 발전에 이바지했고, 지난 2008년 불자대상을 수상했다. 장관 퇴임 후 군인자녀 기숙형 사립학교인 한민고등학교 이사장 소임을 맡아 교육자의 길을 걷기도 했으며, 현재 한국전쟁기념재단 이사장을 맡고 있다.

인상(認相) 없는 경지

"늘 함께 살고 있다고 해서 어진 이를 무시하는 일은 없습니다. 사람들을 위하여 횃불을 비추는 님을 저는 항상 존경합니다."(숫타니빠따 라홀라의 경 2)

사람은 제일 먼저 눈에 보이는 것이 마음에 들고, 마땅하며, 자신의 취향에 들어맞아야 한다. '보기 좋은 떡 먹기도 좋다'는 말처럼 다섯 감각 기관 가운데 눈은 제일 높은 곳에 있어 위험이나 좋아하는 것은 멀리서 제일 먼저 알아차리고 경고 신호를 보내든지 좋아하여 그것을 가지기 위하여 따라가게 된다. 때문에 무엇을 하든 먼저 첫눈에 들어야 하는 것이다. 남의 눈이 아니라 제 눈에 꼭 맞아들어야 한다. 첫눈에 마음이 들지 않으면 언제나 꺼림직하여 마음이 유쾌하지 못하다.

이모저모를 다시 볼 때 처음 보지 못했던 것이 눈에 다시 들어오거나 몰랐던 것이 자신의 눈에 알아보아 들어오게 되면 그제야 마음이 놓이고 편안해진다. 마음이 불편하고 꺼림직하면 경직이 되어 만남이 부담 가고 대화가 편치 않아 이모저모로 신경을 쓰게 된다. 그렇지만 마음에 들어 좋아하는 사람과의 만남은 즐겁고, 대화는 유쾌하다. 따라서 비록 쓸데없는 잡담이나 우스갯소리조차 마냥 행복하기만 하다.

눈에 들고, 마음에 드는 편하고 좋은 사람과 자주 있다보면 허물이 사라지고 자유롭게 되어 이른바 '임의(任意)롭게' 된다. 흔히 '이무럽다'는 것이다. 이무럽게 되면 좋은 사람을 좋게 보지 못하고, 지혜로운 사람을 지혜롭게 보지 못하고 어느 날부터 자기 깜냥대로 사람을 보기 시작한다. 잘 해주어도 잘하는 것이 아니라 늘 하는 그대로

된다. 그러다가 조금만 잘못하면 섭섭하게 여기는 마음이 생긴다.

언제나 같이 사는 사람을 처음처럼 좋은 사람, 지혜로운 사람 등으로 계속 보기 어렵다. 그가 자신과 함께 맞추어주며 살고 있다는 생각은 사라지고 자기와 같은 품격과 질과 능력을 가지고 있다고 생각한다. 더 나아가 자신만도 못하다고 생각을 하며 은근히 무시하고 얕잡아 보게 된다. 과연 그럴까? 조금만 거리를 두고 그 사람을 보게 되면 그는 나와 다른 사람이다. 정말 품격도 다르고 질도 다르고 능력도 다르다. 내 마음에 들 때도 들지 않을 때도 나와 다른 것을 보고 알아야 한다. 그런데 어리석은 범부중생의 마음은 자기 필요할 때만 요리조리 변하여 보고 싶은 것만 보곤 한다.

눈(眼, cakkhu)은 언제나 보고 싶은 것만 가려서 선택하여 보고, 분별하여 받아들이고, 보고 싶은 것만 인식작용에 남겨서, 인식기관에 남아 있는 그 모습인 인상(認相, nimitta ca)만 받아들인다. 인식기관에 남아 있는 느낌인 모습[認相]은 좋거나, 나쁘거나이다. 즉 좋아도 기억에 그 모습이 남고, 나빠도 그 모습이 기억에 남는다. 그 모습이 기억에 남는다는 것은 바로 탐욕에 물들었기 때문이다. 탐욕에 물들면 아름다운 것은 더 자주 보고 싶어 하고, 나쁜 것은 잘 기억해 두었다가 그것이 올 경우에 빠르게 피하거나 마주치지 않도록 하려는 것이다. 이처럼 인상(認相)은 좋은 것이든 나쁜 것이든 모두 받아들이고 기억하도록 하자.

부처님을 믿고 따르며 실천 수행하는 불자들은 당연히 좋고 싫음을 벗어나야 한다. 눈에 무엇이 접촉되면 그것을 분별하지 말고 보이는 대상의 본질을 먼저 알아야 한다. 그것을 보고 "인상이 없는 경지를 닦음[無相, animittañca bhāvehi]"이라고 한다. 무상(無相)은 모양이 없는 것이 아니라, 눈에 모이는 모양은 있어도 그 모양에 대하여 분별하여 인식하지 않고 어디까지나 본질만 보기 때문에 분별하여 인식하는 대상이 없다는 것이다. '무소유(無所有)'라는 말이 원래는 '무소득(無所得, aprāptitva)'인데 이 말 역시 아무것도 소유하지 않는다[無所有]가 아니라 갖되 마음으로 집착이 없고[無執著] 분별이 없는[無分別]이 없으며, 집착과 차별상(差別相)이 없는 것을 말한다.

이 세상 어디를 가더라도 감각적 쾌락의 대상은 다섯 무더기와 여섯 감각기관이 있는 이상 피하지 못한다. 내가 피한다고 피해지는 것이 아니다. 육체가 있는 이상 감각적 쾌락의 대상은 끊임없이 들어온다. 아무리 들어오고 들어온다고 하여도 마음을 다잡고 담아두지 않으면 피하게 된다. 육체와 감각기관들이 회피하기 앞서 마음이 먼저 그것들이 무상(無相)인 줄 인식해야 한다. 마음이 분별과 탐욕에서 멀어지면 교만은 사라지고 고요하게 된다.

> "탐욕에 물들어 아름다워 보이는 인상을 회피하라. 부정한 것이라고 마음을 닦되, 마음을 하나로 집중시켜라."(숫타니빠따 라훌라의 경 7)

※제23회 53선지식 구법여행은 인도네시아 족자카르타에서 여법하게 진행되었다. 66명 선재동자의 발원을 모아 발원문을 함께 낭독하였고, 각 순례단원이 작성한 화엄경 사경지는 승묵스님의 집전으로 소전하였다. 그리고 내면 속에 깊이 존재하는 자신을 찾아 성불의 인연을 맺어나가는 53선지식 구법여행단이 되기 위하여, 몸과 마음이 건강하고 행복한 삶을 살며 부처님의 마음을 닦아 깨달음을 성취하도록 노력할 것을 모두 다짐하였다.

발원문

한줄기 향을 사르며,

어리석은 저희들이 지금 엎드려 지극한 마음으로

불·보살님께 귀의하고 발원하옵니다.

저희가 미혹하고 어리석어 성 잘 내고

탐욕 부려 많은 업을 지었습니다.

이제 저희 조계사불교대학 총동문회원과 불자들은

서원 깊으신 부처님과 보살님 전에 머리 숙여 참회하옵니다.

부처님이시여!

이제 마음을 거두어 합장하오니 자비의 문을 열고

지혜의 단비를 뿌려 목마른 저희들의 가슴에

보리의 푸른 싹을 돋게 하소서!

항상 욕심 많고 성 잘 내고 어리석어 고통스런 업보의

굴레를 벗지 못하는 저희들은 찬란한 부처님의

해탈세계로 나아가길 원하옵니다.

복덕과 지혜를 다 갖추신 부처님!

다툼과 미움, 시름과 절망으로 어두워진 이 미망의 사바에

하루속히 당신의 영원한 생명과 화합의 빛을 밝혀주소서!

불성을 갖춘 존엄한 생명이며 다정한 법의 형제라는

사실에 눈뜨고 언제나 진실함과 공평과 선한 뜻이

여기에서 이루어지며 모두가 보살의 길에 들어

서로 믿고 양보하고 참아내는 덕행을 배우게 하소서.

오늘 찾아가는 53선지식 구법여행을 계기로 하여

경전에 인연 있는 자,

경전으로 눈을 뜨고 염불에 인연 있는 자,

염불 속에 안락을 얻으며 진언에 인연 있는 자,

진언 따라 부처님 나라 빛의 서광을 흠뻑 받기 바라옵니다.

오늘, 조계사불교대학 총동문회의

53선지식 구법여행 특별법회에 동참한,

모든 동문님과 불자님들과 그 가족들 집안에

화목한 기쁨이 깃들고 자손들의 앞날에 활기가 넘치며

부처님 자비광명 속에 무량행복 누리게 하소서.

이 인연공덕을 법계에 회향하오니,

멀리 있거나 가까이 있거나,

모든 사람 모든 생명에게 자비와 광명이

항상하게 하여 주시옵소서!

일체중생이 다함께 성불하여지이다!

나무석가모니불

나무석가모니불

나무시아본사 석가모니불

● 　　성찬스님은 해인사에서 고암스님을 계사로 비구계를 수지하고, 미얀마 마하시 수도원에서 우자띨라 사야도에게 상좌부 비구계 수지했다. 중앙승가대학 불교학과 졸업하고 인천 용화사 법보선원에 안거하였다. 법주승가대학 교수와 조계종 자성과쇄신결사추진본부 운영위원을 역임하였다. 현재는 인도네시아 능인정사 주지, 여래향사 지도법사, 간다꾸띠 불전연구원 원장 소임을 맡고 있다.

통(通)하면 통(通)한다

불교의식은 너무 딱딱하다고 생각한다. 하지만 법문은 부처님 법을 통해서 행복의 문으로 들어가는 것이라고 생각하면 된다. 우리가 집안에 들어갈 때 대문이 있다. 대문을 열고 들어가면 마음이 편해진다. 법문에서 첫째 관문은 기도이다. 기도를 하면 마음이 편해진다. 또 대문에서 내 방문을 열고 들어가면 마음이 더 편해지는 것을 느끼게 된다. 이것이 두 번째 관문이며 법문이다. 또 방 안에 들어가서 마음이 편해졌다가 조금 답답해질 때 창문을 조금 열고 밖을 보면 이렇게 좋을 수가 없다. 즉 법문이란 첫 번째 관문인 기도를 하고, 스님 법문을 들음으로써 방문으로 들어가고 그 법문을 되새기며 창문 밖을 볼 수 있는 것이라고 생각하면 된다.

그리고 법문은 법문 듣는 자의 사세와 법문하는 자의 자세가 중요하다. 첫째, 법문 듣는 자는 우선 현애상(懸崖想)을 내지 마라. 너무 어렵다는 생각을 가지면 안 된다는 뜻이다. 스님들이 어렵게 말하니까

자포자기하기도 하는데 그러면 안 된다. 그러므로 법문을 듣는 자는 너무 어렵다는 생각을 가지고 자포자기하지 마라. 두 번째는 관문상(慣聞想)을 내지 마라. 스님 법문을 너무 자주 듣다 보니 레퍼토리를 달달 외우는 신도들이 있다. 종단에도 법문 잘하는 스님이 많은데 그 법문 잘하는 스님을 1년을 쫓아다니다 보니 "다음에 그 말씀이 나올 거야." 하며 '너무 쉽다'라는 생각 때문에 게으름이 피우게 된다. 이처럼 법문 듣는 자는 어렵다는 생각으로 자포자기하지 말고 또 너무 쉽다는 생각으로 게으름을 피우면 안 된다.

생각을 비우고 법문을 듣다 보면 내 마음속에 꽂히듯이 감동이 밀려온다. 똑같은 이야기라도 듣고 새기다 보면 어느 순간 똑같은 이야기도 감동이 밀려와 깨닫게 된다. 우리가 '산은 산이요 물은 물이요' 하면 떠오르는 분이 성철 큰스님이다. 하지만 그걸 성철 큰스님께서 말씀하신 게 아니다. 역대 조사 스님께서도 '산시산 수시수(山是山 水是水)'라고 말씀하셨다. 그런데 그 시간과 장소, 말하는 자와 듣는 자가 딱 맞아떨어져서 '산은 산이요 물이 물이요' 하면 성철스님이 떠오르는 것이다. 법문을 듣고, 또 듣고 보면 자기 마음이 깨닫는 순간이 올 것이다. 그러므로 자포자기하지 말고 게으르지 말아야 한다.

그렇다면 법문을 하는 자는 어떻게 해야 하는가? 어렵게 얘기하지 말고 요즘 통용되는 언어를 통해 쉽게 얘기해야 한다. 요즘 가장 TV에 가장 많이 나오는 단어가 '대박'이라는 말이다. 아주 좋다는 뜻이다. 이처럼 법문을 하는 자는 어렵게 얘기하지 말고 그 시대에 맞는 단어를 통해 설득을 시켜야 한다. 또 듣는 사람 중심으로 얘기해야 한다. 총림의 방장 스님이 사중 스님들에게 말할 때는 그 스님들에 근기에 맞게 하는 것이고, 신도한테 할 땐 그 신도들에게 맞는 법문을 해야 한다. 또한 부처님 말씀에 근거해서 법문을 해야 한다.

어떤 스님들은 자기 이야기를 하는 분들이 있는데 그렇게 하면 안된다. 부처님 말씀에 근거해서 법문을 해야 한다. 마지막으로 1시간 법문하려면 10시간 정도 법문을 준비하는 정성이 있어야 한다.

오늘 저의 법문 주제가 무엇인가? 통하면 통한다. 바로 소통하자는 것이다. 제가 근 20년 전에 큰스님께 당호 건당을 했다. 스님들이 15년 넘어가면 건당이라는 것을 한다. 세울 건(建), 깃발 당(幢) 해서 건당을 하게 하면 당호가 주어진다. 그 당호를 받는 날, 처음이자 마지막으로 스승 앞에서 법문을 한다. 거기서 제가 법문을 "원통하고도 원통하구나. 나무아미타불" 이랬더니 우리 스님이 "뭐가 그렇게 원통하냐?"고 하시고, 많은 스님과 신도들도 "스님, 뭐가 원통하세요?"라고 물어봤다.

원통(圓通)이 무엇인지 아는가? 관세음보살님을 모신 곳을 관음전이라고 하기도 하고 원통전이라고도 한다. 왜 원통이라 하였는가? 관세음 보살님께서 『능엄경』에 스님들의 25가지 수행법을 말씀하셨는데 여기에 이근수행법이 나온다. 그것을 일명 이근원통(耳根圓通)이라고 한다.

아까 이야기로 다시 넘어와서 제가 "원통하고 원통하구나." 한 것은 『화엄경』의 25가지 수행법에 이근원통을 말한 것이다. 원통이라는 것은 가장 빠르고 전체적이고 쉽다는 뜻을 내포한다. 그것이 원통의 뜻이다. 원통을 하기 위해서는 처음은 호흡을 알 수 있어야 한다. 부처님께서 제자에게 묻는다.

"세상에서 너에게 가장 무서움이 무엇이냐?" 물어보니, 한 제자가 손을 들어 배고픔이라고 대답했다. 그랬더니 부처님께서는 "반은 알고 전체를 알지 못했다."고 말씀하셨다. 또 한 제자가 공포, 불안이 두려움이라고 대답하니 "너 역시도 반은 알고 전체를 알지 못했다."고 말씀하셨다. 그러다 한 제자가 자기 코 밑에 손을 갖다 댔다. 그걸 보신 부처님께서는 "너는 모든 전체를 다 알았구나."라고 대답하셨다.

왜 그러셨을까? 손을 갖다 댔는데 숨을 들이마신 것이 안 나오거나 나왔는데 다시 숨이 안 들어가면 사람이 죽지 않는가. 결국 인간은 숨을 못 쉬니까 죽는 것이기 때문에 먼저 호흡을 관(觀)해야 한다. 호흡에도 진리가 있다. 호흡은 내쉬고 마시는 뜻이니 요즘말로 얘기하면 주고 받는 것을 뜻한다. 주는 자만이 받을 수 있다. 주는 것은 많이 주고 받는 것을 조금 받으면 많이 남으니 복이 되는 것이다. 이

게 호흡이고 인생의 진리다. 주는 건 많이 주고 받는 건 적게 받아야 한다. 그렇게 해야만 너에게 복이 있을 것이라는 호흡의 진리가 있다. 그걸 집중하는 단계가 이근원통이라는 것이다. 또 음성에서는 그 사람의 진심이 나타난다. 그것을 보시는 분이 바로 관세음보살이다. 인간 세상을 항시 보고 듣는 분이 관세음보살이다.

예전에는 관세음보살님이 너무 자비로우셔서 자신만 부르면 오셨는데 요새는 "진짜 나 불렀냐?"고 다시 물어보시고 오신다. 그러면 정말 찾는 걸 어떻게 아시느냐? 비음을 듣고 진심인 것을 깨닫고 오시는 것이다. 이것이 이근원통 수행이다. 자기 음성 속에서 자기 모습이 있다는 것을 생각하시고, 앞으로는 바깥 관세음보살님 말고 자기 안속 관세음보살님을 찾아서 확인하시기 바란다. 내 안에 관세음보살님이 있다. 그걸 끄집어내서 확인하는 것이 수행이다.

먼저 얘기하고 많이 들어주시라. 누구 이야기든 많이 들어주고 그것을 살펴주시라. 상구보리 하화중생이 바로 이것이다. 우리는 보살심이 상구보리 하화중생이라는 것은 알고 있는데 무슨 뜻인지는 모른다. 이걸 쉽게 풀면 먼저 말하고 듣고 살피고 그 다음 이해해주고 실천에 옮겨야 한다는 내용이다. 이게 상구보리 하화중생이다. 그것이 된다면 상대방과 내가 좋은 느낌으로 살 수 있는 행복을 얻을 수 있다. 행복의 주체는 우리 모두이다. 인생의 목적은 우리가 모두 행복했을 때 그것이 세계일화(世界一花)가 되는 것이다. 세상의 행복은 남을 위하는 마음에서 오고 모든 불행은 이기심에서 온다고 했다.

마지막으로 큰 소리로 다음 구절을 따라 읽으면서 오늘 법문을 마치고자 한다.

"살아가는 데 있어 자기 자신을 살피지 않는다면 비록 다 가졌다 생각할지라도 마치 물거품과 같은 것이다."

● 　초격스님은 경암스님을 은사로 출가해 1987년 봉선사에서 운경스님을 계사로 사미계를, 1998년 통도사에서 청하스님을 계사로 구족계를 수지했다. 1991년 중앙승가대를 졸업했으며 한국문화연수원장, 총무원장 종책특보, 중앙승가대총동문회 사무처장, 파주 보광사 주지, 제13, 14, 15대 중앙종회의원 등을 역임했다. 현재 본지 사장, 중앙종회 수석부의장 소임과 함께 아산 윤정사 회주, 사단법인 해피월드 이사장을 맡고 있다.

제4차 산업혁명 시대, 불교는 왜 필요한가?

날씨도 추운데 많이 와 주셔서 감사드린다. 오늘 여러분들과 함께 이야기 나눌 주제는 4차 산업혁명 시대 불교는 왜 필요한가이다. 4차 산업혁명이 지금 우리 사회의 화두다. 종교인들이 우려하는 것은 '종교가 더 이상 필요하지 않을까' 하는 문제다. 한번은 미래학자들의 강의를 들은 적이 있는데 앞으로 30년 후에 스님이 필요하지 않을 것 같다고 전망했다. 하지만 '그렇지 않다'는 게 내 생각이다. 단순히 교리나 문자로 된 가르침만 전달하는 종교라면 내용을 로봇에게 입력시켜 가르치는 것이 효과적일 것이다. 인공지능이라면 인간보다 합리적이고 과학적으로 지식을 전달할 수 있을 것이다.

불교는 좀 다르다고 생각한다. 4차 산업혁명은 인공지능, 사물 인터넷, 빅 데이터 등이 통합되는 것이다. 여러분들은 모두 정보통신을 이용하고 있다. 스마트폰과 모바일기기를 사용하고 있다. 현대사회는 정보화시대다. 내 마음을 정보통신 기기를 통해 상대방에게 전달하고 더 많은 내용들을 저장하고 기억하는 것이다. 과거에는 책이 했던 역할이다.

백화점을 예로 들어 보자. 4차 산업혁명이 이뤄진다면 나에 대한 모든 정보들을 이미 알고 백화점에 들어서자마자 알아서 미리 안내해 줄 것이다. 굳이 기기를 이용하거나 언어로 표현하지 않아도 말이다. 점점 그런 시대가 가까워오고 있다. 우리 생각이나 마음을 굳이 표현하지 않아도 발달된 정보통신 기술로 인해 얻을 수 있을 것이다. 컴퓨터 앞에 앉기만 하면 인터넷을 통해 주문하는 습관들이 기억되어 있어, 주문하지 않더라도 저절로 배달까지 되고 계산까지 이뤄지게 될 것이다. 여러분들의 마음과 생각까지 읽어내는 시대가 4차 산업혁명이다.

우리들의 물질문명은 계속 발달해가고 있다. 문명이 발달하는 이유는 무엇일까. 발달하는 방향은 무엇일까. 왜 과학이나 물질문명이 끊임없이 발달하는 것일까. 그 이유는 인간들이 조금 더 편하고 즐거움을 얻도록 하기 위해서다. 현재보다 더욱 편하고 즐거움을 구하고자 하는 것이다. 한 단어로 정리하자면 행복이다. 행복을 얻기 위해서, 내가 원하는 것을 보다 쉽고 빠르게 얻고자 하다 보니 과학문명이 발달하게 된다. 더 많이 생산하고 쉽게 얻게 된다. 기계문명이 발달하기 전에도 인간은 행복을 추구했다. 4차 산업혁명 역시 마찬가지다.

4차 산업혁명을 앞두고 있는 현재 우리가 당면한 과제는 무엇일까. 바로 생로병사다. 늙고, 병들고, 죽는 것. 우리들은 매순간 더 나은 행복을 구하지만 만약 몸이 아프거나 늙거나 죽음에 다가가면 더 이상

행복을 느낄 수 없을 것이다. 편하고 즐거움을 구한다는 것은 현재의 불편함이나 고통에서 벗어나는 것을 의미한다. 지금 불편하니까 편안함을 얻으려는 것, 지금 고통스러우니까 행복을 얻으려는 것이다. 인간만 그런 것이 아니라 모든 중생이 그렇다.

부처님 당시와 비교해보면 현대사회는 상상할 수 없을 정도로 변했다. 하지만 여러분이 두려워하는 것 바로 늙고, 병들고, 죽는 것은 그대로다. 변함이 없다. 의료 수준이 발달해서 평균 수명은 연장됐지만 늙고, 병들고, 죽는 것은 변함이 없다. 우리가 50대에 죽는다고 해서 괴롭고, 80대에 죽는다고 괴롭지 않을까. 그렇지 않다.

우리가 행복을 얻기 위해서는 행복의 본성을 알아야 한다. 우리는 행복을 얻기 위해 평생을 노력하지만 그럼에도 불구하고 행복의 본성은 알지 못한다. 원하는 것을 얻으면 행복할 것이라고 생각한다. 얻지 못해서 불편하고 행복하지 않다고 생각한다. 도대체 행복이란 무엇일까. 행복의 반대는 불행이다. 불행은 또 무엇일까.

행복은 편안하고 즐거운 것이고, 불행은 불편하고 고통스러운 것이다. 불편하고 고통스러운 것은 내가 원하는 것을 이루지 못하거나 잘 안 되는 것, 내가 원하는 것을 잃어버리는 것이다. 행복은 내가 원하는 것을 이루는 것, 그때의 느낌을 만족이라고 하고 즐거움, 행복이라고 한다. 불행에서 벗어나 행복을 구하는 것이 우리의 삶이다. 4차 산업혁명이 발달해도 이것은 변함이 없을 것이다. 행복을 얻으려는 것은 똑같을 것이다.

4차 산업혁명 시대가 되면 내가 원하는 것을 쉽고 빠르게 얻을 수 있게 될 것이다. 행복을 주지 않는다면 4차 산업혁명을 누가 하겠는가. 고통에서 벗어나 행복을 얻으려고 하는 것이 중생들의 삶이다. 행복은 내가 원하는 것이 이뤄지는 것이고 불편하고 고통스럽다는 것은 원하는 것이 이뤄지지 않는 것이다. 여기서 내가 원하는 것은 대상에 있는 것인가, 마음에 있는 것인가. 내가 원하지 않는 상황, 내가 원하지 않는 느낌일 때 우리는 괴롭다, 불편하다고 느낀다. 몸이 아프면 왜 괴로울까. 내가 원하는 행복을 위해 행동할 수 없기 때문이다. 육신이 건강하기 바라는데 그렇게 되질 않으니 괴로운 것이다.

원하는 마음, 원하지 않는 마음은 모두 내게 있다. 자신에게 있는데 행복을 왜 대상에서 찾으려고 하는가. 우리는 꼭 내가 원하는 대상을 얻어야만 행복해진다고 생각한다. 원하는 대상을 얻게 되더라도, 조금 있다가 원하지 않게 되고 또 다른 대상을 원하게 된다. 원하는 대상을 얻기 위해 돈에 목숨을 건다. 원하는 조건이나 대상이나 물건을 얻으려고 돈에 매달린다. 하지만 행복은 대상이 아닌 내 마음 속에 있는 것이다. 원하는 것을 얻으려고 하는 것은 평생을 내가 원하는 대상의 노예로 사는 것이다. 행복의 본성인 나로 돌아와야 한다. 원하는 것을 얻기 위해 우리는 더 많은 노력을 해야 한다.

4차 산업혁명이 이뤄지면 모두 여유로워질 것 같지만 누구나 다 여유로움을 가질 수 있는 것은 아니다. 지금보다 더 많은 노력을 해야 한다. 지금보다 더 편리하고 더 즐거워지려는 욕망을 갖고 있다면 행복해질 수 없다. 그것을 얻고자 하는 욕심이 인생을 갉아먹게 될 것이다.

원하는 것이 점점 늘어나서 하나씩 생길 때마다 행복은 줄어들게 된다. 이게 행복의 비밀이다. 원하는 것이 없는 만큼 행복해진다. 우리가 발전해 온 방향은 원하는 것이 많아지는 방향이다. 4차 산업혁명 시대가 원하는 것이 많아지는 방향으로 가는 것임을 알 때, 많은 이들이 불교를 찾게 될 것이다. 대상에 행복을 두기보다는 내가 원하는 마음으로 만들어 가는 방법은 선행에 있다. 행복을 얻으려고 하지 말고 행복을 주면 된다. 선행을 하기 전에는 덜 행복했는데 선행을 하게 되면 행복해진다. 주는 행복을 찾아야 한다. 주는 행복을 찾는 것이 바로 부처님의 가르침이다.

원할 때와 원하지 않을 때, 주인은 바로 '나'다. 즐겁고 편안한 것도 내가 느끼는 것이고, 괴롭게 불편한 것도 내가 느끼는 것이다. 그런데 왜 원하는 것인가. 즐거움과 고통을 느끼는 나는 같다. 하지만 우리는 착각을 한다. 나라는 바탕에 안이비설신의(眼耳鼻舌身意)를 통해 느낌이 내게 전해진 것이다. 전해진 느낌이 원하는 것이면 행복하고, 원하지 않는 것이면 행복하지 않다. 나는 행복을 찾아가는데 고통도 본인이 만들게 된다.

대상은 아무런 관계가 없다. 느낌을 느끼는 주인은 똑같다. 그것만 알면 원하는 것을 얻기 위해 노력하는 일도 대상의 노예가 되는 일도 하지 않게 될 것이다. 그 느낌을 느끼는 주인, 거기에 도착하면 원하는 것을 구하지도 않고, 원하지 않는 것을 싫어하지 않게 될 것이다. 그것을 알면 괴로운 느낌도 버리려고 애쓰지 않고, 즐거운 느낌도 얻으려고 애쓰지 않게 될 것이다. 욕심도 없어지게 될 것이다. 본래 느낌을 느껴서 아는 나, 느낌의 주인인 나는 더 이상 어떤 것도 필요하지 않게 된다.

욕심이 사라지게 되면 열반이다. 니르바나, 욕심이 다 사라진 상태, 더 이상 원하는 것이 없는 상태다. 다른 말로 해탈이다.

우리들이 깨닫고자 하는 것이 바로 자성, 나의 본성이다. 나의 본성을 깨닫는 것, 항상 내가 있어야 한다. 이 나를 찾는 것이 불교의 핵심이다. 그것이 깨달음이고 수행이다. 행복을 찾아가는 것과 수행은 별개가 아니다. 수행도 영원한 행복을 구하는 것이다. 나를 찾는 것이 수행이다. 그것이 가장 완전한 행복이다. 더 이상 구할 것이 없기 때문이다. 원하고자 하는 마음으로부터 벗어나는 것이다. 생사윤회로부터 벗어나는 것을 해탈이라고 한다. 행복을 구할 필요가 없을 때, 삶으로부터 자유로워질 수 있다.

내가 더 이상 행복을 구하지 않으면 육신이 늙고 병들어도, 육신이 사라져도 불행하지 않다. 구하지 않으면 지금 바로 열반할 수 있고, 해탈이 가능하다. 행복을 구하고자 하는 그 마음이 고통을 준다. 구하는 그 마음이 사라졌을 때 열반할 수 있다.

욕심을 버리려고 할 때, 가장 좋은 방법은 행복의 근원인 내 마음을 아는 것이다. 그것을 알게 되면 버릴 수 있고, 점점 더 자신을 찾아갈 수 있게 된다. 그것이 바로 수행이다. 부처님께서는 밖으로 구하지 말고, 안에서 행복을 찾으라고 하셨다.

하지만 우리는 주인을 찾는 것이 아니라 우리가 보고 아는 대상을 찾으려고 한다. 무엇인가를 볼 때 눈이 보는 것이 아니라 마음이 보는 것이다. 내 마음이 즐겁고 괴로움을 아는 나를 찾아야 한다. 보고 아는 자를 찾으려고 해야 한다. 보고 아는 자, 주인은 항상 있다. 하지만 우리는 어리석게도 보고 아는 대상을 찾으려고 한다. 항상 대상에 관심을 두지 말고 보고, 듣고, 그때 그것을 아는 나, 주인을 찾아야 한다.

● 　　　목종스님은 출가 이후 부처님 가르침을 널리 전하며 현장 포교에 앞장서 왔다. 현재 부산 대광명사 주지, 서울 지금선원장, 생명나눔실천본부 부산지역본부장, 부산 전법도량 제4대 의장, 달라이라마 방한추진회 사무총장 등을 맡고 있다.

불교음악 여행
– 음악을 통한 수행과 정진

부처님의 가르침과 불·보살의 찬탄과 공양을 소리로 표현한 것이 불교음악이다. 음악은 말로 표현하면 재미없다. 소리로 들어야 한다.

불교음악은 부처님의 음악이다. 부처님께서 법을 설하실 때 음악적인 요소로 설하셨다.『장아함경』에 따르면 부처님의 음악 실력은 "음성이 맑고 청정하며 아름다운 목소리로 멀리나 가까이나 인연 따라 미쳤다"고 표현했다. 또한 "음정이 바르고 곧고, 음이 화합하고 우아하며, 음이 맑고 음이 깊고 원만하여 두루 퍼져 멀리서도 들을 수 있었다"고 하여 다섯 가지 청정함이 있어 법성이라 했다.

『범유마경』에는 부처님의 음성을 8음으로 가장 좋은 소리, 알아듣기 쉬운 소리, 부드러운 소리, 화합하고 고른 소리, 존귀한 지혜의 소리, 틀림없는 소리, 깊고 묘한 소리, 여성의 소리가 아닌 소리 등으로 표현하고 있다.

부처님의 음악관 중 부정적인 관점으로는 재산을 훼손하는 여섯 가지, 기악에 빠지는 여섯 가지, 여덟 가지 제법, 방일함을 여의는 다섯 가지 등이 있다.

또한 긍정적인 관점으로는 첫째, 소리와 기악으로 부처님과 스님들께 공양을 한 인연으로 미래세의 백겁 중에 악도에 떨어지지 않으며, 천상의 사람들 가운데 가장 즐거움을 누리는 것. 둘째, 보살의 열 가지 공덕 중에 하나로서 부처님의 공덕노래로 찬탄하는 기악(伎樂)과 금(琴)·쟁(箏)·적(笛) 등의 음악으로 부처님의 탑과 절에 공양하는 것. 셋째, 반차익왕에게 "청정한 음성과 유리금으로 여래를 찬탄하는 그대의 소리는 길지도 않고 짧지도 않고 완곡하고도 애절하게 조화를 이루어 사람의 마음을 감동시키는구나. 그대가 연주한 금 소리에는 모든 것이 다 갖추어져 있어 욕망에 얽매임도 있으며 범행(梵行)과 사문과 열반도 설하고 있구나."라고 표현한 것. 넷째, 무량수불께 "천상에 있는 백천 가지의 화향과 만 가지의 기악을 가져다가 그 부처님과 보살, 성문, 대중들에게 공양하고~"의 표현. 다섯째, "불보살을 찬탄하는 음악은 그 자체가 불보살이다."라는 것. 여섯째, "~도향과 꽃과 등과 음식을 공양할 때는 헌도향곡(獻塗香曲)을 연주하였는데 노래 한 곡 한 곡이 다 진언이었다는 등이 긍정적인 관점이라고 할 수 있다.

불전상의 악기는 『불설아미타경소』에 53종의 악기가 소개되는데 현재 우리나라에는 국악기 15종이 연주에 활용되고 있다. 불전상의 음악용어는 42종의 불전에 110종의 음악용어가 전해지고 있다. 기악(伎樂), 범패(梵唄), 어산(魚山), 패(唄), 찬(讚), 영가(詠歌), 전독(轉讀), 가영(歌詠), 묘음(妙音), 음악(音樂) 등이다.

　불교음악의 전래는 의정스님(635~713, 중국 당대 명승)의 『남해기귀내법전(南海寄歸內法傳)』에 잘 나타나 있다. 중국이나 인접 불교국가에서 역 추적 연구를 하고 있는데, 후한 이후 송대를 거치며 약1,000년간 불교 경전이 한역을 거치며 전 세계에 전파되었다. 중국의 불교음악은 범패(梵唄)로, 『고승전』에 천축지방(인도)의 풍속으로는 대개 법의 말씀을 노래하고 읊는 것이다. 『불조통기(佛祖統紀)』에 조식(曹植)이 어산(魚山)에서 범천(梵天)의 소리를 듣고 만든 것도 있다. 『법원주림(法苑珠林)』에는 조식이 신불(神佛)의 이치에 깊이 감응하고 법을 깨달아 만든 노래로 표현되고 있다. 범패의 감동으로 『고승전』에 현사(玄師)가 범패를 노래하면 '붉은 기러기도 좋아하여 날아가지 않았다', 비구가 소리를 하면 '푸른 새도 기뻐하며 나는 것을 잊었다', 담빙(曇

憑)의 운율이 동하니 '새나 말이 몸을 움츠렸다', 승변(僧辯)이 가락을 꺾으니 '기러기와 학이 날개짓을 멈추었다'라고 하여 범패의 감동을 전하고 있다.

범패의 종류로는 경산조(서울을 중심으로 호남의 좌도 지방에 전승. 선율이 경쾌)와 팔공산조(영남을 중심으로 호남 우도 지방에 전승 단절, 유연한 느낌)가 있다.

현존하는 범패로는 안채비소리, 겉(바깥)채비소리, 홋소리, 짓소리, 작법반주소리, 화청(和請) 등이 있다.

한국의 불교음악의 전래 기록은 '진감선사대공탑비(국보 제47호)'에 830년 진감선사가 당(唐)에서 유학을 마치고 옥천사(상계사)에서 범 패승을 대상으로 당풍의 범패를 전수한 내용이 유일하다. 한국의 불교음악은 『삼국유사』의 월명사도솔가조(月明師兜率歌條)에 보여 830년 보다 약 70년 앞서 범패가 존재했음을 알 수 있다. 원효 '무애가(無碍

歌)'의 무애는 『화엄경』의 "일체무득인 일도출생사(一切無得人一道出生死)"에서 유래한 말이다. 신라풍의 범패 이후, 조선의 승유억불 정책에 따라 범패의 수난이 일어나고 만해스님의 불교유신운동, 백용성스님의 불교쇄신운동 이후 1927년에 찬불가 7곡이 만들어졌다.

한국의 불교음악은 한국식으로 이루어졌지만 불교가 탄압을 받으며 대부분 민중 속으로 들어갔다. 메나리조 염불이 산간 지역의 민요 형식으로 굳어지고 예전의 다양한 불교음악은 많이 사라져 현재는 국악으로 보존되고 있을 뿐이다.

국악으로 발전한 불가(佛歌), 신심 나는 염불소리, 불교음악은 각 민족 고유의 언어로 행해지고 각 민족 고유의 음악이 그대로 사용되었으며 민족에 따라 새롭게 발전하고 창작되었다. 지방별 대표선법을 보면, 수심가토리로 이북5도 지방의 대표선법이다. 창부타령토리(경토리)는 서울 경기지방의 대표선법이고, 메나리토리는 강원도 경상도 지방의 대표선법이며, 육자백이토리는 전라도 지방의 대표선법이고, 마지막으로 서우제토리는 제주도 지방의 대표선법이다.

영산회상에 가사를 빼고 곡에 춤을 추는 것이 '승무'이고, '화청'은 걸청(사당패들이 절에 머물면서 스님 대신 걸식하면서 부른 곡)으로 우리식 불교음악이다. 이 화청은 불보살을 뜻하고 49재 등에 많이 사용된다. 회심곡, 비나리 등도 화청의 일종으로 현재 국악에서 부르고 있다.

예를 들면, 서민층으로 간 판소리 중 '심청가'를 보면 『심청전』이 불교사상에서 나온 것을 볼 수 있다. 긴 가사는 세계에서 불교음악에서밖에 없는 유일한 것이다.

심청의 전생은 황후였다. 심청의 어머니 곽씨 부인이 심청을 출산하고 7일 후 죽은 것은 마야부인이 부처님 탄생 7일 후 돌아가신 것을 묘사한 것이고, 심청의 아버지가 동네에 젖 동량을 다니는 것은 스님들의 탁발과 같으며, 심봉사가 개천에 빠진 것을 봉은사 주지(스님)가 건져 주는 것은 불교적 관점이다. 먹고 살기도 힘든데 공양미 300석은 부처님께 귀의하는 것으로 이의가 없다.

바다에서 연꽃이 억지스럽기는 하나 연꽃 속에서 황후로 태어남은 불교의 윤회사상이고, 황후 앞에서 장님이 눈을 뜨는 것은 개안사상으로 깨우침을 뜻한다. 또한 다른 봉사들이 모두 눈을 뜨는 것은 모든 중생이 불성을 가지고 있음을 나타낸다.

불교음악의 발전을 위해서는 스님들이 다양하게 불경을 외워야 한다. 전라도 소리는 떨고 꺾는다. 이것이 슬프다. 불교음악은 부처님의 말씀을 소리로 표현한 것이다. 불교의 발전을 위해서는 기존 서양음악에 기초한 찬불가 및 경전 독송 등 전통음악인 국악에 녹아 있는 불교음악을 찾아내어 불교식으로 발전시켜야 할 것이다.

● 　　　박범훈 원장은 한국전통음악과 불교음악을 대표하는 작곡가로 중앙대 음악과에서 작곡을 전공하고 일본 무시시노(無藏野) 음악대학에서 석사, 동국대 대학원에서 박사학위를 취득했다. 중앙국악관현악단을 창단해 초대단장을 역임했으며, 국립국악관현악단 단장 및 예술감독으로 활동했다. 조계종 불자대상을 비롯해 제35회 대한민국 문화예술인상 음악부문, 제56회 서울특별시 문화상 국악부문 등을 수상했다.

신년, 다시 초발심으로

주인 된 삶을 살면 언제 어디서나 즐겁고 행복한 일만 있다. 또 철저한 계행만이 불교가 신뢰를 얻을 수 있고, 불교가 발전하기 위해서는 모든 일이 부처님 가르침에 맞게 여법해야 한다.

훌륭한 사람이 되는 것은 '오계' '십계'를 지키는 것으로도 충분하다. '철저한 계행', 단순한 원칙이지만 실천하는 일은 쉽지 않은 일이다. 출가 수행자에게 계를 지키는 일은 목숨을 지키는 일만큼 중요하다. 재가자들도 마찬가지다. 많은 불자들이 스님들의 법문을 듣고 교리를 공부하고 있지만 철저한 계행을 행하는 이들은 많지 않다. 부처님 가르침을 제대로 실천하는 일 역시 많이 부족한 것 같다. 행복하게 사는 법은 '우주를 잘 관찰하라'이다. 우주 전체가 '지수화풍' 4대로 이루어져 있고 모든 생명체는 모두 다른 생명체에 인연해서 살아간다. 나는 남의 생명을 희생시키며 다른 생명과 화합하여 이루어진다. 마음을 편안하게 하여 작은 이익이라도 남을 이롭게 하고 즐거움을 주는 불자가 되어야 한다.

우주를 잘 관찰하라. 허공, 구름, 산, 강, 기기미묘한 현상 등 중생들의 모습이 다 각각 다른데 그 모습을 다 알 수가 없다. 수로 계산할 수 없다. 우주 전체가 지수화풍 4대로 되어 있다. 살펴보면 우리 몸도 또한 같다. 중생도 같다. 한 번의 인연은 끝나는 것이 아니라 계속 이어진다.

그리고 모든 생명체는 모두 다른 생명체에 연해서 살아간다. 모든 생명체는 결국 죽어야 된다. 나는 남의 생명을 희생시키는데 다른 생명과 화합하여 이루어진다. 중생이 원하는 건 다 구족해 있다. 그것을 당연하다고 생각하고 여기서 행복을 얻으려고 한다. 먹는 것이 해결되면 영역 싸움 등 무슨 영원한 행복이라도 얻으려는 듯 남의 생명을 희생시켜서 행복을 이루려고 한다.

모든 생명은 더불어 하나의 내가 이루어졌다. 그러나 영원한 것은 없다. 우주에 필요한 모든 물질을 잘 관리하고 이 몸도 잘 관리해야 한다. 마음의 근본은 깨우침이다. 둘이 아님을 깨우쳐야 한다. 그래야 '무연대자비', 조건 없는 자비가 이루어진다. 너와 내가 모든 무정물까지 하나임을 깨달으면 행복한 길이다. 몸이 하는 것이 아니라 마음이 하는 것이다. 몸이 주인인 줄 아는데 몸은 머슴이고 마음은 주인이다. 마음을 살펴보면, 마음으로 모습으로 소리로 맛으로 촉감으로 마음을 다 이룰 수 있다. 모르면 아무것도 알 수 없다. 찾아볼 수는 없지만 작용이 있는 것으로 보면 있다는 것을 알 수 있다. 육식(六識) 안에 마음이 있다. 주인이 머슴을 잘 다스려야 한다. 자신의 힘에 맞도록 잘 다스려야 한다. 지혜롭게 살펴야 한다. 참선도 그러하다. 부

처님께서도 깨달으신 후에도 참선을 하셨다.

　하루 1분 108염주를 들고 염불을 하라. 아침에 '후회되는 일은 안 하겠다' 저녁에 '오늘 내가 마음가짐대로 했는가?' 그리고 참회하라. 내가 무엇을 못했는가, 원인을 살펴보라. 육신의 근본을 깨달아야 한다. 선한 마음으로 수행하고 편안하고 고요하게 하면 지혜가 열린다. 내가 편하면 너도 편하고 나도 행복하고 너도 행복하고, 남을 상하게 하는 일을 하면 안 된다.

　마음을 비운다. '허공 같은 마음' 선도 악도 생각하지 말고 허공 같은 마음, 말과 행동이 공덕이 되어야 한다. 깨달으려고 하면 못할 일이 없다. 원력을 세우고 정진을 하면 이룬다. 내가 노력한 만큼 살아주면 된다.

　개도 주인을 잘 만나야지 주인이 지혜롭지 못하면 잃게 된다. 육신

도 잘 관찰해서 요구하는 만큼 쉬고 먹고 맞추어 줘야 한다. 몸이 있어 마음이 있고 마음이 있어 몸이 있다. 잘 다스려서 공덕을 지어야 한다. 사바세계에는 6도 세계가 다 벌어진다. 천상을 가기 위해 주야로 노력하는 사람들이 많다. 공덕을 이루어야 깨달은 후 중생을 제도할 수 있다. 어떤 일을 할 것인가? 원력이 있어야 희망이 있다. 마구니들에게 유혹당하는 이유는 탐·진·치 삼독심 때문이다. 영원히 헤어나지 못하는 사람이 많다. 마음이 편안하면 지혜가 열린다. 마음이 불안하면 모든 게 필요 없다

이 세상의 주인으로 살아라. 삶의 주인은 바로 자기 자신이다. 생각하고 말하고 행동하는 모든 것들은 바로 자신이 결정하는 일이다. 누구도 대신해 줄 수 없다. 객으로 살지 말고 주인으로 살아야 한다. 언제 어디서나 주인으로 살면 즐겁고 행복한 일만 있을 뿐이다. 삶의 주인으로 산다면 원망할 것도 없고, 불평과 불만도 사라지게 된다.

내가 선택하고 결정하고 말하고 행동해서 결과는 내가 책임진다. 본인이 결정하고 원망하면 불행한 것이다.

이 세상에는 두 부류의 사람이 있다. 머슴으로 사는 사람과 주인으로 사는 사람이다. 주인은 살피고 책임 있게 잘 되도록 노력한다. 머슴은 바라기만 하고 살피지 않고 시키는 대로만 하며 아니면 말고 식이다. 목적지에 갈 때 지켜야 할 규칙이 있다. 편안하게 주인 의식을 갖고 목적을 분명하게 하고 사전에 생각하고 가야 즐거움을 맛보고 올 수 있다. 어디에 가든지 주인노릇을 하면 행복하다.

내 몸 아닌 것이 없다. 허공 호흡, 들이쉬고 내쉬고 모든 게 연결되어 있다. 육신은 구름도 되고 비도 되고 눈도 된다. 강으로 바다로 내 몸이 없는 곳이 없다. 온 우주가 한 몸이다. 부처님도 우리와 같다. 허공과 같은 마음, 내가 왜 화를 낼까? 쓸데없는 자존심, 아상 때문이다.

남을 대할 때, 마음을 편안하게 하여 작은 이익이라도 주고 즐거움을 줄 수 있는 불자가 되어야 한다.

● 혜승스님은 제16교구 고운사 주지와 조계종 원로의원을 지낸 대종사로, 의정부 원각사와 의정부 포교원, 양주 연화사 등의 포교도량을 창건하는 등 일평생 불법 홍포를 위해 진력한 큰어른이다.

참된 불자의 삶

조계사 대웅전에서 불자님들을 직접 뵈니까 저도 더 열심히 공부해야겠다는 생각을 갖게 된다. 반야심경을 외우고는 있지만 여러분처럼 우리말 반야심경을 외우지는 못한다. 그럼에도 이 자리에 설 기회를 준 것은 56년의 방송생활을 한 '김용림'이라는 사람의 신행생활을 진솔하게 듣고 싶었기 때문일 것이다. 나이가 일흔아홉살이 됐다. 왜 그렇게 안 늙느냐고 많이 묻는데, 그것은 아마도 서른 살 무렵부터 할머니 배역을 해서 그런 것 같다. 남편이 세종대왕 역할을 할 때 저는 세종대왕의 어머니 원경왕후 역할을 했다. 50년을 할머니 역할을 했으니 사람들에게는 늘 똑같아 보이는 모양이다.

불교와의 인연이 참 오래됐다. 연애할 때 등산하다가 절에도 자주 가게 되고, 집안이 불교였으니까 그런 분위기가 익숙해서 편하게 절에 다니게 됐다. 학교 다닐 때는 기독교 학교를 다녀서 교회도 다녀봤다. 다들 그렇듯 종교에 대한 개념이 없어서 아무 것도 모른 채 남학생을 만나러 갔다. 절에 갈 때는 특별한 시간인 것 같다. 지금 생각에도 어머니가 절에 갈 때 반드시 목욕재계를 하고 한복을 곱게 차려입고 갔던 기억이 있다.

부처님 말씀에 도반을 잘 만나야 한다는 말씀이 있는데, 도반과 함께 삼성암에 다녔다. 삼성암은 화계사 뒷산에 있어서 다니는 게 참으로 힘들었다. 그곳에서 세민스님을 뵙게 됐다. 결혼을 하니 시어머니가 청량사에 다니고 계셨다. 어디를 가든 똑같은 부처님이지만 시어머니와 다른 절에 다니는 게 왠지 마음이 불편했다. 시어머니께서 편하게 다니라고 하셔서 오랫동안 삼성암과 인연을 맺게 됐다. 지금은 세민스님이 계시는 수안사를 다니고 있다. 스님 따라 다니지 말라고 하는데, 아직도 세민스님 밑에서 공부하고 있다.

배우로 유명하지 않을 때는 절에 가는 날이 꽤 많아 주말 뿐 아니라 주중에도 다닐 정도였다. 나름대로 부처님 말씀 공부도 많이 했는데, 지금 생각해보면 뭘 그렇게 이루게 해달라고 빌었는지 부끄럽기 짝이 없다. 요즘도 급하면 '부처님'부터 나온다.

우리 집에는 부처님을 모시고 있다. 불교방송에서 오랫동안 '신행 365일'이라는 프로그램을 진행한 공로로 받은 관세음보살님이다. 세민스님에게 부탁을 드려 점안을 했다. 집에 부처님을 모시면 안 된다는 분들도 있다. 아는 친구가 어느날 자기 아이가 수학여행 가서 부처님을 사 가지고 왔는데 집에 모셔야 할지 고민이라고 했다. 왜냐하면 부처님을 집에 모시면 좋지 않다고 말을 들었기 때문이다. 세민스님께 여쭈었더니 "부처님을 집에 모시는 것은 너무나 복 받을 일이고, 불자라면 집에 부처님을 모시고 매사를 부처님 대하듯 살아야 한다."

고 하셨다. 그런데 부처님을 집에 모시니까 그렇게 좋을 수가 없다. 마음이 편안해진다.

우리가 생활불교가 돼야 한다고 하는데 부처님을 집에 모시면 도움이 되는 것 같다. 일 때문에 제대로 인사를 못하고 나갈 때가 많지만, 집에 아무도 없어도 큰 소리로 "부처님 다녀오겠습니다.", "일이 잘 풀리게 해주세요.", "늘 웃는 얼굴로 사람들을 대할게요.", "저는 오늘 잘 다녀왔습니다." 하면서 대화를 한다. 자기 전에도 부처님에게 하루를 돌아보며 참회한다. 그러다보면 '참된 불자로서의 삶이 따로 있는 것이 아니라 이렇게 끊임없이 마음을 정화하려고 노력하는 삶이 아닐까' 하는 생각이 든다. 남편은 저보다 더 열심히 기도하고 생활불교를 실천한다. 오히려 저보고 기복불교를 하지 말고 하려면 '제대로 하라, 공부를 해라' 하면서 야단을 칠 정도이다.

우리 불자들도 저마다 집에 부처님을 모시고 매일매일 기도를 올리며 살았으면 한다. 부처님이 안 계셔도 기도할 수 있지만 부처님 앞에서 하면 훨씬 더 잘 된다고 생각한다.

저는 부처님 가피를 정말 많이 받은 사람이다. 20년 전의 일이다. 딸이 기숙사를 정하고 모든 준비를 마친 후 미국으로 유학을 갔다. 기숙사에서 방을 못 준다고 갑자기 전화가 왔다. 딸자식이 언어도 잘 안 통하는 나라에 가서 길거리에 쫓겨나게 생겼다는 것이었다. 당장 뛰어갈 수도 없고 정말 미칠 것 같았다. 그래서 어느 스님이 주신 사진의 관세음보살님에게 밤새도록 간절히 기도를 했다. 그러다 깜박 잠이 들었던 모양이다. 관세음보살님이 구름을 타고 딸아이가 자고 있는 침대 머리맡을 지나가는 게 보였다. 분명 꿈인데 꿈같지가 않았다. 다시 기도를 지극정성으로 올리는데 전화가 왔다. 기숙사에 들어갈 수 있게 됐다는 딸의 연락이었다. 감사하다는 말밖에 나오지 않았다. '부처님이 가피를 주셨구나' 하는 생각이 들어 사진 관세음보살님을 안고 하염없이 울었다.

저는 악역을 참 많이 했다. 배우라면 누구나 착하고 예쁜 역할을 하고 싶다. 하지만 하고 싶은 배역만 할 수 있는 게 아니다. 어떤 때는 제안을 받고 고민도 하게 된다. '이 배역은 하지 말까?' 이런 생각을 가졌다가도 마음을 돌이키게 된다. '부처님이 나에게 공부하라고 이 배역을 주셨구나' 이렇게 생각하면서 열심히 한다. 그렇게 하다 보니 상도 받고 칭찬도 많이 받았다.

일을 놓고 쉴 나이임에도 '신행 365일'을 통해 여러분에게 음성공양이라도 올릴 수 있게 해준 부처님의 가피에 늘 감사드리며 살고 있다. 5분짜리 짧은 시간이지만 '신행 365일'의 부처님 말씀은 모두 저에게 하는 말씀 같았다. 방송을 더 이상 할 수 없는 날까지 전하는 일이 사명이자 의무라 생각하고 부처님 말씀을 전하는 데 최선을 다 하려고 한다.

사실 제가 많은 사람한테 받는 질문 중 괴로운 것이 하나 있다. 이 것은 또 제가 해결해야 할 숙제이기도 하다. 바로 며느리의 종교 문제 다. 며느리도 배우어서 다들 잘 아시리라 생각한다. 오랫동안 고민을 많이 해왔고 궁리도 많이 해봤지만 아직까지도 답을 찾지 못했다. 아 들 결혼 전에 며느리 종교를 알고 있었기 때문에 마음에 걸렸다. 아 들의 "저 하기 달렸죠." 하는 말에 결혼 승낙을 했다. 명절이나 제사 때 제사도 같이 지내고 잘 따라오고 해서 '그래 마음이 참 이쁘고 착 하구나' 생각했는데, 요즘 친정이 가까운 곳에서 살다보니까 교회에 나간다고 한다.

마음이야 상하지만 강요할 수도 없는 일이니 제가 행동으로 좋은 모습을 보이며 살다보면 언젠가 따라오지 않을까 생각한다. 어느 자 리에서 만난 스님이 며느리 절에 나오게 했느냐고 묻는데, 그날 하루 종일 괴로웠다. 이 숙제를 꼭 풀 수 있게 더 노력하겠다.

● 　김용림 씨는 1961년 KBS 공채 성우 1기로 정식 데뷔한 이 래 56년 동안 KBS, MBC, SBS 등 방송연예 분야에서 활동한 중견 연예인으로 방송계에서도 불자로 잘 알려져 있다. 불교방송이 개국 한 1990년부터 경전 말씀을 전하는 코너 '신행 365일'을 맡아 진행 해오고 있다. 다수의 연기대상을 수상한 것을 비롯해 2006년 불자 대상, 1999년 보리방송문화상 진행상 등을 수상하는 등 불교계와 도 인연이 깊다. 불교계 장기기증 희망 등록기관 생명나눔실천본부 홍보대사로도 활동하고 있다.

봄날, 붓다에게 길을 묻다

내 습관만 없어지면 저절로 드러나는 것이 공성이지 만드는 것이 아니다. 여러분의 인생은 여러분이 책임져라, 내가 행복을 모르면 그것은 행복이 아니다.

부처님께서 열반에 드셨을 때 아난은 우셨다. 성철스님이 입적하셨을 때 나는 눈물이 났다. 오고 가는 것을 다 알지만 울음이 났다.

경전에 "누구를 스승으로 삼아야 합니까?" "법이 스승이고 진리이다. 진리는 영원하다. 어떻게 살아야 하는가? 사념처에 의지하라."는 말이 나온다.

사념처는 팔정도의 정념에 해당하는 수행법이다. 간접적으로는 정정을 닦는 수행이다. 석가모니께서 열반에 드실 무렵 아난존자가 "부처님께서 열반에 드신 뒤에는 무엇에 의지해야 합니까?" 하고 물었을 때 석가모니는 "사념처에 의지하라."고 대답하셨다. 사념처 명상은 관하는 위파사나(혜)와 고요한 사마타(정)의 두 가지가 모두 포함되는 수행법이다.

어떻게 살아야 할 것인가? 나는 몇 점짜리 인생을 살고 있나? 불교대학을 졸업하고, 인생대학─늙어 죽을 때까지 나는 몇 점짜리인가? 50점 이상이 천계(天界)로 간다면, 50점 정도면 인간, 30점 이하는 지옥이다. 염라대왕을 맞이했을 때 "내가 내 마음을 수행해서 인생점수를 올려 가지고 오겠습니다."라고 해야 한다. 대부분 사람들이 한평생을 고생하며 산다. 누가 선택한 것인가? 지구상에서 내가 선택하지 않은 것은 없다. 내가 내 점수에 맞도록 선택한 만큼 어떻게 살아가야 하는가? 사념처로 살아가라.

사념처는 신수심법 즉, 신념처, 몸의 성질과 모습이 허공과 같다고 관하는 것이니, 이것이 이름하여 신념처라고 한다. 몸에 대한 마음 챙김 명상이다. 참선 중에 호흡의 수를 세는 수식관이 신념처에 해당한다. 수식관은 석가모니가 평생 수행하고, 제자들에게 가르쳤던 참선법이다. 몸에 어떤 느낌이 있을 때 이 느낌이 몸이나 몸 바깥에 있지도 않고, 중간에 머물지도 않음을 관하는 것이니, 이것을 이름하여 수념처라고 한다. 느낌에 대한 마음챙김 명상이다. 마음에 일어나는 생각은 단지 고정된 개념으로 명자(名字)라는 사실을 관하는 것이니, 이 명자의 성품에서 벗어나는 것을 이름하여 심념처라고 한다. 마음에 대한 마음챙김 명상이다. 중생의 마음에 일어나는 일체 법은 좋은 법도 좋지 않은 법도 얻을 수 있다는 사실을 관하는 것이니, 이것을 이름하여 법념처라고 한다. 법에 대한 마음챙김 명상이다. 선불교의 참선법인 화두를 참구하는 간화선이 법념처에 해당한다.

몸은 늙어가고 병들고 아프고 죽어가는 게 정상이다. 부처님께서

아난에게 물었다. "너는 나를 무엇으로 보는가?" 아난이 "마음과 눈으로 봅니다."라고 대답했다. 우리의 몸은 창문 역할이다. 받아들이는 감정, 자고 싶은 감정, 어디에 있는지도 모르는데 슬픈 감정 등 밖에서 듣는 찰나 일어난다. 환영 속에 살고 있다. 몸 안에 정신이 있다. 이 정신이 밖으로 나가면 귀신이 된다. 우리의 몸이 물을 마시면 물을, 공기를 마시면 공기를 빌려온 것이다. 내 생명은 우주에서 빌려온 것이고 온 우주가 나를 떠받들고 있는 것이다. 금세기 최고의 지성이라는 괴테, 아인슈타인은 말한다 "온 허공은 하나다, 생명도 하나다." 모든 것이 하나로 시간과 공간을 채우고 있다.

　인생은 어디서 왔다가 어디로 가는가? 사람 한 번 되는 것이 지극히 어렵다. 네 마음이 청정한가? 네 마음의 거울에 때가 없이 청정한가? 아니다. 그렇다면 어떻게 비춰주는가? 법이란 무아에 들어가야 한다. 거울은 공이기 때문에 모든 것을 비춘다. 평생 거울의 때를 벗기는 법을 보여준 것이다.

기독교에서는 '죄인'이라고 한다. 먼 조상이 선악과를 따먹었기 때문이라고 한다. 성철스님은 "너희들이 부처인기라." 하셨다. 한쪽에서는 죄인이라 하고 한쪽에서는 부처라 하는데 죄인인가? 부처인가? 스스로 알아야 답이지 내가 말해주면 답이겠는가? 할짓 다 하고 쥐꼬리만큼 수행을 하고는 '어느 스승을 찾아 갈까? 부처님은 어느 세계인가?' 고민한다. 부처님의 가르침을 제대로 알고 믿으면 반드시 깨닫게 된다. 토인비는 "금세기 최고의 사건은 부처님의 가르침이 서양에 전해진 것"이라고 했다.

기도 시 3분만 지나면 망상이 온다. 이렇게 못난 인간인가? 연속극이나 축구경기 시에는 망상이 잘 안 온다. 흙탕물을 휘저으면 안 보인다. 그러나 가라앉히면(정근) 보인다. 내가 만든 망상은 내가 책임져야 한다. 습관이 망상으로 일어날 때마다 그것이 나인 줄 안다. 망상이 없어진 것이 아니라 착각을 한 것이다. 물에 비친 달을 보고 있다고 할 것인가? 없다고 할 것인가? 생한 것도 아니고 멸한 것도 아니다. 습관을 고치는 것은 본인만이 할 수 있다. 어떻게 닦아야 할까? 왜 뜰 앞의 잣나무라고 했을까? 백지, 모르는 것이 공성이다. 아는 것은 기록된다. 기도를 할 때 한 번 하는 것이 백지를 만드는 것이고 두 번 하는 것이 백지를 만드는 것이다. 모르고 해야 한다. 화두, 신수심법, 무아, 몸이 백지(청정, 공성)가 되는 것, 허공을 만들 수 있는가? 만들 수 있는 것은 진리가 아니다. 본래 부처가 부처를 만들 수 없다. 습관을 고쳐 백지로 돌아가면 완벽해진다. 불생불멸, 연기로 볼 때 우주 전체가 나인데 습관을 고치려면 내 안의 단점을 이용해 나아가는 것이 방법의 하나이다. 습관은 언제 고쳐도 고쳐야 된다. 그 길로 들어선 사람은 그 길로 가야만 된다.

요즘은 재수 없으면 100살이다. 70세~100세까지 혼자서 살아가야 된다. 여러분의 인생은 여러분이 책임져라. 내가 행복을 모르면 그것은 행복이 아니다. 나는 어디에서 왔을까? 허공을 돌아다니다가 어머니의 자궁 속으로 들어가 나로 태어났다. 나고 죽는 모양이 물과 같아서 생사가 없다. 죽음이 없는 거다. 화두 속으로, 경전 속으로, 무념 속으로, 모르는 삼매 속으로, 제행무상, 공성, 내 습관만 없어지면 저절로 드러나는 것이지 만드는 것이 아니다. 인생점수 60점만 만들어 이집 저집 태어났다 하는 일을 끊임없이 할 일이 아니다. 평생 애만 쓸 뿐이다. 법을 등불로 삼고 법을 의지하면 된다. 지혜는 공성이다. 왜 뜰 앞의 잣나무인가? 습관에서 백지로 돌아가야 한다. 과학문명이 지배하는 시대가 오면 행복한가? 정신문명이 다하면 인류는 멸할 것이다. 요즘 휴대폰에 빠진 '저두족(低頭族)'을 보게 된다. 물질문명이 100배의 행복을 주었는가? 마음수행을 평생을 해야 한다. 부지런히 애써 나갑시다.

● 혜국스님은 동곡당 일타스님의 제자로 해인사 장경각에서 10만배 발심 정진과 소지공양(燒指供養)을 올리고 태백산 도솔암에서 장좌불와 정진한 선지식이다. 성철·경봉·구산스님 등 당대의 내로라하는 선사들의 회상과 제방선원에서 수행정진에 진력해 왔다. 선원수좌회 외에도 전국선원장회의 의장, 충주 석종사 금봉선원, 제주 남국선원장 등을 맡고 있으며, 현재 충주 석종사에 주석하며 후학들을 제접하고 있다.

삼라만상은 하나 되어 있다

'행복바라미' 행사에 다녀오는 길이다. 행복을 어디에 잃어버리고 행복을 찾는가? 내가 오늘 행복을 확실하게 찾아드리겠다. 행복은 멀리 있는 것이 아니고 널려 있고, 지금 여기 있고 옆에 있다. 오늘은 특별한 날이다. 따지고 분별하고 하지 말고 꺼안고 하나되는 마음으로 살아야 할 시점이다. 정전이 아니고 종전이길 기대하면서….

조계사는 한국불교의 중심이고 본사이기 때문에 신도님들의 수준도 높고 높아야 한다. 천만 불자들의 본보기이기 때문이다. 정말 중요한 존재이고 함부로 하면 안 된다. 전국의 많은 사찰의 신도들이 보고 있다.

행복을 찾아드리는 이야기를 시작하겠다. 부처님오신날 슬로건이 "지혜와 자비로 세상을 밝게 그리고 아름답게"이다. 그러면 행복한 것이다. 지혜란 무엇인가? 사전적인 의미가 아닌 구체적으로 말하기가 힘든데, 오늘 확실하게 이야기하겠다. 지혜와 연결된 것이 자비이다. 이것은 하나의 수레바퀴처럼 돌아가야 한다.

팔만대장경에 '지혜'가 수없이 나온다. 다른 종교에서는 믿음만을 강조한다. 지혜롭게 살아야 한다. 무엇을 알아야 지혜롭다고 할까? 수십 년 살아도 불교를 잘 정리하지 못한다. 불교를 잘 정리하면 지혜로워진다. 무엇을 알아야 지혜로운 인간이 되는가? '존재하는 모든 것을 누가 만들었을까?'를 아는 것이 지혜롭게 사는 것이다. 누가 만들었고 누가 운영하는가?

부처님께서 나오시기 이전에 많은 신들이 있었는데 브라흐마신이 있었다. 그는 "삼라만상은 내가 만들었고 내가 운영한다."라고 하였다. 요즘도 그런 종교가 있다. 부처님이 히말라야산에서 연구하고 수행하여 깨달은 결과 '모든 것은 신이 만든 것이 아니다'이다. 존재하는 모든 것은 누가 만들었을까? 부처님은 폭탄선언을 한다. "모든 것은 신이 만든 것이 아니고 상호 연관관계, 의존관계, 협력관계 속에서

이루어졌지 신이 만든 것이 아니다" "신의 속박으로부터 벗어나라. 그리고 자유를 찾아서 정진의 길로 가라."

여러분은 누가 만들었나? "우리 부모님이…" 그 정도면 수준이 높은 것이다. 그런데 엉뚱하게도 '신이 만들었다'는 사람들이 있다. 무지의 소치이다. 부모님이 이런저런 행동으로 아무것도 없이 만들었다. 신이 들어갈 자리가 없다. 마음 하나 가지고 만나서 만들었다. 창조주는 신이 아니고 부모님이다. 부모님 제사는 미신이고 다른 나라 민족신은 미신이 아니고, 아직도 신이 있다고 믿고 돌아다니며 "예수찬양" 한다.

물론 신을 부정하지는 않는다. 그러나 누가 착한 신인가? 제석천, 염라대왕, 산신 등 때문에 전쟁을 했다는 이야기를 들어 보았는가? 지난 2000년간 피 터지게 전쟁하고 있는 사람들의 '신'은 누구인가? 그것이 옳다고 믿는 이유는 무엇인가? 총동문회장님의 창조주는 부모님인가 여호와인가? 밥 한 그릇 놓고 "이 음식이 어디서 왔는가? …도업을 이루고자…" 이렇게 외치며 많은 중생을 도와줘야지 하는데 이웃종교는 "일용할 양식을 주시고… 감사합니다." 하니 이게 말이 되나?

70억 인구가 협력하고 대지와 우주가 서로 협력해서 상관관계 속에서 입고, 먹고 사는 것이다. 아직도 신이 준다는 것이 옳은 것인가? 지혜가 없어서 그렇다. 물 한 그릇 주셨는데 물 한 모금 먹고 밥 한 번 먹고 옷 한 번 입고 사는 것이다. 이것을 확실하게 아는 것이 지혜로운 것이다. 지혜로운 사람은 연기의 법칙이 만든 것이지 신이 만든 것이 아니라는 것을 안다.

"존재하는 모든 것은 하나 되어 있다." 왜 그런 소리가 나왔을까?

모든 것은 연결되어 있다. 혼자서는 살 수 없는 것이다. 이것이 인연법이다. "너와 나는 하나로 되어 있다. 나는 너 때문에 살고 나는 너 때문에 산다." 이것이 있으므로 저것이 있고 저것이 있으므로 이것이 있다.

이것이 소멸하므로 저것이 소멸하고 저것이 소멸하므로 이것이 소멸한다.

물 한 모금에도 70억의 인구, 대지 우주가 동원된다. 다 협력해서 살아가고 있다. 그래서 이웃들에게 감사하고 살아야 한다. 감사하는 만큼 베풀고 살아야 한다, 물 한 모금에 감사하고 옷 하나에 감사하고 모든 것이 감사할 따름이다. 물론, 교회에 앉아 있는 사람들도 여러분에게 도움을 주었다. 그러므로 사탄이라고 하면 안 되고 그들에게도 감사해야 한다.

놓고 보니까 모두가 하나로 되어 있다. 그런데 왜 싸우며 살아야 하나? 유마거사의 경우를 예로 들어보자. 중생이 묻는다. "어디가 아프시죠?" "마음이 아프다." "왜 마음이 아프죠?" "중생이 아프기 때문이다."

여러분 모두 부처가 될 것이다. 내가 뭐 도와줄 것이 없을까 해야지 "니 아픈 것은 나와 상관없어." 하면 안 된다. 어디에 있든 상호관계 속에 있다. 그러므로 모든 것이 고마움뿐이다. 철저하게 남의 마음을 이해할 때 자비의 꽃이 피고 인간완성이 이루어진다. 이것을 성불했다고 한다. 인간완성, 성불의 길로 완전히 들어섰다.

이 정도로 불교를 정리해야 한다. 끝으로 '멍텅구리 노래'를 불러보겠다.

멍텅구리 노래

멍텅구리, 멍텅구리, 모두 모두가 멍텅구리
온 곳도 모르는 그 인간이 갈 곳을 어떻게 안단 말인가?
온 곳도 갈 곳도 모르는구나 그것도 저것도 멍텅구리~ 멍텅구리
올 때는 빈손으로 왔으면서 갈 때에 무엇을 가져갈까?
공연한 욕심을 부리는구나 그것도 저것도 멍텅구리~ 멍텅구리
백 년도 못사는 그 인생이 천만 년 죽지를 않을 것처럼
끝없는 걱정을 하는구나 그것도 저것도 멍텅구리~ 멍텅구리
세상에 학자라 하는 이들 동서에 모든 걸 안다하네
자기가 자기를 모르는구나 그것도 저것도 멍텅구리~ 멍텅구리
진공묘유 못 간 그 인생이 어떻게 영생을 어떻게 말하는가?
끝없는 윤회만 하는구나 그것도 저것도 멍텅구리~ 멍텅구리
멍텅구리 멍텅구리 모두 모두가 멍텅구리~ 멍텅구리

● 　자광스님은 경산스님을 은사로 사미계를 받고, 자운스님을 계사로 비구계를 받았다. 해인사승가대학을 거쳐 동국대 종비생 1기로 졸업하고, 1970년 군승 중위로 임관했다. 월남전 참전 후 3군 선봉사와 육군사관학교 호국선원을 창건했다. 1981년 육해공군 군승단장을 역임했으며, 1987년 대령으로 승진, 3군 군종참모와 국방부 군종실장을 끝으로 전역하기까지 25년 동안 군 포교에 매진했다. 2대 군종교구장을 역임한 자광스님은 2016년 6월 동국학원 이사장으로 선출됐다. 현재는 용인 반야선원에서 수행하고 있다.

부처님이 이 땅에 오신 참된 의미

'천재일우', '백천만겁난조우' 등 만나기 어려운 인연을 이야기한다. 부처님은 성인 중의 최고의 성인이고 가장 바르게 깨달으신 분이다. 부처님이 도솔천 내원궁에 계시다가 인도로 내려오신 깊은 뜻이 있는데, 그것이 여러 경전에서 설명하고 있다. 『법화경』에 여래께서 출연하신 깊은 뜻은 모든 중생이 바르게 깨닫도록, 중생에게 불지견을 내보이셨다고 하였다. 부처님을 알고 보는 능력을 불지견이라 한다. 쉽게 말하면 불성이다. 이것을 열고 보여주시고 깨달음에 들어가게 하기 위해 오셨다. 즉 개시오입(開示悟入), 부처님이 이 세상에 오신 네 가지 의미인 진리를 열고, 보여주고, 깨닫게 하고, 그 길에 들게 하는 것이다.

10주 10행, '신해행증(信解行證)' 첫째 부처님의 깨달음을 바르게 믿는 믿음, 둘째 모든 지혜를 이해하고, 셋째 믿고 이해하는 다음에 실행하려는 수행, 넷째 지혜를 증득하여 성불에 들어가는 것이다.

『화엄경』 「여래출현품」과 『범망경』에는 부처님이 이 땅에 오신 것이 8천번이나 된다 하였다. 화엄경, 대장경 등에 따르면 강의 모래보다 많은 출현이 있었다고 한다. 어느 때는 노사나불로 어느 때는 연등불로… 수없이 이 땅에 나투셨다는 것이 경전에 나온다.

인간은 오래 살아야 몇 십 년인데 이것은 번개불 번쩍한 순간과 같다. 그래서 모든 것이 제행무상이다. 시시각각 변천한다. 청춘이 어느새 백발이 된다. 이것으로 마감하는 것이다. 인간뿐만 아니라 모든 생명체는 똑같다. 불교의 근본적인 이념을 나타내는 삼법인(三法印)이 있다. 첫 번째가 제행무상(諸行無常)이다. 아까 시간은 이미 과거로 갔다. 현재도 찰나이다. 물도 흐르고 있다. 사람의 의식도 흐르고 있다. 그래서 희로애락이 의식류와 같이 시시각각 변한다. 그런 것이 제행무상이다. 봄, 여름 가을 겨울….

두 번째는 제법무아(諸法無我)이다. 성인은 무아의 진리를 깨달은 것이다. 공자, 노자 등 모두 무아를 깨달았다. 모든 법은 나라고 할 만한 게 없다. '나'는 아집성이 강하다. 물은 액체인데 차가우면 얼음으로 단단해진다. 본래 인간은 선한데 아집이 강해지면 자기는 중요하고 다른 사람은 그렇지 않다고 한다. 그것은 무아를 몰라서 그렇다. 너 나 가족 동포 등이 있지만 '만물이 동체'라고 한다. 무아를 모르기 때문에 그런 것을 생각하지 못한다. 소승불교에서 제일 먼저 제행무상을 설명하는 것은 제법무아를 설명하려고 하는 것이다

세 번째는 열반적정(涅槃寂靜)이다. 인도어로 니르바나라고 하는데 불지견, 본래의 마음자리가 생사윤회에서 벗어난 것, 열반이다. 원적, 원만하고 고요하다. 적조, 고요하게 비친다. 해탈 등으로 불리기도 한다. 부처님께서는 고뇌를 제거하기 위해서 8만4천 법문을 하셨는데,

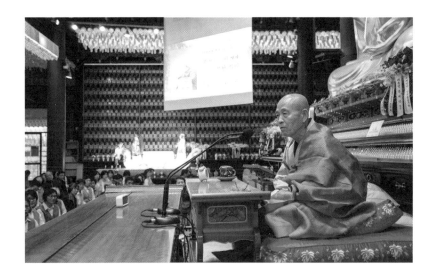

탐진치가 다 아집에서 생긴다는 것이다. 그것 때문에 고통이 있다. 그것을 제거하기 위하여 법문을 하셨다. 이것이 '삼법인'이다.

부처님께서는 생사윤회에서 벗어나게 하기 위하여 이 땅에 오신 것이다.

『법화경』에서 불지견을 내보이셔서 깨닫게 하셨다. 『범망경』에도 팔만사천 이상의 법문을 하셨다고 한다. 기록으로는 잘 모르지만, 나옹스님도 석가여래부처님의 화신으로 나투셨고, 진묵대사로도 나오셨다는 것이다. 우리가 알게 모르게 수백 번 수천 번 이 땅에 오셨다. 팔만사천 법문을 알고 공부하고 깨닫는 목표가 '이고득락'이다. 고통에서 벗어나 즐거움을 얻기 위한 것이다. 이 세계는 사바세계, 고통이 많은 세계이다. 그래서 고통을 견디고 수행할 수 있는 계정혜의 원력을 가지고 능히 참고 인내하고 헤쳐나갈 수 있다.

고통이 많은 사바세계, 고통이 없는 극락세계, 노사나불의 화장세계가 있지만 사바세계의 중생을 위해서 이 땅에 오셨다. 부처님은 500 대원을, 아미타불은 48대원을 세우셨다. 보통 성자는 4대원, 사홍서원을 세운다. 그런데 부처님은 500대원을 세운 것이다. 석가모니의 '석가'는 능인, 유능하고 인자하다. 즉 자비와 지혜가 석가이다. '모니'는 적묵, '고요하고 침묵하다'이다. 『천수경』은 '정구업진언'을 제일 먼저 한다. 독경 전에 제일 먼저 하는 것이 정구업진언인데 이것이 '적묵'이다. 마음을 먼저 비우고 지극히 고요하게 하는 것이 '적묵'이다. 선방에서는 말이 없이 '죽비'를 친다. 마음이 비워지고 고요하면 한없이 안락에 든다. 그것이 극락이다. 쓸데없는 말을 하는 것이 '업'을 짓는 것이다.

'아미타'는 무량수 시간, 무량광 공간이다. 여러 부처님이 다 여러 불국토에 있는데 석가모니 부처님께서 제일 어려운 '오탁악세'에서 성불하셨다. 석가모니께서 광장설을 내서 믿기 어려운 설을 하시는데 삼천대천세계를 덮으며 설법을 하셨다.

불교도 첫째는 '믿음'이다. 그리고 '신해행증'인데 타 종교는 믿음을 강조한다. 불교의 경전은 '여시아문'으로 시작하는 것은 믿음을 가지고 하는 것이다. 믿지 않으면 불안하다. 땅이 꺼질까? 하늘이 무너질까? 하는데 믿음이 얼마나 편안함을 주는지 모른다. 천상에서도 윤회를 한다. 윤회를 벗어나야 '불지견을 가지고 성불을 하는 것이다. 불교는 착한 일을 하고 나쁜 일을 하지 말라고 가르친다. 5계 10계 등 계율을 보면 '지악작선(止惡作善)'이다. 선정과 지혜로 보면 '전미개오(轉迷開悟)'이다. 마음을 열어 깨닫는 것, 이고득락이 최고이다. 목적은 이고득락이다. 현세의 극락이 최고다. 죽어서 가는 것은 그 다음이다. 이고득락을 시키기 위해서 부처님이 이 땅에 오셨다. 고행은 몸과 마음을 단련시키는 훈련 기간에 필요한 것이고, 부처님은 6년 고행을 하셨는데 성불하신 후에는 "고행은 도가 아니다. 고행도 안락을 얻고 자 한 것이지 목적은 아니다."라고 하셨다. 고행의 진짜 목적은 이고 득락이다. 고통을 일부러 사서 할 필요는 없다. 삼법인, 사성제, 6바라 밀 등 모든 수행의 목적은 결국 '이고득락'인 것이다.

극락은 안락국 안양국 등으로 불리는데 안락한 세계에서는 성불 을 잘할 수 있기 때문이다. 말세중생이 고통에서 벗어나려면 염불을 해서 극락에 가야 한다. 나와 인연이 있는 사람, 친구 동료 등 모두 안락에 들게 하는 아미타가 되면 된다.

「입법계품」은 선재동자가 문수보살의 말을 듣고 발심해서 53선지식 을 찾아가 법을 구하고 성불하는 내용이다. 염불삼매로 성불하는 이 가 많았고 문수보살은 마음 본체를, 보현보살은 마음의 작용을 가리 킨다. 「입법계품」 보현행원품에 극락세계에 대한 법문을 많이 했다. 선 재동자가 구법여행을 할 때 부처님은 사위성 기수급고독원에 계셨다. 그런데 왜 살아계신 부처님께 법을 듣지 않고 53선지식에게 고생을 하며 찾아가 깨달음을 얻고자 하였을까. 제가 보기에 우리 말세 중생 을 위해 『화엄경』 「입법계품」의 보현보살과 문수보살, 선재동자가 등장 한 것이라고 생각한다. "말세 중생은 부처님을 만나기 어려우니 부처 님의 대행자들, 즉 제자 선지식 등을 찾아가서 법문을 듣고 수행을 하 면 된다."라고 해서 『화엄경』 「입법계품」에 53선지식이 등장한 것이다.

지극한 마음으로 간절한 마음으로 본래의 마음은 비고 밝은 것이 다. 무량수(無量壽) 무량광(無量光)이다. 무량수 무량광의 깊은 뜻이 반 야심경의 불생불멸(不生不滅)이요, 불생불멸이 바로 무량수 무량광이다. 아미타불이 부처님 중의 부처님이다. 부처님이 스승이라고 하는 것을 저는 진묵대사의 문집과 조주스님 어록에서 보았다. 중국에는 3조 승찬대사의 『신심명』과 조주스님으로부터 많은 공안이 나왔다.

조주스님은 남전보원 스님의 제자이다. 어느 날 조주스님의 제자가 조주스님에게 물었다. "부처님 중의 부처님은 누구이고 최고의 부처님은 누구입니까?" "아미타불이니라." "여러 부처님 중의 최고는 누구입니까?" "아미타불이니라."

『조주록』에 나오는 내용이다. 조주스님 같은 선지식이 그렇게 말씀하셨다. 아미타불처럼 좋은 세계, 극락인 곳이 없다. 아미타불을 믿고 선지식에게 법문을 듣고 "아미타불! 아미타불!" 하면 성불한다. 아미타불 염송이 이고득락을 얻는 데 최고이다. 신해행증에 믿음이 최고이다. 믿음은 도의 근원이고 깨달음의 어머니이다. 살면서 세파가 없을 수 없다. 아미타불에 의지하라. 80세에 스님이 되어 젊어서 스님이 된 분을 따라 잡으려고 절벽에서 "백타불! 만타불!" 염송을 하고 뚝 떨어졌는데 연꽃이 올라와서 받아 극락왕생 했다는 법문이 있다. 믿음이 지극하여 성불하게 된 것이다. '이고득락' 발원하시고 지극한 마음으로 "아미타불! 아미타불!" 자나깨나 염불하세요.

● 각성스님은 1938년 전남 장성 한학자 집안에서 태어나 여덟 살부터 한학을 배웠다. 18세인 1955년 해인사 백련암에서 도원스님을 은사로 출가했다. 탄허·운허·관응 등 당대 선지식들로부터 경학을 익혔다. 백양사와 은해사 불교전문강원 강주를 역임하고 지금은 부산 화엄사에서 후학을 양성하고 있다. 강해 저서로 『능가경』, 『능엄경』, 『구사론』, 『대승기신론』 등이 있다.

알고 하는 불공 드리기

조계사불교대학을 졸업한 여러분은 조계사만의 신도가 아니라 전국을 대표하는 신도다. 나는 불공을 우리말로 하기 전도사이다. 이렇게 알릴 수 있는 기회를 주어서 감사하다. 왜 염불을 우리말로 해야 하는가?

부처님 재세 시는 모든 것을 얻어먹었다. 탁발이다. 탁발에도 법도가 있다. 차례로 분별없이 일곱 집을 돌았다. 『능엄경』에 보면 창녀촌 포주인 마등가의 딸이 아난존자에 반하여 공양청을 하는 부분이 초입에 나온다. 부처님 당시엔 탁발뿐 아니라 공양청을 하기도 했다.

역사상 부처님 일행께 올렸던 상황을 보면, 부처님 초청 시, 집 안팎을 잘 청소하고, 몸과 마음을 정갈하게 하고, 부처님과 승단에 초청장을 내고, 부처님 일행이 집안으로 오시면 자리를 내어 앉으시게 하고, 공양을 권하여 드시게 했다. 자신이 얼마나 부처님을 존경하는지를 찬양하여 아뢰고, 그 끝에 세상살이의 고민도 여쭈어 도와주실

것을 축원 올린다. 그러면 부처님께서는 모인 대중들에게 윤회고를 벗어나 열반락으로 향하는 가르침을 설해주신다. 불자들은 부처님의 말씀을 들으러 왔다. 자신의 얘기를 하면 안 된다. 경전이 한글로 번역되면 계급장 뗀 것이다. 경전을 읽어서 경전 속에 있는 부처님 말씀을 스님들이 열심히 공부해서 전해야 한다.

따라서 첫째, 법회의 중심에는 '부처님'과 '부처님의 가르침'이 있어야 한다. 우리에게 필요한 것은 세간의 지식이나 법사의 신변잡기가 아니다. 둘째, 법회 속에는 부처님께 예배하고, 공양하고, 참회하고, 서원하고, 불법을 배워 익히고, 수희 찬탄하는 등 대승 보살의 행원(行願)이 유기적으로 총괄되어야 한다. 설법전이나 법당은 학교의 불교학이나 철학 강의실이 아니다. 셋째, 법회의 내용을 알아들을 수 있게 했으면 좋겠다. 말이나 문자 기호가 진리 그 자체는 아니지만,

그렇다고 그것을 대신할 만큼 정교한 소통의 매체도 그리 많지 않은 줄 안다. 따라서 소통하는 불공을 드리자. 법회 시 부처님의 말씀을 전하자. 몸으로 느낀 수행의 내용을 전하자. 마음의 변화가 와서 신구의 삼업의 변화가 와야 한다. 끝으로 법문을 들은 대중들은 수행할 것을 발원하며 부처님 일행을 배송한다. "또 오십시오."

종두는 금고를 5번 쳐서 법회의 시작을 알린다.

[제1부 불공] ①결계 => ②청영 => ③권공=> ④정근 => ⑤축원 => ⑥퇴공

천수경을 왜 읽는가? 결계다. 도량결계, 한 식구가 되어 부처님께 공양을 올리는 선언을 하는 것이다. 어디까지 해야 하는가? 천수다라니까지 한다.

1) 결계(結界) : 시방 삼세에 두루 하신 삼보께 절을 올린 다음, '다라니신주'를 받아 외워[受持讀誦] 도량을 청정하게 하고 참회하여 불공할 준비를 하는 대목. 크게 '예경삼보'와 '송주'로 구성된다.

2) 청영(請迎) : 삼보를 법회에 청하고, 자리를 권하여 앉으시도록 하는 대목. 『삼화일용집』에 의하면, [거불], [소청], [유치], [헌좌], [다게] 순으로 배열했다.

3) 권공(勸供) : 삼보님께 공양을 권하는 대목. 종두는 마지를 올리고 덮개를 연다. 이어서 종두는 금고를 치는데, 앞에서 5번 쳤으니 여기서는 3번 올렸다 내리고 마무리로 5번 친다. 법당에 들어올 때는 부처님이 살아 계시는 것처럼 들어와야 한다.

4) 정근(精勤) : 부처님이나 보살의 명호를 염송, 탄백(嘆白) : 부처님

의 공덕을 찬탄한다.

5) 축원(祝願) : 삼보께 대중들의 소원을 고하여 가피해 주시기를 비는 대목. 개별 축원은 단독 불공 때에 하고, 법회에서는 공동 축원을 권장함한다.

6) 퇴공(推供) : 상단의 공양물을 중단에 내물려 신중님께 권하는 대목. 본 의례집에서는 [퇴공], [다게], [예참], [진언권공 : '우리말 반야심경'으로 대체]로 축약했다. 진공(進供) : 상단의 공양구를 신중단으로 물림, 다게(茶偈) : 공양을 권하는 게송, 예참(禮懺) : 절하며 참회하고 공양을 권함, 진언권공(眞言勸供) : 진언으로 가지하여 공양을 권함, 반야심경(般若心經) [대중동음-목탁-송주성]

부처님께는 [서원]을 화엄성중께는 세속적인 기도를 드려도 된다. 화엄성중~~~약속 들어줘~……

[제2부 청법] ①가찬 => ②설법 => ③발원

1) 가찬(歌讚) : 부처님의 공덕을 찬탄하고, 부처님의 가르침을 청하는 대목. 절기나 당일 법회의 형편에 맞추어 찬불 가곡집에서 1~2곡을 택하여 우선 부처님의 공덕을 노래한다.

2) 설법(說法) : 설법이란 삼보 중의 법보인 경전에 의지하여 법사가 부처님을 대신하여 불교의 진리를 청중에게 설법하는 종교행사이다. 청법(請法), 설법을 청함. 설법(說法), 불조의 말씀을 법사가 대신 전함. 수경(收經), 경을 걷는다. 법을 청해 들은 뒤 저마다의 심정을 고백하고 다짐하며, '개경게'를 하면서 송경하기 위해 열었던 경전을 덮어 갈무리 하는 대목

3) 발원(發願) : 법회를 마치며 삼보의 가르침을 받들겠다고 발원하

는 대목

사홍서원(四弘誓願) : 네 가지 큰 서원 [대중동음-반주-합장]

[제3부 시식]

시식(施食) : 돌아가신 분을 위한 일종의 불교식 제사이다. 상단의 각종 불공이나 또는 중단의 신중예공처럼 하단에서도 그에 상당하는 격식이 있다. 『삼화일용집』에 의하면 [거불], [청혼], [고혼청], [헌좌], [헌식], [봉송], [전송] 등의 절차로 소개한다. 격식 있는 시식은 각 가족 단위로 올릴 것을 권하고, 본 의례집에서는 위패단을 향해 광명진언(光明眞言)이나 무상계 중 하나를 염송하는 것으로 그 정신을 기린다. 무상계는 존칭을 쓰지 않는다. 부처님이 하듯이 한다.

맥주를 사 가지고 가다가 할머니에게 걸려서 다 쏟았다. 할머니께서 "똑바로 가라!" 하셨다. 아! 똑바로 가야지… 신앙의 중심을 잡아야 한다. 부처님 말씀에 따라야 한다. 우리말로 하자. 지나가다가 듣고 가슴이 탁 걸릴 수가 있다. 신앙의 중심은 법신신앙이다. 영원한 부처님! 모든 의식이 법신, 태어나지도 않고 죽지도 않고 형상도 없고 만져지지도 않는 '본래부터 그 자리'다.

● 신규탁 교수는 1994년 동경대학 중국철학과에서 문학박사 학위를 받고 연세대 철학과 교수로 부임하였다. 불교평론 학술상과 연세대 공헌교수상을 받기도 했다. 『선사들이 가려는 세상』, 『화엄의 법성철학』, 『때 묻은 옷을 걸치며』, 『한국 근현대 불교사상 탐구』, 『규봉 종밀과 법성교학』 등의 저서와 『벽암록』, 『선과 문학』, 『원각경』, 『화엄과 선』, 『선문수경』, 『원각경·현담』 등의 번역서를 냈다. 연세대 문과대학 철학과 교수로 재직중이다.

우리 모두 선지식이 되자

조계사불교대학 총동문회 창립 12주년을 진심으로 축하드린다. 앞으로 지금보다 더 나은 신행생활로 더욱 발전이 되기를 진심으로 기원한다.

저는 오늘, '우리 모두가 선지식이 되자'는 주제로 이야기를 해보고 자 한다. 우리가 일상생활에서 어디를 가든 운전을 하게 되면 대부분 내비게이션이라는 기계를 사용한다. 제가 광장동에서 승가대까지 출근을 하게 되는데 그 시간이 대단히 혼잡할 시간이다. 그런데 운전하는 친구가 차에 부착된 내비게이션을 쓰지 않고, 'T-map'으로 안내를 받았다. 승가대는 분명히 김포로 서쪽에 있는데 T-map은 저 동해안 쪽으로 안내를 하는 것이다. 그런데 안내대로 따라 갔더니, 정말 9시 전에 승가대에 도착하여 매우 놀란 적이 있다. 나도 옛날 사람이구나. 우리가 상식적으로 생각한 대로 왔으면 2~3시간이 걸렸을 것이다.

어디로 가면 빠르게 갈까? 이걸 보면서 우리 인생도 누군가가 그와 같이 이 길로 가면 행복으로 빠르게 갈 수 있다고 가르쳐 준다면 얼마나 좋을까? 길을 안내하고 목적지에 도달할 수 있도록 하는 사람이 있다면, 그것을 알려 준다면 그 사람은 선지식이다.

앞으로는 인공지능, 인공로봇 등이 나와서 우리가 안고 있는 고민, 번민, 답답함을 풀어 주는 날이 올지도 모른다. 그러나 아무리 인공지능이 발달하고 인공로봇이 나온다 하더라도 중생이 가지고 있는 복잡다단한 해답을 풀어주지는 못할 것이다.

지금부터 약 40여년 전, 출가는 했지만, 내가 어떤 곳으로 나아갈 것인지에 대해 많은 고민을 하였다. 선방으로 가서 공부를 열심히 할 것인가? 강원에서 열심히 경학을 공부해서 강사가 될 것인가? 그렇지 않으면 다른 공부를 해서 부처님 포교사업을 할 것인가? 어떻게

살 것인가? 고민이 많았다. 그해 여름날 수많은 고민을 하다 오대산 월정사로 가서 기도를 하겠다고 마음을 먹었다. 거기서 1주일 기도를 하고 내려 올 때 그 청량감은 말로 표현할 수 없었다. 그때 내가 나아 갈 방향에 대하여 고민하고 묵언수행을 하면서 기도했다. 한 보름쯤 기도를 한 후 계속 원인 모르는 눈물이 나오며, 인생은 더 살아도 의 미가 없다는 생각에 계속 울었다. 그때 전남에 계시는 동성스님이 중 대에 오셨는데 스님에게 "기도를 해도 소용이 없고 살고 싶지도 않고 수행도 안 됩니다."라고 말씀을 드렸더니, 스님이 "비마에 걸렸다." 하 시는데 순간 천 년의 어둠이 불을 켜는 듯 싹 없어졌다. 그 기도를 마 치고 내려오니 얼마나 환희심이 나는지 몰랐다. 기도는 열심히 했는 데 지금 생각을 해보면, 기도는 신도님을 위한 것이 아니고 나를 위한 기도였다. 그때 감동을 지금도 잊을 수 없다.

저는 지금 그 기도의 감동을 이야기하려는 게 아니고 그 시기에 나타났던 동성스님이 대단한 선지식이라고 생각했다. 특별하게 뭘 가 르쳐 주지도 않았다. 한마디로 딱! "비마다." 오늘날 우리가 비마에 걸리면 죽을지도 모른다. 히죽히죽 웃고 다니고… 동성스님은 옷도 깨끗하지도 않고 꾸깃꾸깃하게 하고 계시는데 "비마에 걸렸다."고 하 시는데 놀라지 않을 수 있겠는가. 선지식은 우리가 간절함만 있다면 도처에 있다. 그런데 우리가 잘 보지를 못한다. 그것은 우리가 오만심 과 자만심이 많아서 그렇다.

2007년도에 천안 보명사 주지를 몇 년 한 적이 있다. 거기에 신이 내렸다고 하여 유명해진 무속인 스님이 있었다. 전국 각지에서 신도 들이 몰려왔다. 신기가 충천할 때는 염력으로 만 원짜리를 도르르 말리게 하기도 하고… 족집게 찍어내듯 하니까 얼마나 번성했겠나. 그러나 신기가 소진된 후 결국 잘못된 길로 갔다. 제2, 제3금융권에서 경매에 넘어가고 해서 그때 그 절을 인수하게 되었다. 현재는 대구 동화사의 말사로 등록되어 정법을 펼치고 있다.

어떻게 하면 이전의 사찰 이미지를 바꿀 수 있을까? 고민에 고민을 거듭한 끝에 처음으로 53선지식 법회를 했다. 한 달에 두 번씩 했다. 지금도 BTN에 방영되고 자료가 남아 있다. 제가 지금 33번째 선지식으로 초청이 되었다니 대단히 영광스러운 일인데, 그때 총무원장 지관스님을 제일 먼저 모신 후 다양한 직업과 신분을 가진, 그 분야에서 유명한 사람들을 모셨다. 이시형 박사, 신재용 한의사, 탤런트 강부자, 개그맨 백남봉, 소설가 한승훈 등 많은 분들을 모셨다. 황창연 스타 신부를 모셔 와서 법사로서 예를 갖추기도 했다. 소설가 김홍신 씨도 오셨고, 유명한 사진작가 김중만 씨도 오시는 등 정말 다양한 분야의 53선지식이 법사로 나오셨다. 덕분에 그 시골마을 노보살님까지 법사님들이 어떤 사람들인지 알게 될 정도로 수준이 높아졌다. 그렇게 12년 전에 53선지식 법회를 치렀던 사람으로서, 조계사불교대학 총동문회의 53선지식 법회가 정말 잘하고 있구나, 또 잘 되길 바라는 마음으로 관심을 갖고 있다.

사실 저는 불교용어 중 '선지식'이라는 말을 가장 좋아한다. 선지식은 스승이라는 의미도 있고 지도자라는 의미도 있지만, 선지식의 참뜻은 진정한 친구이다. 나를 알고 있음이다. 나를 진리의 세계로 이끄는 친구, 나를 바르게 살게 조언하는 친구, 그래서 선우, 진선우라고 한다. 그런데 세상에는 나를 알아주는 사람이 그렇게 많진 않다.

내가 힘들고 진정 어려울 때 나를 알아주는 사람이 있나? 없다. 남편도, 자식도… 없다. 세상 사람들이 나를 비난하고, 나쁘다고 하고, 돌팔매를 치더라도 누군가 나를 진심으로 알아주는 사람이 있다면 얼마나 좋을까. 하지만 진실로 내 마음을 알아주는 진정한 선지식은 없다. 그래서 문득 내가 너무 빨리 왔나? 56억7천만년 후에 미륵부처님과 함께 왔다면 내 마음을 알아주는 사람이 많았을 텐데…하고 생각해 본다. 그런데 문제는 정말 슬프거나 외로울 때 이렇게 내 마음을 알아주는 사람이 그렇게 없는데, 나는 누구의 마음을 알기 위해서, 누구의 사정을 알기 위해서 귀를 기울이고 관심과 자비심을 가지고 불쌍히 여기며 정말 나는 누구에게 선지식이 되고자 한 적이 있는지? 누군가 나를 알아주기를 기대하고 간절히 바라듯이, 누군가를 진정하게 알아주려고 한 적이 있는지? 정말 누군가를 위해서 관심을 갖게 되고 누군가에게 마음을 알아주고 한 적이 있는지 되돌아보았으면 한다.

선지식은 어떤 분인가 하면 『화엄경』 「입법계품」에 나온 53선지식 나온다. 비구 선지식, 비구니, 보살, 천용팔부, 권력자, 부자 등 수 없는 선지식이 있다. 심지어는 몸을 파는 여인까지도 있다. 이것은 무엇을 말하는가? 결국 선지식은 외형적으로 겉으로 여러 가지를 드러나는 거룩해 보이는 그런 분만이 선지식이 아니고 우리가 잘 모르지만 그 분야에서 일가를 이룬 분들이 선지식이다. 정말 진정으로 돌아보면 우리 사회에는 선지식이 많다

4분율에 보면 선지식의 조건이 있다.

1) 주기 어려운 것을 네게 주는 사람이 나에게 선지식이다.

2) 하기 어려운 것을 먼저 하는 사람이 선지식이다.

3) 참기 어려운 것을 기꺼이 참아내는 사람이 선지식이다.

4) 비밀스러운 그 사람 이야기를 잘 들어 주는 사람이 선지식이다.

5) 잘못을 듣고 감추어 주는 사람이 선지식이다.

6) 어려움이 처했을 때 등 돌리지 않는 사람이 선지식이다.

7) 가난하고 몰락했는데도 불구하고 늘 감싸주는 사람이 선지식이다.

안도현 시인의 시 한 편을 보자.

너에게 묻는다

연탄재 함부로 발로 차지 마라. 너는 누구에게 한번이라도 뜨거운 사람이었느냐.

자신의 몸뚱아리를 다 태우며 뜨끈뜨끈한 아랫목을 만들었던 저 연탄재를 누가 발로 함부로 찰 수 있는가?

자신의 목숨을 다 버리고 이제 하얀 껍데기만 남아 있는 저 연탄재를 누가 함부로 발길질할 수 있는가?

우리가 한번이라도 뜨거웠던 적이 있는가? 우리가 누군가를 진정으로 알아주기 위해서 화합한 적이 있는가? 그래서 저도 앞으로 '선지식 운동'을 벌이려고 한다. 이 '선지식 운동'이야말로 부처님 법이 제대로 이 땅에 뿌리를 내리고 줄기와 잎, 나중에 꽃과 열매를 맺게 하지 않겠는가? 선지식을 어떻게 만날까? 선지식을 모시든지, 내가 찾아가든지 해야 한다. 단, 선지시은 보리심을 내고 아만심이 없어야 한다. 아만심이 있고 상대를 존경하지 않으면 모실 수 없다. 선지식을 찾아본다는 것은 보다 인생을 진지하게 사는 것이다. 보다 참된 길을 찾고자 하는 자세가 된 것이다. 절에 다니는 분들께서도 아만이 가득한 분이 많으시다. 우리 조계사 신도분들은 오늘 보니까 역시 대단히 세련된 것 같다. 발원문 하는 것도 그렇고 말씀하시는 것도 굉장히 세련되게 하고 연설도 너무 잘하셔서 깜짝 놀랐다. 그래서 보면 조계사 신도들은 선지식을 통하여 배우려고 하는 자세가 되어 있다.

천태 지의선사가 지은 『마하지관』을 보면 선지식은 그 역할에 따라 세 종류로 분류했는데 세 선지식이 있어야 무엇을 이룰 수 있다는 것이다.

첫째 외호(外護) 선지식은 수행자를 보호하여 불편함 없이 안온하게 수도케 하는 것이다(指從外護育 使能安穩修道). 많은 선지식을 기르려면, 여러분이 외호 선지식이 되어야 한다. 저는 승가대 총장이지만, 학식이 높지 않고, 40여년 전에는 어떤 마음인지 모른다. 열정적으로 앞장섰지만, 지금은 걱정이 많다. 조선왕조 500년 탄압, 일제강점기를 거치고, 비구 대혼란으로 스님들을 교육시키기 어려웠다. 그 당시 승가대학은 어려움 속에서도 약 2,000여 명의 동문을 배출했고, 동문들이 종단의 주요 분야에서 포교, 사회복지, 문화행사, 종무행정 등 많은 참여를 하고 있다. 20여 년 전에는 1년에 약 5~600명이 출가를 했다. 2017년에는 약 150명, 2018년에는 100여 명 정도이다. 이것은 중앙승가대의 위기가 아니고 대한불교조계종의 위기이기도 하다. 한국불교가 진정으로 위기 속에 있다. 왜 그러한가? 조선시대 『경국대전』에 보면 출가 조건이 천민 150필, 평민 100필, 양반 50

필을 내는 것이었다. 그만큼 출가가 어려웠으나, 조선조 성종 때 출가한 승려가 약 10만이 되었다. 요즘과 인구비례로 보면 대단한 것이다. 그 당시 유림 사대부와 정치권력이 출가를 막았음에도 불구하고 출가를 많이 했다. 그런데 요즈음은 100여 명에 불과하다. 내년에는 얼마나 올지 모른다. 한 분 한 분 스님이 참 소중하다. 유럽에서는 성당이 관광 상품으로 뼈만 남는 것처럼, 한국불교도 그렇게 되지 않을까 걱정이 크다. 조계종에 약 13,000명 정도의 스님이 있다. 다른 종단을 다 포함해도 스님 수는 많지 않다. 어쩌면 미래엔 부처님의 법등이 끊어질지 모른다. 그래서 외호 선지식이 필요한 것이다.

둘째 동행(同行)으로 선지식은 수행에 관하여 서로 독려하는 것이다(指行動與共, 相互策勵).

부처님 말씀이 "도반을 잘 만나면 공부를 다 한 것이다."라고 하셨다. 동행(도반) 선지식을 잘 만나야 한다. 동행 선지식을 잘못 만나면 잘못된 길로 갈 수 있다. 잘 만나면 조계사로 오고, 조계사 법당으로 오고, 이렇게 53선지식 법회에 오게 된다. 우리가 동행만 잘해줘도 선지식이다

셋째 교수(敎授)로 선지식은 빼어난 방법으로 가르침을 나누는 것이다(指善巧說法). 바른길로 인도하는 '교수 선지식'이다. 교수 선지식이야말로 생사의 어두운 길을 올바른 길로 가게 한다. 아무리 인공지능이 발달해도 정말 진정으로 우리는 바른길로 인도할 수 있는 교수 선지식이 필요하다. 교수 선지식이 많아야 한다. 그러려면 공부를 정말 열심히 하는 스님들을 키워내야 한다. 세계적인 현상인 탈권위, 탈종교화하는 시대에 살기에 어떤 분이 되었던 출가한 스님, 한 분 한

분이 다 소중하다. 그런 의미에서 중앙승가대는 정말 소중하다. 자칫 하다가는 내가 당대에 제가 원력으로 세웠던 학교가 학교 문을 닫지 않을까 걱정된다. 그래서 출가한 스님들이 많이 나와 어려운 국면에 처하지 않게 해야 한다. 승가대에는 박사를 2~30명을 길러냈고, 현재 석사 약 25명 박사 약 15명 등 100여 명이 공부하고 있다. 진정으로 관심을 가져서 여러분들이 외호 선지식이 되어야 한다.

선지식이 되려면 외호 선지식, 동행 선지식, 교수 선지식, 셋이 하나로 어우러질 때 한 선지식을 길러낼 수 있다. 내가 누군가에게 선지식이 되는 운동! 새로운 미래의 선지식을 키우는 일에 우리가 모두 열과 성을 다해서 적극적으로 노력해 주시기 바란다. 그래서 우리 모두가, 우리 공동체가 한국불교의 미래에 희망이 있고, 우리 삶이 더욱 더 윤택해지고 우리의 삶이 더욱 더 행복지길 바란다.

뭇 중생을 이익과 안락을 위해서 노력하는 그런 선지식이 많이 배출되고 그런 선지식에게 많은 가르침을 받고, 내가 누군가에게 선지식이 되도록, 내가 누군가에게 내 존재가 부담이 되지 않고 내 존재 자체가 선물이 될 수 있도록, 내 존재 자체가 선지식이 될 수 있도록 여러분 우리 모두가 선지식이 되었으면 하는 마음 간절하다.

● 　성문스님은 1970년 대구 파계사에서 고송스님을 은사로 출가했으며, 서울 봉은사와 대구 동화사 주지, 교구본사주지협의회 회장과 중앙승가대 4～6대 총동문회장, 10대·11대·12대·16대 조계종 종회의원을 역임했고, 조계종 중앙종회 의장, 7대 중앙승가대 총장을 역임하였다.

우리는 어떻게 만나야 하는가?

2014년 늦가을 무렵 조계사 대웅전 이 자리에서 강연한 적이 있다. 집안의 2대독자로 어려서부터 불심이 깊었던 할머니와 지내면서 매일 아침 반야심경 소리를 듣고 잠을 깬 인연이 있어 두 번이나 강연하게 된 것 아닌가 생각한다. 제가 아직 지혜가 부족하여 선지식의 위치에 있지는 않지만 진료실에서 만났던 사람들과 개인적 경험에서 얻은 지식을 전하고자 한다. 나이가 들어가면서 갈수록 외로워지고 가족과도 소원해지기 쉬운 요즘 어떻게 하면 행복한 삶을 살 수 있을까 하는 차원에서 말씀드리고자 한다.

사람이 살아가면서 필요한 것이 세 가지 있다. 사람과 공간, 시간이다. 이 세 가지가 충족된 삶을 살고 있다면 더 이상 욕심 낼 것이 없다고 생각한다.

사람 이야기를 먼저 해도록 하겠다. '나는 어떤 사람일까? 나는 어떤 사람을 만나고 싶은가? 나는 어떤 사람을 만나고 있을까? 나는 그를 어떻게 만나야 할까?'에 대해서 생각해 보길 바란다. 현대인의 삶을 관통하는 정서에는 불안과 화가 있다. 불안은 무엇을 잃을까? 끝내 얻지 못할까? 하는 마음이고, 화는 표면적인 화와 불안에 잠복한 이면적인 화를 말한다. 둘다 좋은 것은 아니기 때문에 정도껏 해야 한다.

우리 현대인들은 안타깝게도 불안과 화가 너무 많아서 불행하고 질병에 가까운 삶을 사는 것 같다.

부모가 돌아가시면 재산이 없는 집은 나눌 것이 없으니 싸우지 않는다. 그러나 형제가 많은 집에서는 형제 간 잘되고 못 되고에 따라 들어오는 조의금이 다르니 정산하면서 다투는 것을 많이 봐왔다.

사람과의 관계는 인(仁)으로 표현되는데 인(仁)은 한자 그대로 두 사람과의 관계를 표현하고 있다. 불교에서는 자비를 말할 때 상대의 가치를 먼저 생각한다. 그러나 거래에 밝은 중국 사람들은 인(仁)이란 글자에서 보듯 상대에 대한 배려와 동시에 나에 대한 배려도 함께 쓰는 것을 볼 수 있다. 두 사람의 관계가 원만하려면 냉정한 중국식 관점보다 부처님의 가르침을 따르는 불제자로서는 지혜와 자비가 함께 고려되는 관계가 바람직하다고 생각한다.

공자(孔子)의 저서인 『논어(論語)』의 「위정(爲政)」편에 이런 말이 나온다.

자왈(子曰)
오십유오이지우학(吾十有五而志于學)
삼십이립(三十而立)하고 사십이불혹(四十而不惑)하고

오십이지천명(五十而知天命)하고 육십이이순(六十而耳順)하고
칠십이종심소욕(七十而從心所欲)하되 불유구(不踰矩)라.

공자가 말하기를, 나는 15세에 학문에 뜻을 두었고, 30에 스스
로 뜻을 세웠고, 40에 유혹에 넘어가지 아니했다, 50에 천명을
알았고, 60에 귀가 순해졌고, 70에 마음이 하고 싶은 바를 따르
더라도 법도에 어긋나지 않았다.

여기서 말하는 60의 이순(耳順)은 감언이설에 약해지지 않고 진실
하게 귀 기울여 들었다는 뜻이다. 보통 우리 사람들은 나이가 들수
록 좋은 말만 들으려고 한다. 듣기 좋은 남의 말만 귀담아 듣고 진실
한 말에 귀를 기울이지 못한다. '칠십이종심소욕 불유구'란 마음 가
는대로 행동해도 윤리의식 법도에 어긋나지 않았다는 뜻이다.

이러한 것을 보면서 지금 내 나이가 얼마인데 앞으로 어떻게 살 것인가 생각해 보는 것도 좋을 거 같다.

공자는 70세에 돌아가셔서 70세까지의 이야기를 했지만 우리의 기대 수명이 여자 91세 남자 85세가 된 만큼 앞으로 80세 90세에는 어떻게 살지도 고민해봐야 한다.

당신은 어떤 사람인가? 사람은 체질에 따라 태양인, 소양인, 태음인, 소음인으로 나뉜다. 태양인은 혁명성, 탐닉성, 진취성, 약물중독, 암, 관절질환 등 특징이 있고, 소양인은 교우, 적극성, 감정적, 허리질환, 골 관련 질환 등 특징이 있다. 태음인은 현실감이 강함, 감정표현 부족, 성실, 비만, 성인병 등의 특징이 있으며, 소음인은 책임감, 소심함, 예민함, 소화기질환, 신경증 등의 특징이 있다고 한다. 태음인은 많이 베풀어야 하며, 소음인은 비교하는 습관을 버려야 건강한 삶을 살 수 있다. 물론 이것은 일반적인 예이긴 하다.

오늘 또 진짜 하고 싶은 이야기는 스트레스 관리에 관한 것이다.

옛날의 스트레스는 주로 배고픔과 추위였다. 그러나 현대는 모든 상황에 적응하려는 것이 스트레스다. 스트레스 요인에 대항하려는 심식의 변화 과정으로는 긴장, 흥분, 각성, 불안이 있다. 과거에는 환경적 스트레스가 많은 반면 지금은 사회적, 관계적, 평가적, 상대적, 경쟁적인 성향을 띤다.

다음은 남녀 갱년기의 차이에 대해서 말해 보겠다. 여자의 갱년기는 생리가 끊어지는 생물학적 노화로서 평균 49.7세로서 뚜렷하다. 이 시기가 지나면 여자는 단체 등 모임이 활발하고 목소리가 커지는 등 남성호르몬이 작용하지만 남자는 직장을 그만두거나 아내와 자식과의 관계에서 소외되는 시기에서 사회적 노화로 접어들게 된다. 개인의 환경에 따라 8년 정도의 차이가 있고 남자의 변화로는 위축되고 웅크리며 나가지 않으려는 경향을 보인다.

스트레스 관리로 첫 번째는 걷기운동을 추천한다. "걸음아 나 살려라"라는 말이 있듯이 실제로 걷기는 매우 중요하다. 걷기에 따른 무릎관절, 척추 그리고 발의 건강도 매우 중요하다. 뛰다가 심장마비로 죽은 사람은 있어도 걷다가 죽은 사람은 없다.

걷기운동의 올바른 방법은 1주일에 4회, 1회에 45분 정도 걷되 빠른 걸음으로 보폭을 크게 하고 걸어야 한다. 보폭을 크게 하면 팔자걸음을 걷지 않게 되어 고관절이 상하지 않고 발바닥을 골고루 닿게 걷게 되며 장운동을 하게 되어 내장지방을 태우게 된다. 시선은 위쪽으로 15도 정도에 두며 주먹은 가볍게 쥐고 팔을 되도록 앞뒤로 크게 흔들며 걷는데 오십견 방지에도 큰 도움이 된다. 땅은 보지 말고 앞을 보면서 되도록 턱을 당겨 귓볼이 어깨선과 일치하게 하며 아랫배에 약간 긴장을 주어 당겨들이며, 발을 어깨너비만큼 벌리고 11자를 유지하되, 11자형을 기준으로 밖으로 15~20도 살짝 외반하며, 발은 뒤꿈치, 바깥쪽, 새끼발가락, 엄지발가락 순으로 닿게 해서 걷는다.

인간이 침팬지와 유전자에 있어서 별로 차이가 없으나 많은 차이가 있게 된 이유가 바로 직립보행을 하기 때문이다. 직립보행을 하면서 손이 자유로워지고 뇌가 발달하며 입이 자유로워져서 언어가 발달하게 된 것이니 걷기는 매우 중요하다. 요양병원에 입원한 환자는 얼마 지나지 않아 치매에 걸릴 확률이 많다고 한다. 그것은 누워만 있으면 천장만 보고, 똑같은 사람만 보게 되며 고정적인 대화만 하고 듣지도 말하지도 않게 되기 때문이다.

척추건강 자가검진 하는 방법을 살펴보겠다.

1. 일주일에 2, 3회 이상 운동하지 못한다. 2. 양쪽 어깨 높이가 다르다. 3. 주로 앉아 있는 일이 많다. 4. 한 달에 2회 이상은 허리에 통증이 온다. 5. 바닥에 1시간 이상 앉아있기가 힘들다. 6. 딱딱하고 편편한 매트리스와 낮은 베개를 사용한다. 7. 하루 업무시간이 10시간 이상 된다. 8. 1시간 이상 걸으면 통증이 나타난다. 9. 신발의 한쪽이 다른 한쪽보다 빨리 닳는다. 10. 하루에 1000보 이하로 걸었다. 11. 반듯하게 누워서 허리에 손을 넣으면 잘 들어가지 않는다. 12. 누워서 다리를 직각으로 들었을 때 발의 길이가 다르다. 13. 목이 뻣뻣하고 어깨, 팔 등이 자주 결린다. 이중 '예'의 숫자가 10회 이상이면 하, 4회 이하면 상이라 할 수 있다. 튼튼한 허리를 위해서는 올바른 자세를 유지하고, 꾸준한 운동을 해야 하는데 바른 자세로 걷는 것처럼 좋은 운동은 없다.

다음으로 무릎 강화에 관한 이야기다. 무릎을 강화하기 위해서는 허벅지 근육이 강화되어야 한다. 빙상과 사이클 운동이 좋고 대퇴사두근 스트레칭을 하며 대퇴사두근 강화를 위해 다리를 올리고 7초 내지 9초간 멈춰야 한다.

발은 단순해 보여도 26개의 뼈와 33개의 관절, 100개 이상의 힘줄과 근육, 인대가 모인 아주 복잡한 구조물이다. 발바닥의 오목한 족궁은 1km 보행 시 16톤의 누적 하중이 있으며 후방에서 전방으로 체중을 흡수하여 무릎 충격을 완화한다. 발은 제2의 심장으로서 걸을 때 무수한 모세혈관이 펌핑하면서 장딴지근육과 함께 혈액을 환류시킨다. 이런 발의 중요성을 보면 좋은 신발을 신어야 한다.

다음은 가슴과 복근에 관해 몇 가지 짚어보겠다.

▶플랭크(Plank) 자세 : 중심근육운동으로 팔꿈치와 발가락으로 몸을 대고 엎드린 자세로 척추가 튼튼해지고 몸에 지탱을 바로 잡아 전체적인 몸 구조 개선에 도움이 되며 허리가 편해진다. 장시간 좌석생활을 하는 회사원, 수험생, 운전기사에게 좋은 운동으로 하루에 3번 규칙적으로 해야 하고 자세는 30초에서 1분 30초까지 하도록 한다.

▶운동의 등가성 : 호수 1바퀴를 걸으며 돌거나 뛰며 돌았을 때 운동은 같다는 원리이다. 1km 달리기는 2km 걷기와 같고 4km 자전거 타기와 같다.

▶골다공증을 위한 제자리 점프 : 매일 20회의 제자리점프(한번에 10회씩 2번)는 발끝으로 뛰는데 뼈에 자극을 주어 골밀도를 유지하게 한다. 25세에서 60세 여성 60명에게 4개월간 시행 후 하지 않은 사람들과 비교해 보니 0.5% 상승 대 1.3% 하강의 비교를 보였다.

▶운동과 몸매 : 장년기 이후 나이가 들면서 체지방은 1년에 1kg 늘고 근육은 1년에 250g 감소하며, 운동하지 않을 경우 60세까지 근육의 20% 내지 40%를 상실하고 그 자리는 지방이 채워진다. 지방은 근육보다 무게가 절반인데 몸무게가 같아도 지방으로 바뀐 상태에서는 몸매가 뚱뚱해지므로 운동할 때 걷기 운동만 할 것이 아니라 플랭크, 아령 등 근육운동을 병행해야 한다.

미국과 멕시코의 피마 인디언의 사례에서 보는 바와 같이 유전적요인보다는 생활습관과 환경이 우리 건강에 더 중요한 영향을 미친다.

▶건강한 식생활의 원칙 : 경량-나이가 들수록 대사량이 줄어들므

로 같이 먹어도 살이 찐다. 따라서 나이가 들면서 먹는 양을 줄여야 하는데 특히 탄수화물의 양을 줄여야 한다. 균형-고유 치아 상태와 현재 치아 상태를 비교해 보고 고기류와 곡류의 섭취량을 조절해야 한다. 신선-산패된 음식을 먹지 말아야 하고 가공품과 첨가물의 섭취를 줄여야 한다.

▶케글운동 : 회음부에 힘을 주는 운동으로 아랫배는 힘을 빼고 해야 하며 한번에 30회에서 70회까지 한다. 이 운동을 하면 골반바닥 지탱근육이 좋아지고 허리와 골반이 좋아져 소변을 잘 보고 여자는 요실금이 예방된다.

▶나이 마흔 이후, 어떻게 만나야 하는가? : 잘 만나기 위해서는 설득적이어야 하는데 상대와의 위치는 45도 정도의 위치에 앉는 자리가 좋다. 마주 앉으면 대립적이 되고 옆에 앉으면 협동적이 된다.

사람을 만남에 있어서는 관계화장 즉 예의가 필요하고 나이 든 사람이 젊은 사람을 만날 때는 더욱 필요하다. 아는 사람일수록 더 예의를 갖추어야 한다.

나이 들어 사람을 만날 때는 비슷한 사람을 만나는 것이 좋다. 인생은 짧은데 비슷한 사람을 만나 스트레스를 덜 받고 지내는 편이 낫다. 함께 불법을 공부하는 도반은 비슷한 사람의 좋은 예라 할 수 있다.

사람을 만나서는 가까이서 자세히 보고 지켜보면서 감정의 덩어리가 형상화 될 때까지 주어진 시간 속에서 좋은 관계를 맺는 것이 좋다. 나 또한 자세히 지켜보게 되는 대상이 되니 조심해야 한다. 모든 것은 순간순간 변하는데 어떤 순간에 의미가 있는지는 어떤 의미를 부여하느냐에 달려 있으므로 좋은 의미를 부여하여 보석 같은 결과를 얻도록 하는 것이 좋다.

나이가 들면 젊은 사람을 만나는 기회가 더 늘어나게 되는데 두려워 말고 젊은 사람들로부터 배운다는 마음자세로 적극적으로 소통하며 살아야 한다.

수련 꽃 한 송이도 작은 떡잎부터 시작되었듯이 초발심의 작은 것이라도 그 결과는 클 수 있고, 좋은 때는 늘 오는 것이 아니므로 머리로 생각하고 뜻이 있으면 바로 실천하는 것이 중요하다.

● 　　김동일 원장은 우석대 부속 전주한방병원 과장을 거쳐 동국대 강남한방병원 과장, 동국대 일산불교한방병원 한방여성의학과 교수를 역임했다. 동국대 일산불교한방병원 제3대 병원장에 이어 현재 5대 병원장을 맡고 있다. 저서로는 『수행과 건강』, 『마흔, 여자는 아프다(중년여성건강백서)』 등이 있다.

여행으로 배우는 붓다의 생
– 남방불교의 원류와 수행

오늘 한국에서 이곳에 오신 영조스님과 불자 55명에게 축복과 인사를 드립니다.

캄보디아 씨엠립에서는 스님은 찾아 행복하고 신선한 날이 되었다고 생각합니다.

한국에서 오신 영조스님과 여러분 신자들 너무 감사합니다.

캄보디아와 한국은 오래된 불교신자의 나라입니다. 하지만 캄보디아는 남방불교, 테라바다입니다. 한국은 잘 알려졌다시피 대승불교입니다.

사실 우리 캄보디아는 12~13세기에는 한국처럼 대승불교를 믿었습니다.

13~15세기 이후는 우리 조상은 마나야마(대승)에서 히나야나(소승)으로 바꾸었습니다. 양쪽의 종파는 조금 다르지만 우리 마음은 똑같습니다.

앙코르 시대 약 900년 전 마하불교시대라고 하는 중국, 대만, 한
국 등까지 관계가 있었습니다. 아주 옛날 약 1,000년 전에는 불교의
연결이 이루어졌었습니다.

1000년 전에는 캄보디아는 중국, 일본, 대만에 불교가 연결되어 있
지만 어떻게 한국과 연결되었는지 궁금했습니다.

현대 시대에는 한국불교와 캄보디아 불교가 잘 연결되어 있다고
생각합니다.

저는 직접 한국의 정치 그리고 한국불교를 경험하고 지켜보았습니다.

서울에 있는 사찰에서 부처님오신날에 크게 행사를 치르고 수많
은 한국 불자들이 행사에 동참하였고, 그 열기 또한 대단하였습니다.

이렇게 한국을 잘 아는 것은 한국의 선묵 혜자스님 소개로 갔었기

때문입니다. 그래서 한국불교 신자들은 굉장히 친근하게 느껴집니다.

오늘처럼 영조스님과 55명의 불자들이 씨엠립까지 찾아오셔서 너무 행복하고 기쁘게 생각합니다. 오늘 한국에서 찾아오신 아주 좋은 친구들을 만났습니다.

우리가 '친구'라는 표현을 쓴 것은 그만큼 친밀하다는 뜻입니다. 우리는 다른 국가에 살지만 같은 인간이고 같은 종교의 신도라는 점에서 매우 가까운 친구라고 생각합니다.

우리는 모두 부처님의 법을 믿고 따르고 있습니다.

한국과 캄보디아가 서로 다르게 보인다고 생각할 수도 있지만, 마음속에는 한국, 캄보디아가 따로 없고 같은 인간으로 부처님을 따르고 있는 것입니다. 이것은 모두 같은 것입니다.

이에 따라서 전 세계의 인간, 누구에게나 도움이 되는 일을 해야 합니다.

부처님 가르침은 온 세상 사람들이 서로 도와가면서 자비롭고 평화롭게 사는 것을 실천하는 일입니다.

그래서 불교의 근본가르침은 우리의 마음을 행복하게 만들어 주는 것입니다.

매일 우리가 기도하는 것은 우리 주변에 어려운 일이 있으면 어려운 일이 없어지고 행복하고 평화롭게 되길 염원하기 위해서입니다.

불교는 인류 전체를 평화롭게 하는 불교입니다.

불교는 어려운 일을 헤쳐나가게 하고 우리 마음속을 평화롭게 하는 종교입니다.

불교는 모든 사람에게 서로 사랑하고 동일하게 하는 종교입니다

우리 캄보디아와 한국은 불교를 만나서 좋은 친구가 되었습니다.

마지막으로 영조스님, 그리고 불자들이 나중에 53선지식 법회의 하나로 해외여행을 캄보디아로 오시면 저희는 진심으로 환영하겠습니다.

● 삔샘스님은 캄보디아 왓 라자보 사원 주지로 승왕을 배출하는 왕립 승가위원회 최고 고문, 승가위원회 이사회 위원장, 테라바다 불교회 정회원이다. 현재 왓 라자보 사원 주지로 후학들을 지도하고 있다.

불교와 미디어 포교

불교와 미디어 포교라는 주제로 조계사 부처님 앞에서 특강을 하게 되어 떨리기도 하고 영광스럽게 생각한다. 이런 자리에 초청한 조계사불교대학 총동문회에게 감사드린다. 특강을 위해 많은 자료를 준비했지만 이는 몇 시간이 걸리는 양이고 재미도 없으므로 중요한 몇 가지를 추려 강연하려고 하니 편하게 들어주시면 좋겠다.

고려대학교 영문학과가 취직이 잘된다고 하여 영문도 모르고 들어갔고 졸업한 후 주식회사 대우에 입사하였다. 입사한 후 10·27법난을 접하고 학교 다닐 때는 불교학생회에는 가입하였으나 별로 활동을 하지 않았다. 그러나 불교가 정권으로부터 어려움을 겪었구나 라는 생각을 하고 직장을 다니면서 통불협이라는 불교활동단체에서 활동하였다. 그러던 중 1989년경 불교방송이 허가를 받았다는 기사를 보고 대기업을 다닐 상황은 아니라는 판단하에 직장을 그만두고 공부를 다시 하여 불교방송에 공채1기로 합격하였다. 당시 언론사는 일반대기업보다 들어가기가 훨씬 어려운 때였다. 불교방송에서도 3,000여 명의 지원자가 몰려 100대 1의 경쟁률을 뚫고 27명 중에 들어가 정치부 기자로 활동하였고 올해로 불교방송에 28년째 재직중이다.

BBS 불교방송이 왜 중요한가?

BBS 불교방송은 BTN이 불교내용만 하는 것과는 달리 정치, 경제, 사회, 문화 등 일반뉴스도 다루는 불교계가 세운 일반언론사로서 무선주파수를 배정받은 불교계의 유일한 공중파방송사다. 그 가치는 금전으로 환산하면 수조 원에 이르는 중요한 방송사인데 그 탄생과정은 많은 어려움이 있었다.

불교는 조선시대 이래 억압과 탄압을 받아왔고 일제강점기 때는 31 본산체제로 통제를 받아 체제를 갖추지도 못한 채 해방 후에는 기독교 신자인 이승만 대통령의 기독교 편애로 더욱 침체의 늪을 벗어나지 못했다. 반면 기독교계는 1954년 CBS 기독교방송, 1956년에는 극동방송이라는 기독교방송을 허가하고 미디어선교를 전폭적으로 지원하였다. 대중들은 방송을 듣고 기독교 사상을 접하고 선교사들은 젊은 사람들을 유학 보내 공부시킨 후 고위관료와 정치가가 되게 하여 기독교가 급성장하도록 하였다. 크리스마스를 공휴일로 지정해 이날은 통금이 해제되도록 하여 기독교가 급속히 커질 수 있게 하였다.

이에 불교계에서 수없이 많은 탄원을 했지만 불자였던 박정희 대통령 때도 허가가 나지 않았다. 1970년대 동국제강의 장경호 회장이 불교방송에 필요한 재원 30억 원을 희사했으나 박 대통령은 이를 불교진흥재단으로 만들었다. 1973년경 크리스마스가 공휴일인데 석가

탄신일은 왜 공휴일이 안 되느냐며 공휴일 지정 소송이 제기되었다. 부처님오신날이 공휴일이 안 되면 크리스마스도 공휴일 지정을 취소하라는 주장에 대해 정부는 1975년 부처님오신날을 공휴일로 지정하기에 이른다.

불교방송은 1989년 3월경에 허가가 났다. 이것은 전두환 대통령의 신군부가 사회정화 명목으로 법당에 침입하여 1700여 스님을 연행하고 고문한 10·27법난이라는 원죄가 있었고, 노태우 대통령도 직선제 대통령의 공약으로 중앙승가대 4년제 승격 등 7가지 공약을 불교계에 약속했으나 이를 이행하지 않아 불교시민사회단체의 지속적인 공약이행 데모를 접하고 나서야 10·27법난에 대한 유감 표시와 함께 불교방송을 허가한 것이다. 이 같은 불교방송은 단순한 방송허가를 넘어 불교계의 억눌리고 탄압을 받던 처지에서 이를 깨쳐 나오기 위한 운명체였다. 개국을 위한 성금모금 시 전국에서 구름처럼 몰려들었고 감격의 눈물을 흘리는 사람이 부지기수였다.

BBS불교방송이 생긴 이후의 변화

불교방송이 생긴 이후로 첫 번째 변화는 스님들이 공부하지 않으면 안 되는 변화였다. 방송을 통해 전해지는 법문들은 신도분들을 깨치기 시작하였고, 각 사찰에서는 불교대학이 만들어진 이유가 되었으며 기도만 하던 신도분들이 우리도 공부하자고 하여 경전과 교리 강좌를 듣는 등 의식이 제고되었다.

둘째 변화로는 불교방송이 불교적 내용만이 아닌 일반방송도 하게 되어 기자단을 정치, 경제, 사회, 문화 등 각 분야로 파견함으로써 불

교계에 대한 왜곡된 핍박을 기사로 다루고 고발하여 불교계의 위상을 높였다. 1993년 3월경 17사단에서 있었던 불상을 불태우는 사건을 보도하여 사단장이 옷을 벗고 국방부 장관이 사과까지 하며 군법사의 T/O를 늘리는 결과를 가져온 것은 좋은 예이다. 그러나 아직도 CBS와는 차이가 많다. 광고 배정에서 종교 인구가 아닌 사회적 영향력이라는 기준으로 4분의 1밖에 안 되는 배정을 받고 있다. 그래도 불교방송 기자가 정부, 검찰, 법원 등에 파견되어 차별이 많이 없어지긴 것은 다행한 일이다.

기독교 장로 대통령인 김영삼 대통령은 청와대에서 목사를 초빙하여 예배를 드리는 등 불교탄압의 느낌이 있을 때 청와대 불상 훼손설과 청와대 내의 연꽃을 없애서 성수대교 붕괴, 삼풍백화점 붕괴 등 사고가 생겼다는 설이 나돌자 이에 대해 청와대는 불상은 노태우 대통령 때 증·개축하며 이전된 것일 뿐 훼손하지 않았다고 해명하였다. 그 후 조계종 중앙종회 스님들이 청와대 불상 앞에서 예불을 드리고 이를 계기로 불교방송 사장을 실무자로 하여 당시 불자였던 수석비서관과 함께 청와대 불자회를 만들었다. 현 조계종 역사문화박물관의 건물도 불교방송의 기획재정부 출입기자의 노력으로 국고보조로 건축될 수 있었는데 이는 불교방송이 일반방송으로 불교방송 기자가 각 부처에 출입하고 있었기 때문에 가능했다.

방송이 왜 중요한가?

방송(Broadcasting)은 공중파를 이용하여 무선으로 송출하는 것이다. 케이블이나 인터넷 선으로 하는 것과는 차이가 많고 종교단체가 무선공중파를 사용하는 나라는 우리나라가 유일하다. 이 가치는 돈으로 환산할 수가 없다. 최근 주파수 경매에서 한 주파수가 5조원, 6조원 하는데 불교방송은 20개의 주파수가 있으므로 그 가치는 수조원에 해당하는 것이라고 할 수 있다. 불교방송은 일반언론 기능이 있어서 각 기관에 출입할 수 있지만 BTN은 취재를 위해 각 기관에 출입할 수 없다. BBS 불교방송이 불교계를 대변한 유일한 일반언론기관이라고 자부하는 것도 이와 같은 이유 때문이다.

방송(Broadcasting)의 위기

과거에는 B자 방송만 있었고 광고는 물밀듯이 밀려왔다. 광고는 코바코가 일정 기준에 따라 배정하므로 처음 불교방송은 영업활동을 안 해도 광고가 많아 방송국 운영에 전혀 문제가 없었다. 그러나 B자 방송 외에 수많은 채널이 생기고 드라마와 뉴스 등도 여러 채널이 하게 됨으로써 광고가 꼭 B자 방송에 할 필요가 없어졌다. 공중파 독점

매력이 없어져 광고가 계속 줄었다. KBS와 연계된 BBS 불교방송도 재정적으로 어려워져서 수억 원의 빚과 직원 급여까지 연체되는 상황에 처하게 되었다. 당시 상황은 문을 닫아야 할 상황으로 2013년 정부 심사에서 경고를 받아 3년 내 재정문제를 해결하지 못하면 방송허가 취소 위기에 몰렸던 상황에서 제가 2015년 10월경 취임하게 되었다.

만공회 설립

불교방송이 취소 위기에 몰렸고, 이는 불교계의 치욕적인 상황이 될 우려가 있으나 종단도 어려워 돈을 낼 형편이 못되었다. 사찰도 보시금이 줄어 운영이 어려운 상태였다. 불자들이 주인이 되는 방법 외에는 답이 없다는 판단하에 2015년 12월경 만원 이상의 공덕주 모임인 '만공회'를 시작하게 된 것이다. 불자들의 적극적 참여로 56,500명이 가입하여 BBS 불교방송은 그동안의 빚을 갚고 밀린 직원 월급을 해결할 수 있었다. 사옥을 지을 땅도 마련하는 등 괄목할 성장을 거듭하여 전 방송가의 화제가 되고 있다. 천주교의 평화방송도 2만 명을 넘지 못하고 기독교 CBS는 7천명 정도일 뿐인데 BBS 불교방송은 10만 공덕회를 목표로 하고 있으며, 이는 앞으로 코바코가 없어져도 불교방송의 안정적 유지의 토대가 되는 것이다.

BBS 불교방송의 시대적 사명

앞으로 미디어 포교는 그 중요성이 더할 것이고 콘텐츠는 국경이 없어졌다. 불교방송이 개발한 앱은 라디오 TV가 결합이 되어 전 세계적으로 넓어진 국경 없는 포교시대의 역할을 하고 있다.

미국이나 선진국의 부유한 사람들과 학문을 많이 한 사람들에게 현재 명상의 붐이 일어나고 있다. 이는 그들이 부처님의 사상을 받아들이는 것으로서 불교방송은 미국이나 유럽의 불교명상 보급이 어떻게 이루어지고 어떤 상황인지 다큐멘터리로 제작할 계획이다.

또한 불교방송은 불교가 인류의 모든 문제의 마지막 대안이라는 점에 대하여 초점을 맞추고 점점 심화되는 부익부빈익빈의 상태 즉 10%의 극소수 부유층과 90%의 보조금으로 살아가는 할 일 없는 층과 같은 빈부문제, 기후 문제와 같은 환경문제의 해결책인 인류의 마지막 메시지로서 부처님의 연기사상을 실현할 방법을 강구하고자 한다. 동물들도 학대 받는 상태가 아닌 농장에서 길러지는 환경 조성과 이를 위한 아젠다 형성, 인간 탐욕에 따른 자연파괴 방지에도 노력할 것이다. 인간중심 사회는 기후와 환경을 파괴하여 지구 멸망을 날이 오게 되는데 이의 변화를 위한 모티브를 불교에서 찾고, 고기 먹는 것을 줄이고 발우공양으로 음식물쓰레기를 줄이는 등 불교방송은 향후 인류 변화의 대안으로서 메시지를 전하는 것을 사명감으로 실행에 옮길 것이다. 열심히 잘할 수 있도록 격려해 주시고 만공회에도 관심을 많이 보내주시기를 바라며, BTN도 선의의 경쟁자로서 함께 격려해 주시길 바란다.

● 　 선상신 사장은 불교방송 기자 출신으로 한국언론진흥재단 경영본부장, 국가디자인연구소장 등을 역임했으며 2015년 10월부터 제9대 불교방송 사장을 맡고 있다.

붓다, 그 절대 그리움의 종착
– 현세 불교와 모럴 헤저드의 기준

낙엽이 떨어지는 요즘은 산사의 주위는 계절의 정서가 한껏 느껴지는데 도심인 조계사에서 조계사불교대학 총동문회가 주최한 법회에 참석한 것을 기쁘게 생각한다. 어떠한 법회든 참석하는 이유는 부처님의 제자로서 지혜를 얻기 위함이다. 지혜에는 듣는 지혜[聞慧], 생각하는 지혜[思慧], 해보는 지혜[修慧]가 있는데 법회를 참석하면 이러한 문혜, 사혜, 수혜를 얻게 되고 산사를 찾아가서 법회에 참석하는 것은 의미가 더 새롭게 된다.

석가모니 부처님은 룸비니 무우수 나무 아래서 태어나, 부다가야 보리수 나무 아래서 성도하셨으며, 녹야원 숲에서 초전법륜을 굴리셨고, 구시나가라 사라수 나무 아래서 열반에 드셨다. 이렇듯 부처님이 나무 아래서 태어나시고 깨달으시고 가르치시고 입적하셨다. 불교의 정서적 색채를 나타내는 것이라고 할 수 있다.

나무 아래서의 사색과 명상은 사유수(思惟修)로서 생각을 닦는 것

이고 참선을 뜻하는 Dhyana는 정려(靜慮)로서 생각을 고요히 하는
것이다. 고요한 마음, 사색하는 마음, 명상하는 마음이 되어야 불교
의 참맛을 느낄 수 있다. 지금까지 나름대로 공부를 해왔겠지만 다시
한 번 불교의 의미를 새기고 '내 인생의 내용이 불교다'라고 할 정도
로 진화되어야 한다.

 역사적으로 보면 불교는 인도에서 출현하여 여러 나라로 퍼졌지만
우리나라 불교는 견성법과 일심법이 실행되고 있는 우수한 불교이다.
불교에는 교리적으로 매우 다양하고 많은 경전이 있고, 염불, 기도수
행 등 수행방법도 다양하다. 한국불교가 세계적으로 우수한 것은 화
두를 참구하는 견성법과 알아차려 일심을 통달하는 일심법이 있기
때문이다. 마음속에 견성법과 일심법을 알고 수행하고 실행하는 것

이 진정한 불교의 수행이지만 견성법과 일심법이 없는 것은 불교라고 할 수 없다.

한국불교가 시대적으로 어려움을 겪었으나 견성법과 일심법을 계승해 온 것은 다른 나라에서 찾아볼 수 없는 것이다. 조계종의 출가자들인 비구, 비구니는 산사에 살면서 좋은 공기와 자연 속에서 평생 채식을 하고 새벽 일찍 일어나 정행의 독신생활을 한다. 지구촌에서 이렇게 생활하는 것은 정신문화적으로 희유한 일이다. 우리나라의 긍지이고 조계종단의 긍지이며 우리 불자들에게도 불교 수행의 내용을 다시 한 번 생각해볼 필요가 있는 일이다.

저 또한 50년 가까이 이런 수행 생활을 해온 사람으로서 큰 자부심을 느낀다. 오늘 법회를 통해서 문혜(聞慧), 사혜(思慧), 수혜(修慧)를 서원하고 나 자신의 공부 수행을 잘 닦아 나아갈 수 있기를 바란다.

불교는 나 자신의 인생을 깊이 하여 세상을 바로 볼 수 있게 한다. 서양의 어느 유명한 역사학자는 20세기 역사상 최고의 사건은 1차 세계대전, 2차 세계대전 이런 많은 사람이 죽은 사건이 아니고 불교가 서양에 소개된 것이라고 하여 매우 놀랐다. 그만한 석학이 불교에 대해 그런 말을 했다는 것은 분명 대단한 일이다. 그런데 요즘 지식인이나 일반인들이 종교를 무시하는 문화 현상은 우려스러운 일이다.

사회가 시대에 따라 진보하고 새로운 풍조가 생기는 것은 당연한 일이다. 그러나 산업사회·정보사회로 되면서 사회적·도덕적으로 타락하는 아노미 현상과 모럴 헤저드가 생기는 것은 걱정스러운 일이다. 이러한 상황에서 종교가 어느 정도 노력하고 역할이 활성화되는 면이 있으나 그럼에도 종교가 무시되고 불교가 무시당하는 데는 안

타까움을 느끼지 않을 수 없다.

이 사회가 어떤 사회인가. 나라마다 기업마다 단체마다 전부 경제 논리에 따르고 경제전쟁 시대인데 결국 돈 벌자는 얘기 아닌가. 모두들 돈 벌자고 하지만 불교는 출세간법으로 깨닫는 것이다. 몸은 무상한 것이지만 깨달음은 무상한 것이 아니다. 그렇다면 마음을 어떻게 해야 하는가. 이는 '마음은 곧 부처다. 마음 없는 부처 없고 부처 없는 마음 없다'라는 견성법을 통해 수행하고 참선하는 등 간절함이 뒷받침되어야 한다.

그러나 그렇지 않은 사람도 많다. 그들은 마음은 감정대로 희노애락과 환경에 따라 심경이 변화한다. 이런 파행된 상태는 마음이 아니다. 마음은 부처님의 깨달음을 말하는데 범부의 입장에서는 번뇌가 떠나간 것이 마음이다. 그 마음은 내 안에 갖춰져 있는 것으로 깨달음이 곧 마음임을 간절히 생각해야 한다. 경전에서도 마음은 우주 허공을 만든다고 했다. 끝없는 허공은 무한하며 마음과 우주는 비교가 안 된다. 관념적인 마음이 되지 말고 차원 높은 마음이 되어야 한다.

문명이 발달하고 경제적으로 선진국이 될수록 마음이 왜소해진다. 5만불, 10만불 시대가 되면 사람 마음이 더욱 왜소해질 것이다. 어느 일본학자에 의하면, 경제가 발전하여 5천불 시대가 되면 자녀가 부모에 대한 마음이 현저히 줄고 사촌 간에는 남이 된다고 하였다. 1만불 시대가 되면 부자간, 부부간, 형제자매간 등 가족 간에 살인 사건이 일어나는데 통계상 1년에 100건 이상이 될 것이라고 했다.

조선시대에는 자식이 부모를 죽인 것이 단 1건이 있었다고 한다. 당시 왕이었던 세종대왕은 이 사건에 대하여 어떻게 처벌할 것이냐

두고 잠을 이루지 못했다. 결국 벌이 능사가 아니고 백성을 어떻게 가르쳐야 하는지에 대해 신하들과 논의했다고 한다. 500년 간에 1건이 있었던 사건이 1년에 100건이 넘는 세상이 도래했다. 2만불 시대는 결혼을 해도 돈이 들어 아이를 낳지 않는 시대가 되고, 3만불 등 소득이 증가할수록 정신문화는 파괴될 것이라고 우려했다. 이러려고 문명 국가가 되는 것인지, 돈 벌어서 무엇을 하는 것인지 물음표를 붙이지 않을 수 없다.

요즘 젊은이들은 맞선을 수십 번 보고도 결혼을 하지 않을 정도로 그만큼 간절하지 않고 결혼은 필수가 아닌 선택이라고 한다. 이러한 상태가 되었는데 우리 사회는 어떻게 병이 들었을까? 태평양의 지하 화산이 폭발하면 몰려오는 쓰나미같이 우리나라 전역을 유물론적인 가치관 즉 돈 물이라는 흙탕물이 덮쳤기 때문이라고 생각한다. 종교도 부자가 되면 본래의 의미가 상실되고 대기업 중소기업 할 것 없이 모두 돈이란 쓰나미에 휩쓸렸다. 개인들은 스폰지에 몸을 숨기고 돈 물을 흡수하였다. 이런 현상은 일본이 한 세대 먼저 겪었고, 이런 스폰지 물에는 세균이 번식하여 사람은 병이 들게 되는 것이다.

이러한 유물론 가치관을 최고라고 추종하는 데에 대하여 불법의 가치를 어떻게 실천하며 살 것인가? 남대문시장에 호랑이가 나타났다는 거짓말도 세 사람 거쳐 네 사람째 가면 사실이라고 믿듯이 유물론 가치관도 남들이 그러니까 속는 것이다. 중생은 속는 재미 속에서 사는 것으로, 자각하지 못하는 것은 속는 것이다.

시대의 어려운 흐름 속에 있는데 내가 가장 소중하게 생각하는 것이 무엇일까? 첫째가 몸이고, 둘째가 재산이며, 셋째는 가정이고, 넷째는 마음이다. 마음이 맨 뒤에 있다. 이를 네 명의 부인을 둔 인도 장자를 비유로 들어보자. 모든 쾌락을 누리다가 장자가 죽을 때가 되어 죽을 때 같이 죽을 수 있는지 네 명의 부인에게 물었다. 가장 사랑하는 넷째 부인은 자기는 젊다고 더 살아야 한다며 같이 거부하였고, 셋째 부인도 거부, 둘째 부인도 거부하였으나 첫째 본부인은 같이 죽겠다고 하면서 조건으로 업어 달라고 하였다. 여기서 첫째 본부인은 우리의 마음을 비유한 것이다.

우리는 저승 갈 때 마음을 업고 가야 하는 것이다. 자기의 진짜 마음 그 마음을 항복 받아야 하고 아상·인상·중생상·수자상 4상을 없애야 한다. 망심을 항복 받지 못하면 중생이요 내 마음을 항복시키면 도인이다.

마음의 진심을 못 쓰고 사는 것, 우리는 평생 진심을 한 번도 못 쓰고 사는데 이는 인생을 헛되게 산 것이다. 마치 전구가 공장에서 생산된 후 한 번도 불을 밝히지 못하고 사라지는 것과 같다. 앞에 예로 든 인도 장자의 본부인은 마음, 둘째는 재물, 셋째는 가족, 넷째는 진심으로 비유할 수 있다.

우리는 몸에 대하여 성형을 해야 한다는 등 컴플렉스도 갖고 있다. 겉모습보다 내면의 아름다움이 진정한 아름다움이다. 그러니 겉모습의 성형보다 내면의 모습에 집중해야 한다.

부처님의 법을 삼신(三身)이라 하여 법신(法身) 보신(報身) 화신(化身)으로 설명하는데 우리 인간에게도 다 삼신이 있다. 앞서 말한 본부인의 진심이 법신이다. 우리는 법신을 생각할 줄 알아야 한다. 불교는 인본주의로서 부처님은 인생관을 바르게 갖도록 가르치셨다. 부처님은 인류역사상 평생 동안 한 번도 화를 낸 적이 없는 유일한 분으로 왕위를 포기하고 출가하셨으니 불교는 진정 위대한 종교이다.

우리는 당장 귀에 들리는 것만 듣고 들리지 않는 것에는 귀 기울이지 않는다. 지금 울고 있는 지구의 울음소리에 귀를 기울여야 하고 환경 파괴의 경고를 들어야 하는데 안 듣고 안 보려고 한다. 불교가 나서서 이것을 실천하도록 노력해야 한다.

우리의 마음에는 세 가지 복밭[福田]이 있다. 이 세 가지의 복밭을 설명하면서 마무리 하도록 하겠다.

첫째인 경전(敬田)은 어른과 아이, 심지어 나무, 자갈, 목신까지도 서로 공경하여 복을 쌓는 것이다. 둘째 은전(恩田)은 은혜를 베풀고 갚는 일로서 가장 수승한 복전은 부모와 조상, 스승의 은혜를 갚는 일이다. 셋째 비전(悲田)은 남의 입장을 이해하며 말 한마디라도 따뜻하게 하며 자비를 베풀고 보이지 않는 현상에 대해서도 귀를 기울이는 것이다.

이렇게 세 가지 복전인 경전·은전·비전을 실천하고, 복전을 잘 닦아서 자리이타의 공덕을 쌓아 가시길 바란다.

● 　지안스님은 1970년 벽안스님을 은사로 출가해 통도사 승가대학을 졸업했다. 조계종립 승가대학원장을 역임했으며 조계종 고시위원장을 맡는 등 승가교육에 헌신했다. 현재 양산 반야암 주지와 반야불교문화연구원장을 맡고 있다.

영화로 배우는 '직지인심'

- 대해스님께 듣다

이렇게 날씨가 춥고 연말인데도 법회에 참석하신 모든 분께 감사드린다. 영상을 통해 소개된 것처럼 20여 년 전부터 인간 세상을 아름답고 푸르게 하기 위해 영화를 만들었다. 마침 현시대가 영상시대이고 부처님시대이며 불교의 때가 온 것이다. 현시대를 4차산업혁명시대라고 한다. 이러한 시대에 필요한 역량으로는 의사소통 역량, 창의력, 공동체 역량(협동), 비판적 사고가 있다. 무엇을 알아야 이러한 역량을 갖출 수 있는가. 생명법을 알고 본질을 알아서 현상과 본질이 하나됨을 알아야 한다. 현상적 지식은 인터넷에 모두 있어 교수나 선생님은 필요 없고 교육부에서도 강조하듯이 보고 판단하는 지식정보처리 역량이 매우 중요한 시대가 되었다. 이러한 역량을 키우고 비판을 하려면 자기 자신이 전체를 알고 본질을 알아야 한다.

'산상수훈'이라는 영화를 통해 19개나 되는 많은 상을 받고 세계여러 나라 대학에서 강의를 하게 된 것은 "본질을 가지고 모든 것을

통합했기 때문이다. 또한 이 시대가 부처님시대이고 때가 온 것"이라고 생각한다. 성인이 대우받는 시대로 본질, 깨달음을 아는 사람이 잘 살게 되어 있다. 영화로 종교 즉 기독교와 불교를 본질로서 합치니까 종교가 통일되고 세계가 통합되니 영화 한 편이 세계를 좌우하게 된 것이다.

영화를 만들 때 본질을 다루기 때문에 배우들에게는 영원한 오빠가 되고 동생이 되었다. 제가 만든 영화는 경(經)으로서 평생 써도 손색이 없는 영화다. 다행히 이렇게 영상시대를 만나 시공을 초월하여 전부를 한 순간에 통합하게 되었다. 원래 본질은 보이지 않는 것이다. 때문에 경에서도 비유로 표현되고 있는데 영상은 이러한 비유를 표현하기에 적합하므로 영상을 보고 계속 공부하며 실천하는 것이 바람직하다.

'산상수훈'을 만든 이유는, 종교라는 큰 구조를 알아야 하는데 "어떻게 하면 본질을 알 수 있을까"의 문제로 시작되었다. 종교는 전부 인간의 본질에 대해 이야기 한다. 체(體), 상(像), 용(用)이라는 전체 구조에서 보면 기독교의 성부(聖父)는 체(體), 성자(聖子)는 상(像), 성신(聖神)은 용(用)에 해당한다. 큰 구조를 알면 본질을 알 수 있다. 종교가 인간의 본질을 찾아 본질대로 살려고 하는 것인데 수행만 하고 본질을 못 찾으면 안 된다. 때문에 못 찾았어도 본질에 맞게 살아가기 위해 108생명법도 만들었다. 이러한 본질을 잘 쓰고 살면 깨달음도 오고 수행도 하게 되기 때문이다.

본질은 현대사회의 공동가치로 쓰인다. 현대는 탈종교 시대로서 이것이 좋다 나쁘다라거나 다른 거짓말이 통하지 않고 내면은 하나라는 본질로 통한다. 요즘 아이들은 밤새 유튜브를 통해 하나가 되고 학교 공부보다는 온갖 정보를 판단하는 통찰력이 있어야 하는 시대에 살고 있다. 어떻게 하면 본질을 알 수 있는가? 본질은 형체가 없어 보이지 않는다. 이러한 본질을 써놓은 것이 불경, 성경 등의 경이다. 본질을 이해하지 못하면 자기의 경(經)만 이야기하게 되지만 본질을 통하면 각 경을 이해할 수 있게 된다.

본질이란 색즉시공의 공이고, 색은 현상이다. 종이로 만든 학·배·비행기를 비유하면 종이는 본질, 학·배·비행기는 현상이다. 학·배·비행기는 서로 통하지 않으나 종이로는 통하기 때문에 본질로 돌아가면 모두가 하나가 되는 것이다. 본질대로 사는 삶, 즉 경대로 사는 삶이란 종이로 돌아가는 삶인데 안 보이는 종이를 찾는 것, 즉 가짜의 나를 버리고 본질인 나를 찾는 것이다. 현상을 나라고 하지 않고 종이로 돌아가는 것이 본질인데, 기독교 입장에서는 선악과를 따먹지 않는 것이다.

'산상수훈'이라는 영화 한 편이 기독교·천주교·이슬람교의 하나님과 인간이 분리된, 모순된 논리를 하나로 합하였다. 이러한 과정에 불교가 맞아떨어진 것이다. 본질로 합하면 모든 것이 통일된다. 우리나라의 남북통일도 본질로 가면 통일이 되지 껍질로는 안 된다고 생각한다.

성경에서 하나님의 천국에는 선악과 나무와 생명나무가 있는데 선악과는 현상이고, 생명나무는 본질이다. 선악과를 먹은 원죄가 인간에게 전해지면서 본질이 안 보이고 그곳으로 못 돌아가며, 이는 불교의 무명상태와 같다고 할 수 있다. 하나님과 인간은 분리된 것이고, 예수는 이러한 분리된 상태 즉 원죄의 상태를 사(赦)하는 방법을 가르쳐 준 것이다. 종이로 만든 배에서 종이가 거룩한 것처럼 배도 거룩한 성전이다. 선악과를 먹지 말아야 하는 것이 분별하지 않고 무명에서 벗어나는 것과 같다. 하나님과 인간의 분리는 현상과 본질의 구분과 같고 본질로 돌아가는 것이 하나님과 하나가 되는 것이니, 선악과를 먹지 않는 것은 현상을 나라고 하지 않고 본질로 돌아가는 길이다. 결국 기독교와 불교는 다르지 않다는 것을 알 수 있다.

● 　대해스님은 대해사 국제선원장으로 '영화로 세상을 아름답게' 이사장과 UNICA 세계연맹 한국본부 회장, UNICA KOREA 국제영화제 조직위원장, 2019년 디카 국제영화제 심사위원 등을 맡으며 영화를 통한 포교에 앞장서 왔다. 또한 2017년 모스크바 국제영화제 심사위원을 맡았으며 아름답고 푸른 지구를 위한 교육연구소 이사장을 맡고 있다.

답설야중거(踏雪野中去)
– 다시 초심으로

조계사불교대학에 다니는 여러분들은 많은 선지식들로부터 좋은 법문을 많이 들어 더 이상 무슨 말을 하나 하는 생각이 들었다. 탄허스님께서도 법문은 핵심만 짚어 해야 하기 때문에 긴 말이 필요 없다고 하셨듯이 가급적 짧은 시간 내에 마치고자 한다.

불교를 믿는 데 있어서는 세 가지가 필요하다. 첫째는 영험함을 배우고 익히고 체득해야 하며, 두번째는 감응으로서 자신이 느끼고 응답을 받아야 하며, 셋째는 족행으로서 발로 뛰는 신행생활을 해야 한다. 무종교 경향, 탈종교, 유목종교, 인공지능의 시대에 있어서 불교의 나아갈 길을 제시해 보겠다.

첫째로 불교를 믿는 데 있어서 영험함을 배우고 체득하는 것이다. 영험을 배웠느냐? 아느냐? 이는 체험이나 경험과는 다르다. 현대의 탈종교화 경향이나 무종교, 유목종교, 인공지능 등 과학물질 풍조에서 종교가 밀리고 불교가 밀리는 것은 불교의 영험함, 신령함을 느끼고 제대로 사용하지 못했기 때문이다. 실제로 나는 50여 년 전 탄허스님과 만화스님을 모시고 수행하면서 부처님의 영험함을 느꼈고, 실제로 보았으며 체험해 왔다. 신해행증을 체득하지 않고 영험, 신령스러움을 배우지 못하면 안 된다. 나는 법명이 원행인데 한자로는 원행(遠行, 멀원 다닐 행)으로 사주팔자가 멀리 다니라는 드센 팔자다. 현 총무원장 스님은 나와 법명이 같지만 둥글 원자 다닐 행이니 둥글게 다녀서 총무원장이 된 것이다. 탄허스님께서는 나를 보고 '오대산 멍청이'라고 하셨지만 탄허 큰스님께서 하신 역학과 화엄경 외에도 영어, 독일어, 대학원 등에서 공부를 많이 했다.

오대산이 복잡할 무렵 걸망을 지고 가야산 해인사로 가서 법보전에서 소임을 맡은 적이 있다. 당시 해인사에 걸망 지고 갈 때 월정사에서 재무를 10년 보았는데 차비가 없었다. 그래서 어느 보살님으로부터 3만원을 받아 갔던 기억이 있다.

해인사 법보전(法寶殿)과 수다라전(修多羅殿)에서 사분정근을 하며 2시간씩 기도를 하는데 목에서 피가 나오고, 목탁을 치니 견비통이 왔다. 그 뿐인가? 온몸이 아래로 쏠려 있다 보니 다리가 부었다 내렸다를 반복했다. 여러분들 중에 그렇게 기도를 해본 적이 있었는가?

해인사에서 기도를 할 당시 대구에서 약재를 파는 약령시장 사람들과 생선을 파는 부산 자갈치시장 사람들, 마산 바닷가 합포시장 사람들이 낮에 장사를 해야 하니까 새벽부터 와서 기도에 동참하였다. 하루는 기도 중에 울고 있는 보살들이 있어서 왜 우냐고 하니까 이렇게 법당에서 눈물을 쏟고 가면 장사가 잘 되었기 때문이라고 했다. 이게 소문이 나서 많은 보살들이 해인사로 몰려오니 때 아닌 사

찰 수입이 상당했다. 어느 날인가 눈오는 날, 목이 터지게 기도를 하고 있는데 소리도 없이 문이 활짝 열려 보니 백련암에 계시는 성철 큰스님이 저를 보고는 "아 그래야지." 하시면서 가셨다.

기도를 하다 보니 현몽도 한다. 어느 날 꿈속에 탄허스님이 나타나셔서 벼락같이 호통을 치시는 것이었다. 탄허스님과 만화스님 생전에도 큰 잘못이 없는데 야단을 맞고 두들겨 맞은 일이 많았다. 잘못한 일도 있긴 있었다. 고등학교 시절 짜장면이 먹고 싶어서 보살의 시주 돈 1만5천원 중 5천원을 3번 가로챘다가 엄청 두들겨 맞았다. 그때 맞으면서도 피하지 않고, 울지도 않아 반발하는 것이냐며 더 맞았던 일이 있었다. 그렇게 무서운 탄허스님께서 꿈속에 나타나 벼락같은 야단을 치시는 것이다.

그래서 일타스님과 해인사 주지 스님께 말씀드리고 스님께서 창건하신 대전의 자광사로 내려갔다. 가 보니 탄허스님 영정이 있는 곳의

함석지붕이 새서 비를 맞고 있는 것이었다.

그후 그곳 주지스님이 나보고 계속 있어 달라고 요청하여, 자광사에 머물면서 대전엑스포가 성공적으로 치러지는 것을 보고 3층 법당 불사도 이루었다. 대전에서도 기도만 하였는데 기도하고 축원하면 다 성취되었다. 이는 시주금이나 재산과는 관계가 없는 것이다. 어느 날부터 나에 대한 명성이 마곡사 법주사 등으로 퍼지자 "원행스님이 누구냐?"고 하며 많은 신도가 찾아왔다.

자광사에 큰 빌딩을 짓고, 94년도에 다시 월정사로 돌아온 후에는 삼화사 주지를 맡게 되었다. 삼화사에서는 쌍용양회 시멘트가 덧칠해진 철불이 있었다. 그 부처님에게 기도하면서 주지 임명장을 놓고 절하다가 부딪쳐 눈에서 번쩍 불이 난 순간 부처님을 바라보니 부처님께서 웃고 계셨다. 그 철불이 약사불이라고 하여 약사전을 짓고 기도하였는데 나중에 확인되기로 노사나불이고 3대 철불이라는 명문(銘文)이 발견되었다. 그래서 화단에 흩어져 있었던 삼층석탑도 복원하였는데 이후 철불과 3층석탑 모두 보물로 지정되었다.

사람은 태어나면 죽게 마련이다. 중국의 어느 선사는 죽을 때 물구나무로 걸어가며 죽겠다고 하였고, 어느 선사는 "불질러라 나는 간다."라고 하며 입적한 예도 있다. 보조국사 지눌은 백문백답 후에 "나는 간다."고 하며 입적하셨고, 방한암 스님은 1951년 2월에 좌탈입망하셨다. 한암스님은 우리가 너무나 잘 알고 있듯이 1·4후퇴 당시 국군이 상원사를 불 지르려 하자 "나를 화장하라!"며 꼿꼿하게 앉아 계셔서 끝내 상원사를 지키신 분이다. 이렇듯 죽는 방법의 실화를 느끼고 보고 영험을 배우고 해야지 사람을 분별하면 안 된다.

영험을 배우고 느끼고 찾으며 두 눈과 겉눈썹, 속눈썹을 자기 마음의 눈으로 봐야 한다. 두 귀가 있지만 영험이 없으면 숲속 풀벌레 소리도 못 듣고 지구의 공전소리 자전소리도 듣지 못한다. 금강경의 불안, 법안, 혜안, 천안, 육안도 영험 있는 눈과 귀로 고쳐 가져야 한다. 몸 밖의 보이지 않는 진리를 느끼고 보아야 한다.

두번째로는 감응을 가져야 한다. 이는 감동이나 감정과는 다르다. 감응은 느끼고 응답이 있는 것으로 가피와도 같다. 108참회도 감응으로 응답을 받고, 자기 자신이 감응을 느껴야 한다. 감응은 자신 외에 다른 사람은 모르는 것이다. 무종교, 탈종교, 인공지능, 스타워즈 등 현대의 이런 세상에서 불교는 마음이 우주를 만들고 우주는 마음 안에 있음을 알아야 한다. 감응을 가지고 하는 108배, 100일기도, 독경, 사경, 포교는 옆 사람을 도와주고 기쁨을 준다. 이러한 감응은 자리이타 하는 것으로 자기 자신이 도움을 주면 반드시 되돌아오게 되어 있다. 이를 느끼지 못하는 것은 이해타산적이며 물질적으로만 생각하기 때문이다.

한국불교는 감응으로 다시 태어나야 한다. 감응을 모르면 폭이 좁혀져 서로 다투는 상태만 되고 상대편이나 본인에게나 이로울 일이 없다. 70억의 세계 인구, 8천만의 우리 민족, 그리고 가족 속에서도 그렇다. 부처님을 믿고 자신부터 영험을 가꾸고 만들어 감응이 와야 한다. 이는 메아리 산울림 같은 것으로 그렇게 될 때 비로소 부처님 법이 바로 사는 것이다.

세번째로는 족행(足行)으로서 발로 뛰어야 한다. 저는 52개 단체 관련 일을 하고 있다. 부여된 나의 역할, 발원에 따라 고집을 부리지 않고 일한다. 그러다 나중에 다른 사람들이 나의 판단이 맞았다고 느끼도록 한다.

불교를 믿음에는 법통(法統), 종통(宗統), 설통(說通)이 있다. 법통은 법맥이고, 종통은 종지·종풍이며, 설통은 그 시대에 맞는 말로서 시국선언 등 바른말을 하는 것도 포함한다. 예를 들어 10·27법난 같은 때 사찰 내에서 총무원장이 불심검문 받는다거나 할 때 강력히 항의하는 일이다. 지도자가 이것저것 용인하며 적당히 하려 들면 안 된다. 그래야 무종교, 탈종교, 인공지능, VR(가상현실) 등의 세계가 되어도 부처님의 법은 매몰되지 않는다.

우리나라 3,000여 조계종 사찰의 스님들은 결코 녹록하지 않다. 세계인들이 우리나라 산지승원(山地僧院)에 대하여 감탄하고 있음을 알아야 한다. 시대는 하루가 다르게 빠른 속도로 변하고 있다. 우리 불교도 그 어느 때보다 변화와 혁신이 필요하다. 향후 100년을 설계해야 하며, 불법을 널리 알리는 포교사도 새롭게 태어나야 한다. 자신이 새로워지지 않은 채 이웃을 새롭게 변화시키지 못한다. 모쪼록 더 한층 발심하고 원력을 세워 새롭게 일어나는 조계사불교대학이 되기를 바란다.

● 　　원행스님은 조계종 원로의원이자 제4교구본사 월정사 선덕이며 대종사 법계를 품수했다. 제11대 중앙종회의원과 초심호계위원, 동해 삼화사 주지, 원주 구룡사 주지, 평창 상원사 주지, 강원지방경찰청 경승단장 등을 역임했다. 저서로는 『월정사 멍청이』, 『월정사 탑돌이』, 『눈썹 돌리는 소리』, 『월정사 중창주 만화 희찬스님 시봉이야기』, 『화엄의 빛 탄허스님 시봉이야기』 등이 있다.

세상과 우리 삶을 돌아보는
제3의 앵글을 만들자!

법정스님은 열반하시면서 내 책을 다 태우라고 하셨고, 성철스님
도 난 평생 거짓말만 하여 지옥에 갈 것이라고 하셨다. 처음엔 이 말
씀이 겸손해서 하신 말씀인 줄 알았는데 진심으로 하신 말씀이었다.
두 분의 이 말씀이 새삼 가슴에 와 닿는다. 올해 환갑을 맞고 보니
지난날 책을 쓰고 마이크 잡고 많은 이들에게 어쩌고저쩌고 많은 말
을 한 것이 몹시 부끄럽다.

『화엄경』의 53선지식 중 40번째는 묘덕원만야신 구바석종녀로 덕
이 원만한 비구니 스님이다. 저는 그런 원만한 덕이 없는데 이 자리에
섰다. 앞으로 100세 인생으로 보면 40년은 더 살아야 하는데 하루라
도 깨어 있는 삶을 살고 답을 찾아 살아야겠다.

선재동자가 누구인가는 수월관음보살을 보면 알 수 있다. 관음보
살을 우러러보며 합장하는 꼬마동자가 바로 선재동자이다. 우리가
알고 있는 고려시대의 관음보살도는 『화엄경』의 관음보살이지 『법화

경』의 「보문품」에 등장하는 관세음보살이 아니다.

선재동자는 무엇을 한다고 선지식을 찾아다녔을까? 우리의 선지식은 초등학교부터 지금까지 선생님일까? 선지식인지 사기꾼인지는 어떻게 구별될까? 등을 생각해보면『화엄경』의 선지식은 내가 아는 범위에서만 이야기하고 다른 선지식을 알려주는데 사기꾼은 자기가 모든 것을 알고 있고 자기의 부하로 부려먹는 사람이다. 진짜 선지식은 자신이 절대 전지전능하다고 말하지 않는다. 이것이 53선지식의 특징이며 부처님과는 다르다. 초등학교가 끝나면 선생님이 중학교 가라는 것과 같은 이치다. 자기가 다 안다고 하는 것은 선지식이 아니고 알고 있는 만큼 알려주고 다른 선지식에게 가라고 일러주는 것이 진짜 선지식이다. 그래서『화엄경』에도 53명의 선지식이 있는 것으로, 우리 같은 중생이 감을 잡을 수 있는 것이다.

선재동자가 53선지식에게서 얻고자 한 것처럼 우리는 앞서 39번의 선지식을 만났을 때 간절했는지 그냥 했는지 스스로 생각해 보자.

　제가 최근에 발견한 선지식은 바로 축구선수 박주호의 부인과 같은 사람이다. 박주호와 4살된 어린 딸이 범어사에 갈 때 어린 딸이 지하철에서 가방을 잃어버려 울고불고 난리치자 박주호가 부인에게 전화를 걸어 바꿔주었다. 박주호의 부인은 딸에게 "넌 강하잖아?" 하면서 자식을 치켜세웠다. 어린 딸은 그 말에 울음을 뚝 멈추었다. 그것이 바로 진정한 선지식인 것이다.

　조계사 전임동문회장들과 도서관에서 진제스님의 "붓다로 살자"라고 쓴 글을 보았다. 무엇이 부처로 사는 것인가? 이 말과 같이 붓다로 살기 위해서는 공(空)의 도리를 깨닫고 천인·아수라 등 신에게도 법문을 할 정도가 되어야 한다.

　내가 자주 가는 인도네시아의 보르부드르 사원에는 석가모니 부처님 일대기 123장면이 있다. 이중 20여 편은 여러 신들이 도솔천에서 석가모니 부처님에게 사람으로 태어나도록 하는 장면이고 마지막은 초전법륜으로 끝난다. 법문하는 것과 불성을 찾는 것이 얼마나 간절하고 선지식에게 법을 구하는 것이 또 얼마나 간절한지 잘 나타나는 그림이다. 거기엔 범천이 무릎을 꿇고 항아리, 꿀단지 같은 것을 두고 간절히 구하는 장면들도 나온다. 이 항아리들은 또 무엇일까? 저는 다행히도 환갑이 되어 간절히 구하는 것이 바뀌었다.

　얼마 전까지는 직장생활을 하며 승진이 목표였다. 아버지가 돌아가시고 어머니께서 병원에 계실 때도 선재동자가 법을 구하듯이 조직의 생리상 회사에서 일하며 돈을 어떻게 해야 잘 버는지, 어느 작전회의에 가면 종목이 잘 나오는지, 어떻게 해야 높은 자리에 올라갈수 있는지를 연구하며 살았다. 마치 불교의 『금강삼매경』이나 『대승기신론』에서 말하는 여래장일 것이라는 생각을 하게 되었다. 제가 최근에 불교를 처음부터 공부해야겠다는 생각이 들었는데 반야심경 등을 공부한 목적이 조계사 법당과 불교TV에서 강의를 하려고 한 것은 아니다. 제가 정말 기다리는 순간은 아직 오지 않았는데 정말 바라는 것은 우리 아들과 딸이 "어떻게 하면 아빠처럼 될 수 있냐?" 고 질문을 듣는 것이다. 현재로서는 별로 가능성이 없어 보이긴 하지만 만약에 들을 수 있는 질문이라면 불자들에게도 듣지 않겠나? 그런데 그것은 속는 일이다. 언론에 속고 있는 것이다. '어떻게 하면 아빠처럼 돈을 잘 벌고, 어떻게 하면 아빠처럼 TV에도 나가냐?'고 물을 때 아들과 딸에게 해줄 수 있는 답은 공덕장과 여래장이다. 이것이 인생목표가 되었다. 주위에 보면 자신은 절에 오래 다녔지만 자녀들이 절에 다니는 분이 몇 안 된다. 이것을 보면 한국불교의 비전이 있는지 의문이다.

비전을 세움에 있어서 답은 있는데 못 찾는 것이 문제다. 『도덕적 인간』이라는 책을 보면 카네기가 파티에 초청받아 갔을 때 어떤 사람이 말하길, '인간은 일을 도모하고 마무리는 신이 한다'라는 구절이 어디에 나오는지에 대해, 전문가가 오히려 상대편이 틀린데도 맞다고 하는 이야기가 나온다. 이는 논쟁에서 이기면 적이 되므로 굳이 논쟁에서 이기려 들지 말라는 예이기도 하다. 분명 어디에 나오는 대목인지 알고 있지만 상대방의 주장에 더 이상 논쟁하여 분위기를 어둡게 하지 않으려는 배려일 것이다.

여기서 제가 말하고자 하는 것은 앞으로 세상은 근거 자료가 매우 중요하다는 것이다. 아이들이 책을 들이대면 할머니나 엄마들은 꼼짝 못하고, 불교에서도 스님들이 경전을 들이대면 재가자들이 꼼짝 못하고, 서양에서도 비슷한 상황에 싸움이 많이 일어났다. 기독교에서는 루터가 성경을 독일어로 번역하여 일반인들도 성경을 보게 하여 근거를 제시하니 사실인지 아닌지 부딪쳐 본 것이 종교혁명으로 이어진 것이다. 요즘은 재가자들이 불경공부를 더하여 스님과 부딪쳐 이기는 경우가 많은데 이때 스님들은 알음알이를 내지 말라고 한다. 이것을 보면 알음알이 아닌 그 무엇이 불교에 있다는 이야기가 아닌가. 앞으로 4차산업이 되는데 이 4차산업 세계에서는 알음알이 아닌 그 무엇이 있어야 한다는 것이다.

불교에는 많은 신들이 있어 천도재 등 재를 지낸다. 그 신들마저 제도할 대상이지 법을 구하거나 받드는 대상이 아니다. 불교가 다른 종교와 다른 것은 무엇인가 구하며 비는 기복종교가 아니라는 것이다. 얼마전 부친 제사 때 어머니에게 제사 지내지 않겠다고 했다. 삼월 삼짓날 한 번 지내겠노라 하고 어머니 들으시라고 『원각경』의 「보안보살장」과 금강경을 읽어드렸다.

앞으로 우리는 신들에게 끌려 다니지 말고 신들에게 존경받고 심부름 시키고 지시하며 살아야 한다. 지시하려면 멍청해서는 안 된다. 사장이 멍청하면 종업원에게 시달리고, 상사가 멍청하면 부하에게 시달리고 아줌마가 멍청하면 가정부에게 시달리듯이 멍청하면 신들에게 휘둘리는데 신들을 불러 놓고 지시하려면 우선 사홍서원, 여래십대발원문, 아미타 48서원 등 부처님의 경영철학을 제시해야 한다. 이것은 나의 생각이 아니고 신들과 소통한 경험으로 얘기하는 것이다.

명상을 열심히 하니 집에서 잠을 잘 때 꿈꾸며 동영상이 리플레이 되듯이 알게 된 것이다. 예전에 무속인이 저한테 돈줄이 막혀 있어 380만원을 들이면 된다고 했는데 하지 않았다. 만약 그때 무속인이 시키는대로 했더라면 떼부자가 되었을까. 하지만 그렇게 될 리가 없고 하늘의 섭리는 명확한 것이다.

뉴턴의 만유인력 법칙 이후 성경은 권위를 잃고 숫자와 데이터가 중요하게 되었다. 요즘은 어떤 사람이 지식인인가? 자기 경험과 그것에 거짓말을 진짜처럼 하게 하는 감수성이 있으면 어떤 지식도 감당 못하는 것은 우리 사회나 전 세계적인 추세이다. 우리네 엄마가 반야심경을 가지고 아이와 남편을 설득하려고 하면 안 된다. 반야심경이 대승불교의 정수라고 하는데 이를 설명할 수 있어야 한다. 저도 입정을 이해하는 데 20년이 걸렸고, 이를 정확히 알려준 사람은 유발 하라리라는 사람이다. 그도 무념, 무상의 입정을 10초하는 데 18년이 걸렸다고 솔직히 고백하여 나도 열등감에서 벗어날 수 있었다. 유발 하라리의 『사피엔스』, 『호모데우스』, 『21세기를 위한 21가지 제안』의 저서에서 인간은 털 없는 원숭이, 사람이기도 하고 신이기도 한 존재라고 했으며, 21가지 제안 중에서는 마지막으로 명상을 제시하여 명상을 통해 각자의 답을 찾아야 한다고 하였다.

저는 '입정이 잘 안되는데 어떻게 답을 찾을 수 있는가?' 하는 문제로 『원각경』과 『금강삼매경』을 다시 보았다. 「진성공품」과 「여래장품」에서 보르부드르 사원의 꿀단지에 절하고 있는 것이 여래장 보배창고로서 진성공을 체험하고 공에 들어가서 보게 되면 공인 줄 모르고 왔다 갔다 하는 것이 인간과 신이라는 것을 알게 되었다.

조계사 법당은 원래 작은 부처님 모실 때는 왔었으나 현 삼불을 모신 후에는 오지 못했다. 까치집에 제비가 있는 것 같이 여겨 잘 알지도 못하면서 구업을 지은 거 같아 죄송한 마음이다. 구업을 지으면 문제가 생기고 앞으로 나아가지 못한다. 어떤 스님이 전화를 해서는 "불교와 돈하고 연결시켰는데 금강경하고 연결해서야 되는가. 원각경하고 연결시켜야지."라고 하셨다. 왜 그러냐고 물었더니 경전마다 호법신이 다른데 원각경의 호법신장이 돈을 벌어주지 금강경 호법신장은 아니라는 것이다. 그래서 경전을 찾아보니 정말 원각경 호법신장이 돈을 벌어준다고 되어 있고 금강경은 아무리 찾아봐도 재물에 관한 것은 없었다. 『원각경』의 주인공은 바로 보안보살이다. 『원각경』「보안보살장」을 보면 모든 것이 공의 도리라는 것을 확실히 알려주고 있다. 49재의 무상계도 여기서 나왔다. 불교 신자들이 득력(得力)을 하기 위해서는 공의 도리를 확실히 알아야 한다. 그래야 신에게 지시하고 명령하며 자신감이 생기고 여래장(보배창고)의 문을 열 수 있게 된다.

『금강삼매경』은 우리나라 원효스님이 해설한 경이다. 중국의 삼계교(三階敎)에서 내 안의 부처가 여래장을 열어 지장보살의 도움으로 자기 자신을 부처로 쓰는 경이었으나 신라 말 고려 초에 균여대사가 광종에게 두 다리가 부러지고 삼계교를 탄압해 없어진 종파다. 여래장과 지장보살이 함께 하는 『금강삼매경』은 왕권을 흔들게 한다 하여 불온문서로 읽지도 못하게 하였다. 우리가 붓다로 살기 위해서는 내 안의 부처를 쓰고 여래장을 열고 지장보살과 신들을 쓸 수 있어야 한다.

『아함경』 중 여래십대명호 중 천인사는 신들과 인간의 스승으로서 명상공부를 통해 본격적으로 본질에 들어가 불교세상을 열었다. 53 선지식을 모시고 법회를 보는 조계사불교대학 총동문회도 동문들이 선지식이 되어야 한다. 앞서 말한 축구선수 박주호의 부인, 나은이 엄마같이 중심을 잡아야 한다.

무아는 어떻게 갖는 것인가? 무아는 오직 쓸 수 있을 뿐으로서 나를 위해 쓰는 것이 아니고 사홍서원 같이 중생구제를 위해서 써야 한다. 선재동자 같이 구하고 찾아다니고 물어보고 하면 제일 먼저 와서 돕는 것은 조상이고 화엄신중들이다. 일체유심조, 여래장 같은 기도를 함으로써 건강, 재물, 명예가 따라 들어오게 되어 있고 이를 체험을 통해 맞이하게 되기를 바란다.

그리고 더 공부를 하면서 알게 된 것이 '내가 무아가 되어야 하는구나'라는 사실이다. 제3의 눈인 심안(心眼)이 열려야 나 자신을 볼 수 있게 되고 관자재가 되니까 18년 걸린 관자재의 관이 10초에 이루어졌다는 유발 하리라의 말을 실감하게 되었다.

자기가 관자재(觀自在)가 되어야 명상의 힘이 생기고 정확한 서원을 하게 된다. 여러분들도 명상의 힘을 알고 명상을 하며 입정하기를 바란다.

또한 자기를 볼 줄 알아야 한다. 못 보면서 하면 업이 되지만 보면서 하면 저장이 안 되기에 업이 되지 않는다. 그래서 자기를 본다는 것이 중요하다. 눈 감고 앉아 있는 자기를 느끼고 나를 본다고 하는 관아(觀我)에서 보면 깨어 있는 대로 이야기한다는 것이다. 금강선원의 혜거스님이나 대행스님, 경봉스님 같은 분들은 15분 20분씩 해야 업을 통제할 수 있다고 하였다. 어쨌든 이런 방법으로 입정하고 관하고 제3의 눈을 만들고 반야심경대로 붓다로 살면서 자식에게 법문을 하고 신에게 법문을 하는 득력(得力)을 하시길 바란다.

결론적으로 업을 멸하는 것은 남이나 환경 조건 탓이 아니고 적극적으로 참선, 염불, 기도 등으로 좋은 업을 짓고 나쁜 업을 멸하는 것이다. 뭐니뭐니해도 미리 보시하는 것을 잘 기억하여 삶의 윤회고를 벗어나 자유로운 영혼으로 살아가시길 바란다.

● 　　우승택 교수는 케세이 퍼시픽, 유화증권에서 근무했으며, 삼성증권 재직 당시 '증권맨'으로 금강경을 해설한 『심상사상』을 출간해 화제가 된 바 있다. BTN에서 '금강경 원각경'을, 불교방송에서 '금강삼매경' '약사경' 등을 강의하기도 했다. 현재는 ST 생(生)테크 연구소 대표이사로 활동하면서 1000만 불자를 1000만 선지식을 만들자는 패러다임 전환운동을 펼치고 있다.

마음의 모양을 알아야
행복할 수 있다

마음의 모양을 알아야 한다. 좋고 싫고 기쁘고 슬프고 행복하고 불행하고 하는 마음의 모양은 외부의 환경이나 남의 탓에 의해 생긴 것이 아니다. 전생부터 따라온 업에 기인한 것이다. 이 업을 멸하기 위해서는 남 탓이나 환경, 조건을 탓하지 말고 참선, 염불, 기도, 절 등으로 수행을 하여 분별하는 생각을 없애야 한다. 조건 없이 주는 보시는 업을 멸하는 지혜다. 이를 잘 기억하고 실천하여 삶의 윤회에서 벗어나 자유로운 영혼으로 사시길 바란다.

조계사불교대학 동문들은 불교대학을 졸업하여 많은 스님들로부터 법문과 강의를 들었기 때문에 누구보다 교리를 잘 알고 있을 것이다. 그래서 좀 더 심도 있는 측면에서 말씀드리도록 하겠다.

1970년도에 출가하여 올해로 출가 햇수가 49년이니 50년이 다 되었다. 그런데도 가끔 마음이 헷갈리는 부분이 탐진치 삼독심 중 탐심은 없는 것 같은데 내 관점에서 불의를 보거나 불합리한 것을 대하면 순간적으로 화가 나곤 한다.

수행자는 원래 산에서 수행해야 한다고 믿고 서울에는 일부러 오지 않았다가 재작년에 서울에 입성하였다. 그것도 총무원에는 절대 오지 않겠다고 생각했는데, 하필 총무원 소임을 맡아서 말이다. 총무원에 대한 이미지가 좋지 않은 인식 때문이었다. 총무원장 스님이 도와 달라고 연락을 하셨다. 그래서 서울이 싫고 총무원은 더 싫다고 하며 본사 주지까지 한 사람이 총무원 부장을 왜 하느냐?고 거절의 사를 밝히자 원장스님이 "80이 다 된 노인인 내가 왜 여기 있겠느냐? 나도 이렇게 사는데 스님이 좋은 곳에서 수행하는 것은 누구는 못하느냐? 오탁악세에서 중생과 함께 지내는 것이 진정한 수행이 아닌가." 라며 간곡하게 권유하셨다. 그 설득에 결국 총무원에 오게 되었다.

1년 사이에 6보직을 갖게 되었고, 현재는 불교신문 사장으로 있다. 그런데 지내고 보니 실제로 스님들이 밖에서 보는 것과는 달랐다. 동료나 신도를 위해 많은 노력들을 하고 있고 돈도 많이 버는 것이 아니다. 나의 경우 월급이 220만원 정도인데 이것저것 떼고 나면 얼마 되지 않는다. 그것도 보시하는 돈이 더 들고 불교신문이 어려워 월급을 반납도 한다. 그래도 자랑할 것이 있다면 걱정이 별로 없다는 것이다. 어떤 상황에서도 근심 걱정하지 않으며 일이 되고 안 되고, 좋고 나쁘고를 분별하지 않고 마음 따라 사는 중이다.

몸에 병이 나면 인과에 의한 것이고, 누구나 늙기 마련이다. 이러한 마음 모양을 알아야 행복해질 수 있다. 신구의 삼업이 자유롭고 근심걱정이 없으려면 분별을 하지 않아야 한다. 분별하지 않으면 중도심이 생기고 불교의 최종목표인 해탈을 하게 된다. 생로병사(生老病

死) 성주괴공(成住壞空)으로부터 벗어나는 것을 성불이라고 한다. 여러 분들이나 수행자 모두 남녀노소 사부대중 모두의 목표는 부처가 되는 것이다. 부처가 안 되면 중생으로 남고 윤회하게 되는 것이다.

걱정 근심 없이 살아가는 데 도움이 되는 몇 가지 키포인트 팁을 드리겠다. 마음의 모양이 어떤지 아는 사람이 있나? 마음의 모양은 6근 6경 6식 중 6근의 안이비설신의가 나의 육신을 이루고, 나를 나라고 주장하는 말라식이 있으며, 업장, 업식, 업이라고 하는 창고가 있다. 우리가 보고 듣고 냄새, 맛, 기억 등이 어디에서 나오느냐는 창고인 아뢰야식, 업식에서 나온다. 내가 먹고 자고 등등 습관이 철저히 굳어 저장된 탱크로서 요즘은 DNA라고 하는 지나온 세월 겪었던 내용이 창고에 저장되었다가 습관적으로 나온다. 이러한 습업(習業) 습식(習識)은 생각하기도 전에 나오며 나도 모르게 나오는 움직임으로 각자가 조금씩 다르다. 업 중에는 함께 받는 업인 공업(共業)과 직업 생각 등이 비슷한 업인 동업(同業)이 있다. 이러한 업들은 쌓여 있다가 나타나게 된다.

색수상행식(色受想行識)의 오온 중 색온(色蘊)은 물질, 수온(受蘊)은 감정이다. 감정에는 크게 좋은 감정, 나쁜 감정, 좋지도 않고 나쁘지도 않은 감정으로 나뉘는데 좋지도 않고 나쁘지도 않은 것은 빼고 보면 두 가지로 나누어 볼 수 있다. 좋은 감정과 나쁜 감정, 즐거운 감정과 괴로운 감정, 기쁜 감정과 슬픈 감정, 행복한 감정과 불행한 감정 등 이렇게 두 가지로 구성되어 있으니 이것이 마음의 모양이다.

세상의 물질세계는 보이는 이 세계, 들리는 소리, 음식 맛이 어떤지 등등 안이비설신까지는 물질이다. 이러한 물질세계를 가만히 들여다보면 마찬가지로 딱 두 가지로 나눠진다. 큰 것 작은 것, 낮과 밤, 높은 것 낮은 것, 극락과 지옥 등 두 가지로 구성되어 있고, 이 물질세계를 만드는 것은 마음이다.

시간 공간의 일체에서 시간은 과거·현재·미래 삼세이고, 공간은 동서남북(東西南北) 간방(間方) 상하(上下)가 합한 것이 시방이다. 시방 삼세는 시간과 공간이 합쳐진 것으로 이 시간공간에 들어있는 모든 세계 삼천대천세계를 만드는 것이 마음이다. 이러한 것은 『화엄경』에 다 들어 있다.

아인슈타인은 철저한 기독교 신자다. 어느 날 하버드대학에서 아인슈타인의 제자들이 서양에 선(禪)을 전파한 일본인 스즈끼의 '세상은 상대적으로 이루어져 있다'는 『화엄경』 강의를 듣게 되었다. 제자들이 아인슈타인에게 강의 내용을 이야기 하였고, 아인슈타인은 스즈끼가 영어로 번역한 『화엄경』을 읽게 되었다. 읽고 매우 놀란 아인슈타인은 죽기 6개월 전에 티벳불교를 배웠고, 나중에는 "내가 다시 태어나면 불자로 태어나 못다한 이 세계의 이치를 불교에서 구하겠다."고 하였다.

세상 모든 것, 사람이나 생명체는 생노병사, 무생물은 성주괴공 한다. 이루어진 것은 언젠가는 파괴되어 없어지기 마련이다. 다이아몬드도 시간이 지나면 언젠가는 없어지고 생명체는 태어나면 생노병사 하기 마련이다. 이를 연기라고 하고 윤회라 한다. 제행무상이니까 나라고 하는 실체가 없는 제법무아라고 하여 다 이해는 되는데 당장 골치 아픈 것은 이 마음은 무엇인지? 공하면 없어질 것 아닌지? 걱정 근심, 이것은 또 무엇인지? 내가 느끼는 현재의 감정은 어떤지? 생각하면 마음이 답답하지만 내 일과라고 생각하면 편해진다.

왜 이런 감정이 들까? 인간과 모든 중생은 괴롭지 않고 즐거워야 되는데 즐거운 것은 마음 자체이고 마음은 생노병사 한다. 가만히 생각해 보면 굉장히 즐거운 것도 오래 가지 못한다. 한 번 웃지 두 번 웃지는 않는다. 기쁜 마음, 즐거운 마음, 행복한 마음도 생노병사 하며 곧 시무룩해지고 기분이 나빠진다. 이랬다저랬다 하는 마음, 이 현상은 어디서 오는 것일까? 즐겁고 괴롭고 즐겁고 괴롭고…

이러한 것을 부처님께서는 12연기로 설명하셨다. 무명은 왜 무명일까. 글자 그대로 밝지 않은 것인데 왜 밝지 않을까. 밝음은 광명인데 지혜가 없고 음침하고 어둡고 기분이 나쁘다. 이 기분이 나쁜 데서 시작하는데 왜 무명일까?

무명이란 상대적 분별을 가진 것이다. 좋다는 것은 나쁜 것이 있기 때문이다. 죽는다는 것은 태어났다는 인식이 있기 때문이다. 이것을 잘 알아야 한다. 이것을 인과라고 하는데 보통 원인과 결과, 선인선과 악인악과 등을 이야기 한다. 이러한 인과를 수평적 인과라고 한다. 태어났기에 죽게 되고, 젊었기에 늙고, 건강하기에 병이 들고, 해가 뜨면 해가 지고, 밀물이 들어왔기에 썰물이 되어 나가는 이치, 이것이 인과인 것이다. 화엄경의 차생고피생(此生故彼生), 이것이 생기면 반대쪽도 생기는 것, 이것이 인과이고 우리의 마음이고 느낌이다.

하나가 생기면 반대쪽도 생기는데 우리는 어떻게 살아야 하는가? 인간이라면 누구나 좋고 기쁘고 행복하고 만족하려고 하고, 원하는 것을 얻으려고 한다. 그런데 원하는 것을 얻으면 더 기분이 좋은가, 더 편하면 만족하는가. 우리가 자식이나 부부간에 하는 모든 행위는 결국 내가 불편하지 않고 불행하지 않고 불만족하지 않기 위해 하는 것이다. 말 한마디 한 생각, 자식 위해 산다는 것은 내가 마음이 편하고 덜 속상하고 덜 괴롭고자 한 것이다. 자식은 자식대로 업이 따로 있다.

얼마 전 방영된 드라마 '스카이캐슬'에서 보았듯이 부모가 자식 위해 공부시키는 것은 아이를 위한다는 것보다 부모의 만족을 위한 것이고 아이는 핑계일 뿐이다. 각자의 행위를 누구를 위해 한다는 생각을 내서는 안 된다.

하나가 생기면 다른 하나가 생기게 마련이다. 기쁨, 행복, 좋음, 만족을 구하면 구할수록 상응한 괴로움, 슬픔, 불행, 불만이 또 생긴다. 이는 물리적으로도 같은 이치로 1년 안의 낮과 밤 길이는 여름과 겨울이 다르지만 통틀어보면 똑같고 밀물과 썰물도 똑같고, 손바닥 손등도 면적이 차이가 없듯이 마음의 모양도 똑같아 즐거움의 무게가

10kg면 괴로움의 무게도 10kg이다. 기쁨의 부피가 100이면 슬픔의 부피도 100이 되는 질량불변의 법칙이다. 이것이 인과법이다. 태어나면 죽고 건강하면 병들고 기쁜 만큼 슬프다. 이것이 때에 따라 다르고 사람에 따라 다르다고 하더라도 전생 금생 후생의 삼생을 놓고 보면 똑같다. 이는 천기누설이다.

불교경전 어디에도 더 즐겁고 더 행복하게 한다는 구절은 없다. 이는 인과가 생기기 때문이며 부처님이나 하나님이나 어찌해볼 도리가 없는 것이다. 물이 안개에서 구름으로 비로 옹달샘으로 개울물로 강으로 바다로 다시 안개 수증기 등으로 실체가 바뀌어도 물의 성질은 변하지 않듯이 우리의 자성도 변하지 않는데 이것을 불성이라고도 한다.

무명은 분별하고 나누는 데서 비롯된다. 이것이 생기면 저것이 생기는데 어떻게 해야 하는가. 어느 장단에 춤추어야 할까. 이에 대한 답이 바로 중도(中道)이다. 중도는 이것도 아니고 저것도 아니고, 좋은 것도 없고 나쁜 것도 없고, 삶도 없고 죽음도 없는 것으로서 모두 우리의 관념에 의한 것이다. 물컵을 놓고 볼 때 작다고 하는 것은 큰 것을 생각했기 때문이니, 크다 작다고 할 수 없는 것이다. 비교하지 않고 있는 그대로 봐야 한다. 산은 그대로 산이고 물은 그대로 물이며 흰 구름은 그대로 흰 구름인데 해 뜨는 것은 좋고 해 지는 것은 싫고, 흰 구름은 좋고 먹구름은 나쁘고, 중생은 인과적으로 내 감정을 실어 현상을 본다. 부처님은 어느 것에도 치우치지 말고 있는 그대로 보라고 가르치셨다.

요즘 '금수저, 흙수저' 하며 공평하지 못한 현실을 탓하는 말이 유행어처럼 쓰이는데 이는 현실보다 삼세를 놓고 봐야 한다. 우연히 나타나는 것은 없으며 반드시 원인과 이유가 있고 전생부터 따라온 것이다.

각자 고락의 업과 괴로움·즐거움의 질량은 같다. 누구나 차이가 없는데 다만 수행, 참선, 화두타파 노력으로 분별심을 없애면 나쁜 것도 없어지고 두 분별 자체가 없어진다. 이는 곧 깨달은 성품이 되고 이것이 바로 아뇩다라삼먁삼보리인 것이다.

괴롭고 슬프다는 것은 어떤 조건 이전에 내 마음 안에 분별하는 업이 있기 때문이다. 이를 알아차려야 한다. 자식이 속을 썩인다는 것은 나의 분별업 중에 괴로운 업이 나타나는 시간이 되었다는 것이고 이것이 자식을 통해서 나타난 것이니 남 탓은 성립이 되지 않는다. 시시비비는 별의미가 없고 슬픔도 대상이 문제가 아니라 대상도 내가 만든 일체유심조이며 만법유식으로서 미움이 없으면 미운 사람도 없고 싫은 것이 없으면 싫은 것이 보이지 않는다.

시방삼세는 시공을 따라 업이 흐른다는 생각을 하고 기분 나쁜 현상은 내 업이라고 생각하며 적극적으로 참선하면서 분별하는 생각을 줄여야 한다. 묵언이나 화두 드는 것은 분별생각을 없애는 좋은 방법이다. 염불도 정기적으로 하고 절 수행과 봉사, 울력도 조계사를 위한다는 생각보다 무심코 해야 한다. 무심한 마음, 이것이 중요한데 조건이나 현상에 끄달리지 말고 좋은 수행법인 참선·염불·기도 등을 꾸준히 하는 것이 좋다. 보시를 함에 있어서도 내 것을 주는 것이라고 생각해서는 안 된다.

원래 내 것이란 없다. 아깝다는 생각, 내 것이라는 생각, 얻었다는 생각은 인과적인 것으로 잃게 되는 것이다. 보시는 보시하는 마음 없이 하는 것이 진정한 보시다. 보시를 하면 욕심과 업장이 비워져 인과가 생기지 않는다.

결론적으로 업을 멸하는 것은 남이나 환경 조건 탓이 아니고 적극적으로 참선, 염불, 기도 등으로 좋은 업을 짓는 일이다. 나쁜 업을 멸하려면 미리 보시하는 것을 잘 기억하여 삶의 윤회고를 벗어나 자유로운 영혼으로 살아가시길 바란다.

●   진우스님은 백운스님을 은사로 1978년 수계했다. 고불총림 선원, 용흥사 몽성선원에서 안거 수행했으며, 제18교구본사 백양사 주지, 총무원 총무부장·사서실장·호법부장 등을 역임하고 현재 불교신문사 사장을 맡고 있다.

재가불자들의 간화선 선수행

봄에 비가 오면 더워지고 가을에 비가 오면 추워지는 법이다. 오늘은 비가 와서 쌀쌀하고 봄이 너무 빠른가 싶었는데 그동안 대지가 목말랐고 감로수 같이 내리는 비라서 오기는 불편해도 생명수 같아 반가운 비이다. 조계사불교대학 총동문회로부터 지난해부터 날짜를 조율하다가 이번 봄 4월에 날짜를 잡아 오늘 법회를 갖게 되었다. 부처님오신날이 얼마 남지 않았으니 부처님오신날의 의미를 새기며 부처님이 왜 오셨는가를 먼저 이야기하고 간화선에 대해 이야기 해보도록 하겠다.

부처님의 명호는 여래십호라고 하여 여래, 응공, 정변지, 명행족, 선서, 세간해, 무상사, 조어장부, 천인사, 불세존이 있다. 여래십호의 처음 여래는 여여히 오셨고 여여히 가신 분이라는 여래여거(如來如去)의 줄인 말이다.

저는 1971년 금산사로 출가하였다. 출가 시에는 부처님오신날이 공

휴일이 아니었는데 불교계의 노력과 종교의 형평성에 비추어 우리나
라 대부분이 불자인 상황에서 공휴일로 지정되었다. 그 당시 이름이
불탄절, 불탄일, 석탄일 등 혼돈이 있었으나 부처님오신날로 쓰기로
하였다. '왜 그랬을까?'를 보면 여래, 여여히 오신 분, 진리와 더불어
오신 분이기 때문에 부처님오신날이라고 정한 것이다. 본질적으로는
오고 감도 없지만 부처님께서는 중생구제를 위해 오신 것이다.

　인도에서는 부다가야를 가장 성스럽게 여기고 성도재일을 가장 중
요시 한다. 우리는 4월 초파일 부처님오신날을 중시하고 있다. 부처님
이 오신 뜻은 『법화경』에 있듯이 부처님의 지견을 열고, 보이시고, 깨
닫고, 들어가게 하는 불지견(佛知見)의 개시오입(開示悟入)이 부처님이
오신 뜻이다.

불지견이란 무엇인가? 진리의 내용은 팔만사천법문에 잘 나타나 있으나 축약하면 연기, 공, 무아, 중도이다. 연기란 이것이 있기에 저것이 있고, 이것이 없으면 저것이 없다는 것이다. 다른 종교에서는 창조나 종말이 있고 우주생성 원리를 창조식으로 표현하고 있다. 그러나 불교는 창조나 종말이 없고 성주괴공의 이치처럼 순환한다고 가르친다. 이와같은 진리는 벗어날 수가 없다. 콩 심은데 콩 나고 팥 심은데 팥 나는 이치이다. 음양의 이치도 이와 같다. 은행나무를 보면 암수가 마주봐야 열매가 열리는데 이것이 연기이다. 제망찰해(帝網刹海)라는 말의 제망은 제석천의 그물망이라는 뜻으로 그물은 정밀하고 코 끝마다 영롱한 구슬이 달려 있다. 구슬에 빛을 비추면 수많은 구슬이 서로 빛을 내고 이를 상즉상입(相卽相入) 중중무진(重重無盡)의 연기를 이루고 있다.

불교의 연기란 『심청전』에도 잘 나타나 있다. 심봉사가 눈을 뜨는 순간 모든 사람들이 눈을 뜬다. 이는 중중무진의 화엄연기 사상을 나타낸 것이다. 또한 육신의 눈이 떠진 게 아니라 지혜의 눈을 뜬 것으로 부처님 한 분이 출현하시어 얼마나 많은 사람들이 눈을 떴는가를 금번 부처님오신날을 맞이하며 새겨보고자 한다.

중도라는 말은 이것과 저것 사이를 말하는 것이 아니다. 있다는 생각에 치우치면 상견(常見)이고, 없다는 생각에 치우치면 단견(斷見)이라고 하는데 우리가 가지고 있는 중생견해, 자기 잣대로, 아전인수 격으로 자기 의견을 말하는 것은 중도가 아니다. 중도란 있다는 생각, 없다는 생각에 치우지지 않는 것이다. 적극적으로 표현하면 있으면서 없고 없으면서 있는 것이고, 제법종연생(諸法從緣生), 즉 우리가 보는 현상은 인연따라 일어나는 것이고 따라서 우리의 성품은 공하며 성품이 공하기에 비어 있는 것이다. 그렇다고 이것이 허무한 것이냐 하면 아니다. 반야심경의 '색불이공 공불이색, 색즉시공 공즉시색'을 보면 알 수 있다. 두 모습을 같이 보면 고통은 소멸되고 집착하면 변화하는 모습을 보게 되어 괴롭다. 같이 보면 괴로운 것이 없는 것은 밤이 되면 잠시 해가 넘어간 것이고 구름에 해가 가린 것과 같다. 이와 같이 보면 죽는 것도 순환의 한 모습이다. 생노병사라 하듯이 죽는 것도 자연스럽게 다가오는 것이다.

1960년대에 이곳 조계사 법당에서 앉아서 돌아가신 분이 계셨다. 이런 좌탈(坐脫)은 중국에 많고 좌탈하신 분들을 법당에 모신 절도 있다. 6조스님의 경우도 좌탈하신 후 법당에 모셨었고, 광동성에서 세 분의 보살이 좌탈하신 경우도 있었다. 우리나라에서 근래로는 2003년 동안거에서 백양사 서옹스님, 1982년 송광사 초대방장 구산스님이 좌탈하셨는데 영결식에서 앉아 있는 관을 직접 보았다. 또 다른 분으로 1951년 오대산 상원사에서 좌탈하신 방한암 스님도 계시는데 스님의 은사스님도 좌탈하셨다. 방한암 스님의 좌탈 사진은 널리 알려져 있다. 입망(立亡)은 서서 돌아가신 것을 말한다. 이와 같이 좌탈입망은 생사를 자유자재로 한다는 뜻인데 사실 심장마비로 죽기 전에는 끝까지 서서 죽는 일은 어려운 일이다.

중국 당나라 때 은봉스님은 죽을 때 어떻게 죽을까 생각하다가 제자들을 불러 놓고 "내가 갈 거다. 너희들은 서서 죽은 경우 들어보았느냐?"고 하자 제자들이 들었다고 하며 "앉아서 죽고, 잠자다 죽은 경우도 들어 보았습니다." 했다. 이에 은봉스님이 "그러면 물구나무 한 채로 죽은 경우를 들어보았냐?" 제자들이 "못 들었습니다." 하자 진짜 물구나무 선 채로 가버리셨다. 화장을 하려고 아무리 몸을 밀어도 쓰러지지 않아 모두들 탄복하였는데 출가한 은봉스님의 여동생 비구니 스님이 그 소문을 듣고 달려와 "살아생전에 골탕만 먹이더니 죽어서도 골탕을 먹인다."며 꾸짖자 그대로 몸이 쓰러져버렸다는 이야기도 있다. 이와 같이 생사가 자유자재한 것은 쉬운 일이 아니다. 그러나 은봉스님처럼 형상에 대한 집착이 없다 보니 돌아가시면서까지 집착이 없으신 것이다.

스님들은 농담을 해도 큰 농담을 하고 자질구레하게 하지 않는다. '내가 허공의 무착산에 산다'거나 '우주법계에 산다'는 등 농담도 크게 한다. 미륵부처도량으로 유명한 금산사의 크기에 대한 이야기와 해인사 측간(화장실) 이야기가 한 예이다.

어느 날 해인사의 스님과 금산사의 스님이 진안고개에서 만나 서로 이야기를 나누었다. 해인사 스님이 먼저 해인사의 측간 깊이가 얼마인고 하면 "섣달 그믐에 싸면 정월 초하루에 떨어진다."고 했다. 이 말이 맞는데 그 이유는 '0'시에 싸서 그런 것이라고 하였다. 금산사 스님이 질세라 말하였다. "금산사에서는 3천 명의 죽을 아침마다 끓이는데 이는 논을 타고 죽을 끓여서 그런 것"이라고 했다. 허풍(?)도 대단하지 않나? 또 조선 중기의 진묵대사는 오도송으로서 이렇게 표현했다.

천금지석산위침(天衾地席山爲枕)
하늘 이불 땅 자리에 산을 베개 삼고

월촉운병해작준(月燭雲屛海作樽)

달, 촛불 구름 병풍에 바다를 술통삼노라.

대취거연잉기무(大醉居然仍起舞)

크게 취해 거연히 일어나 춤을 추니

각혐장수괘곤륜(却嫌長袖掛崑崙)

도리어 긴소매 곤륜산에 걸릴까 꺼려지네.

　이렇게 해인사의 측간, 금산사의 부엌, 진묵대사의 예는 있다거나 없다거나를 벗어난 일상사를 말하는 것으로 불지견을 보여주기 위한 것이다. 이러한 중도정견에서는 고통이 사라지고 구할 바가 없다. 허덕이지 않고 비굴하지 않으며 당당하고 그러면서 거만하지 않고 겸손하며 부처님처럼 되는 것이다.

　53선지식 구법여행은 선재동자가 선지식을 찾아다니며 만나서 법을 구한다는 뜻이다. 선지식은 세상 어디에나 아니 계신 곳이 없다. 내 마음이 충만하면 그것이 바로 선지식이다. 선에서 말하는 선지식은 좀 다른데 부처님, 제불조사들과 같이 부처님 지견을 완전히 깨달으신 분을 말한다. 부처님 법을 스승을 통해 제자에게 전하는 것을 전강(傳講)이라고 하고, 선이 전해지는 것을 선맥(禪脈)이라고 하는데 둘다 신중하고 은밀하며 받았다 안 받았다고 말할 수 없다. 부처님께서도 깨닫고 나서 교화의 길을 가시면서 나름대로 사람을 보고 법을 전하셨으며, 조사들 간에도 은밀히 전해져 왔다. 그래서 서산대사는 "선시불심 교시불어 계시불행(禪是佛心 敎示佛語 戒是佛行)"이라고 하였는데 이는 "선은 부처님 마음이고, 교는 부처님 말씀이며, 계는 부처님행위"라는 뜻이다.

선은 어디에서 시작되었느냐 하면 삼처전심(三處傳心)에서 비롯되었다.

부처님께서 영축산 영산회상에서 법화경을 설하는 자리에 상서로운 조짐이 나타나고 꽃비가 내리자 부처님이 미소를 지으시며 꽃을 집어 드셨다. 모든 사람들은 영문을 몰라 하는데 가섭존자만이 빙그레 웃었다. 이것이 바로 염화미소이다. 이로부터 불립문자, 교외별전, 직지인심, 견성성불의 선법이라는 이심전심이 전해졌고, 조사실이나 방장실을 뜻하는 '염화실'은 이렇게 염화미소에서 비롯되었다고 할 수 있다.

선 수행이란 무엇인가. 조사선은 당나라, 송나라 초기까지 조사스님이 제자를 일깨워주고 탁탁 집어 마음을 열게 하는 순수선이었다.

이것이 후기로 오면서 전승되는 과정에 문자선, 의리선, 구두선으로 바뀌었고 송나라 대혜종고 스님이 조사선 수행을 구체화하여 간화선을 시작하였다. 간화선은 간단명료한 선으로 조사스님들의 1700 공안 중 하나를 가지고 참구하는 것이다. 이는 조주무자(趙州無字) 화두에서 보면 부처님은 불성이 있다고 했는데 조주스님은 없다고 했다고 하여 물은 자가 바로 깨달으면 되는데 깨닫지 못하면 어째서 이렇게 나오는가를 참구하도록 하는 것이고, 그 자리에서 깨닫도록 한 것인데 그렇지 않은 경우 간화, 즉 화두를 보는 것이다. 화두란 깨달음의 내용을 말로 표현하는 방법인 언전(言詮)으로 말을 따라 가면 안 되고 자기 생각을 넣으면 안 된다. 불법의 올바른 뜻이 무엇인가라는 질문에 "똥막대기, 간시궐"이라고 한 것을 바로 깨쳐야지 깨치지 못하면 어째서 그런가 하고 참구해 들어가야 한다. 자기가 똑똑하다고 '우주법계에 안 계신 곳이 없으니까 똥막대기에도 있다는 뜻이구나'라고 하면 죽은 말이 된다. 함부로 유추하거나 미루어 짐작하면 죽은 말이 되지 참구(參究)가 안 된다.

큰 깨달음의 순간은 다 틀어막아도 폭발하여 나오니 풍선에 바람구멍을 만들어 놓으면 아무리 불어도 터지지 않는 이치와 같다. 자기 생각을 넣는 것은 구두선(口頭禪)이나 의리선(義理禪), 문자선(文字禪)에 머무는 것이다.

경계인이라는 말이 있다. 경계를 타고 넘는 사람으로 시간에 매이지 않고 시간을 부리는 사람을 뜻한다. 우리 마음은 본래 부처이나 부처인지 확인을 못하는데 내가 부처이어도 가만있으면 부처인가. 공무원도 시험공부를 하고 대학생도 공부해서 된 것인데 우리가 부처가 되려 하면서 놀고먹고서야 되겠는가. 부단히 수행해야 한다. 그중 가장 빠르고 확실한 것이 참선수행이다.

조계종은 위빠사나나 관법이 아닌 화두선 수행을 한다. 그중에서도 간화선 수행을 하는데 간화선은 앉거나 서 있거나 누웠거나, 말하거나 잠자리에서도 화두를 들고 화두랑 하나가 되는 것이다. 화두의 생명은 의정(疑情)에 있다. 의심하고 또 의심해야 한다. "어째서?" "이 뭐꼬?" 일단 의심을 하고 저절로 들기만 하면 의정에 들고 시도 때도 없이 나와야 하는 것이다. 대의단(大疑團)은 나와 화두가 경계가 없고 주관 객관이 없어 혼연일체가 된 상태이다. 꾸준히 하다보면 성성적적(惺惺寂寂) 적적성성(寂寂惺惺), 마음자리는 적적하고 바로 깨어 있어 성성해진다. 걸어 다니다가 돌부리에 채여 "아야!" 하는 경계가 되어야지 놀다가 걷다가 깨닫는 것은 없다.

우리는 스스로 부처임을 확인해야 하고, 그렇지 못하면 용맹정진해야 한다. 부처가 중생놀음이나 하고 있으니 억울하지 않나. 남보다 더 노력하고 수행하여 본래 존재모습을 참구하길 바란다. 특히 부처님오신날의 의미 있게 하기 위해 다양한 방법으로 보시하는 등 부처님의 모습을 닮아 가길 발원한다.

● 　영진스님은 1972년 금산사에서 도영스님을 은사로 출가하여 조계종 기초선원장, 동화사 선원장을 역임했으며 봉암사, 해인사, 통도사, 묘적암 등 제방 선원에서 정진했다. 현재 백담사 무금선원 유나 소임을 맡고 있으며, 기본선원 운영위원장이기도 하다.

부처님과 함께하는
나의 노래 나의 인생

부처님께 귀의하고 살아온 삶에서 무엇을 배웠고 어떻게 살아왔는지 거기에 대한 이야기를 하겠다. 요즘 신인들은 노래를 잘해도 방송에 안 뜬다. 그 이유는 프로그램이 없기 때문이다. 청와대 앞에서 1인 시위라도 하고 싶으나 나대는 것 같아 하지 못하였다. 저는 1965년에 지금의 전국노래자랑 같이 KBS TV에 가수 발굴하는 톱싱어대회가 있었는데 1년내내 대결해서 연말에 대상을 받고 가수로 데뷔하였다. 가수가 되기 전 한국 록 음악의 대부로 불리는 신중현 씨에 의해 미8군에 픽업되어 여자 5명으로 팀을 이뤄 미국, 캐나다, 동남아에서 6년 동안 활동하였다.

그 당시 힘들고 엄마도 보고 싶고 하여 많이 슬펐다. 1973년 귀국하면서 불렀던 '안녕하세요'라는 노래가 빅 히트하였는데 당시에는 철이 없어서 돈을 벌어도 얼마나 벌었는지도 몰랐다. 사촌동생이 뻥땅을 해도 몰랐으며 철없고 세파에 물들지 않고 지냈던 그때가 그래도 가장 행복했던 시간이었다.

어머니가 6·25때 외삼촌과 함께 아버지를 잃었다가 나중에 만난 아픔을 알기 때문에 절대로 이혼만은 하지 않겠다고 다짐했다. 그러나 살다 보니 뜻대로 되지 않는 일도 많다. 연애를 하면서 만난 남자가 말도 잘 타고 스키도 잘 타고 여자에게 배려도 잘하고 하여 이런 남자와 평생을 살아도 되겠다고 마음먹고 결혼을 했다. 그런데 결혼 다음 날부터 사람이 달라져 힘들고 고생이 너무 심했다. 더구나 남편이 사업을 하면서 하는 사업마다 실패를 하니 빚은 걷잡을 수 없이 늘어갔다. 결국 남편의 많은 빚을 감당할 수 없어 이혼을 하였다.

1988년경 교통사고가 났다. 입원해서 목에 쇠를 달고 있을 때 어떤 중학생이 건강하시라면서 책을 놓고 갔는데 맨 위에 있던 책이

『법구경』이었다. 또 어느 비구니 스님이 와서 "허공에 물감이 드느냐?"고 물어 당연히 "안 들지요." 했는데 그게 무슨 뜻인지도 몰랐다.

어머니를 따라 절을 하게 되면 "가수 되게 해주세요."라고 하였으나 지금은 기도하는 내용이 "전생, 이승에서 지은 죄를 참회하고, 살아가는 동안 좋은 일만 하고, 착하게 살도록 해주세요."라고 기도한다. 절에 등을 달 때도 저를 위해 등을 달기보다 다른 사람을 위해 다는 것이 더 행복하다. 내가 등을 달아주었던 사람이 잘되는 모습을 보면 기분이 좋다. 지금은 유명한 가수가 된 그 사람은 내가 등을 달고 기도한 줄도 모를 것이다. 특히 회사 사장의 등을 홍련암에 달았는데 신곡이 히트를 해 행복은 말로 할 수 없었다.

'88년 올림픽이 열렸을 무렵 노래가 크게 히트했고, 그때부터 부처님께 귀의하고 절에 다니기 시작했다. 지금까지 앞만 보고 살아온 거 같다. 앞만 보고 산다는 것은 아무리 돈을 벌어도 돈이 내 수중에 없다는 것이다. 남편이 남긴 빚을 갚기 위해 열 군데가 넘는 행사장을 뛰며 노래했다. 보통 8군데 정도 되면 폐가 갈라지는 느낌이 들지만 쉴 수가 없었다. 12년 전에 췌장암으로 돌아가신 어머니의 임종도 보지 못했다. 집도 없이 월세로 살면서 빚을 갚다 보니까 어느 때 문득 이런 상황이 싫고 내 자신이 너무 싫었다. 우울증도 생기고 안 좋은 생각으로 8층에서 떨어질까 말까 망설이기도 했다. 그 순간 나보다 어렵고 힘든 사람들이 떠올랐다. 어려서 봉사 다닐 때 보았던 인큐베이터 속의 아이들, 소년소녀 가장 아이들을 떠올리며 '나보다 못한 사람들을 위해 살자'고 내심 다짐했다.

당시 내가 살던 남양주에서 강남에 가려면 택시비가 비싸고 구리에서 타면 많이 저렴하다. 하루에 만원밖에 쓸 수 있는 형편이어서 남양주에서 구리까지 걸어가서 택시를 타고 다녔는데 어느 날 어떤 할머니와 같이 걷게 되었다. "할머니 어디 가세요?" 하고 묻자 할머니가 용돈을 받으려고 아들집에 갔는데 문이 닫혀 있어 걸어간다고 하는 것이었다. "이 길이 얼마나 먼데 걸어가시냐."고 하며 만원을 할머니에게 드리면서 택시 타고 가시라고 하였다. 할머니는 저에게 왜 걷느냐고 하여 운동하는 중이라고 둘러댔다. 만원밖에 없었는데 할머니에게 주고 나니 방법이 없었다. 신세 지기 싫었는데 할 수 없이 구리에 사는 동생에게 전화에서 지갑을 집에 두고 왔으니 나를 데리러 오라고 거짓말을 하였다.

또 한번은 얼굴을 비춰야 하는 결혼식이어서 결혼식장에 가야 하는데 봉투를 안 갖고 가기는 처음이었다. 결혼식이 끝나고 집에 갈 때 누구에게 태워 달라고 할까 고민하고 있는데 아는 오빠가 "이리 와봐." 하더니 "아들 해외에서 공부하는데 학용품에 보태 쓰라."며 주머니에 손을 쑥 넣는 것이다. 그런 돈을 받은 적이 없어 창피하였으나 돈이 급한 상황이라 받고는 화장실에서 확인하니 100만원이었다. 정말이지 그때 그 고마움은 잊을 수가 없다. 내 마음을 비우니 그 이상으로 왔다고 느꼈다. 만원으로 선행을 하니 100배로 갚아 주셨다고 생각했다. 그 당시 100만원은 엄청난 금액으로 지금의 1억과도 같은 큰 돈이다. 그런데 그 오빠가 지금은 아파서 제 마음도 많이 아프다.

내일 모레에 카드를 갚아야 하는데 돈이 없는 상태에서 일자리가 취소되면 누구에게 빌릴 수도 없어 나도 모르게 "부처님, 어떻게 하나요. 제게 길을 열어 주세요." 하고 기도를 한다. 그러면 신기하게 그 다음날 새로운 스케줄이 생긴다. 그렇게 카드를 돌려막아가며 10년을 살면서 100억원 정도의 빚을 다 갚았다. 그 아마 가치는 지금 돈으로 300억원도 넘을 것이다. 주위에 부도나서 자살하는 사람들을 보면 '부처님에게 갔다 오지 그랬나, 간절히 기도하면 길이 있을 텐데…'라는 생각이 든다.

전국일주 프로그램을 20년 정도 해서 경기도 강원도 등 각 시도에 아는 사람들이 꽤 많다. 그러다 보니 쌀, 음식 등이 많이 온다. 그래서 사 먹는 것이 별로 없다. 스님도 보내 주시는데, 주변에 다 나눠주어도 베란다가 빌 날이 없다. 어느 때는 김치냉장고를 없애려고 내놓았는데 제주에서 갈치가 와서 다시 들여놓은 적도 있다.

작년에 아들이 들어온다고 했는데 안 들어와서 오피스텔에서 자나 보다 하고 자는데 전화가 왔다. 아들이 펑펑 울면서 아빠가 교통사고로 돌아가셨다고 하면서 영안실에 있다는 것이다. 그 순간 심장이 쿵하고 떨어지는 것 같았다. 내가 악담하고 원망해서 그런가 하는 생각이 들며 충격을 받았다. 급히 절에 연락하고 지인 20여 명과 장례식장에서 만나기로 하였다. 장례식장에서 만난 아들은 자기는 아버지랑 전화로 연락도 하고 작년에는 생일도 해드렸다고 한다. 아들이 애비 없이 커서 너무 불행하다고 생각했는데 정 들자 길에서 차에 치어 죽다니… 울면서 9시간 동안 앉아 반성도 하고 부처님께 죄송하다고 마음으로 빌었다.

누군가 미워하면 꼭 나에게 온다고 느끼고 하나밖에 없는 아들이 너무 불쌍하다는 생각이 들었다. 시댁 식구들은 36년만에 장례식장에서 처음 만났다. 아들에게 "너는 이집 장손이니까 남아서 잘 마무리 하라." 하고 자리를 피해주자 시어머니, 시동생과 아들이 서로 껴안고 화해하는 모습을 보니 미워도 고와도 가족이구나 하는 생각이 들었다.

아침마다 "숨 쉬게 해주어서 감사합니다." 하면서 일어나고, "오늘도 열심히 일하고 좋은 일 많이 하겠습니다." 하면서 하루를 시작한다. 나이 70이 넘어 건강하게 일할 수 있는 것에 대해 부처님에게 감사하며 지낸다.

NGO 활동을 18년 정도 하였는데 격을 높여서 사단법인을 만들 생각이다. 노인들을 위한 불교 공연장을 만들기 위해 계획을 갖고 추진 중에 있다. 우리 노스님들 중 외국에 안 가본 분들이 많은데 그분들에게 외국 구경 시켜드리는 것을 첫 사업으로 하려고 한다. 부처님이 이뤄주시리라고 믿는다. 불쌍한 노스님들 보면 가슴이 뭉클한데 예전에는 생각도 못한 일이다. 아이 아빠가 죽고 나서 내가 해야 할 일을 생각하고 다짐하게 된 일이다.

● 　장미화 씨는 음악동인 예우회 회장으로 독실한 불자이다. 2005년 한국불교예술인연합회를 창단, 불자예술인들과 포교활동을 벌였으며, 2006년 비영리법인 아름다운손길을 설립해 독거노인과 소외계층을 보살펴 왔다. 장기기증 및 조혈모세포기증 운동을 벌이는 생명나눔실천본부 홍보대사로도 꾸준히 활동하면서, 2011년 포교대상 원력상, 2012년 불자대상을 수상하기도 했다.

그대는 진심인가?
– 진짜 마음으로 가는 길

여러분이 다 알고 있는 시를 한 수 읊어보겠다.

"남들은 자유를 사랑한다지만 나는 복종을 좋아하여요.
자유를 모르는 것은 아니지만 당신에게는 복종만 하고 싶어요.
복종하고 싶은데 복종하는 것은 아름다운 자유보다도 달콤합니다.
그것이 나의 행복입니다.
그러나 당신이 나더러 다른 사람을 복종하라면 그것만은 복종
할 수가 없습니다.
다른 사람을 복종하려면 당신에게 복종할 수가 없는 까닭입니다."

만해 한용운의 '복종'이라는 시다. 갑자기 아침에 떠올라서 출력해
왔다.

1986년 수덕사에서 행자복을 벗고 승복을 입었을 때는 날듯이 기

뺐으나 한 해 두 해가 갈수록 옷이 무거워지기 시작했다. 해가 갈수록 옷을 감당하기가 힘들었다. 그 무렵, 화계사 주지를 하며 주차해 주고, 보일러 고치고, 앰프 고치고 등등 일을 하면서 옷의 무게가 서서히 줄어들었다. 34년 동안 옷 무게가 언제쯤 끝나려나 하는 중에 조계사불교대학 총동문회에서 53선지식 법회에 와달라고 청하였다. 공양청 법문청은 오라고 하면 가는데 한편으로는 부끄럽기도 하다.

선재동자가 문수보살을 친견한 후 순례 길을 떠나 만난 선지식은 스님만이 아니다. 장사꾼, 일하는 여성 등 다양한 선지식을 만났다. 여러분들은 평상시에도 일상적인 삶 속에서 선지식들을 만나고 있는 선재이다. 이러한 선재 여러분들에게 한마디 하면 옷 무게의 짐을 진 수행자로서 수행이 무엇인가 하니, '이뭣꼬'의 화두를 들거나 지장보살을 되뇌이거나 부처님 말씀인 경전을 보거나 하면서는 옷 무게가 줄어들지 않는다는 것이다.

저를 예로 들어보면 화계사 마당에서 주차하고 정비하고 하는 삶이 아름다운 삶이 되었다. 염불 참선 수행도 마음을 고쳐먹지 않으면 소용없다. 참선이 상근기, 최상승 수행이기는 하나 앉아 있기로 따지면 바위가 더하고, 노래는 산속의 새가 더 잘할 것이다.

무엇을 하더라도 마음을 고쳐먹어야 한다. 마음을 고쳐먹지 않으면 악취가 나고 중생의 틀에서 벗어나지 못한다. 중생의 틀에 빠져서는 '나'라는 상에서 벗어나지 못한다. 자꾸 마음마음 하면서 마음이 부처다, 즉심즉불이다, 심불급중생(心佛及衆生)이다 하며 관념에 빠지고 있으나 자기 체험으로 변화하지 않으면 소용없다. 마음이 곧 작용이다. 우리는 마음을 관념적으로 마음마음하고 있는데 과연 마음이 무엇인가. 근본자리에 있는 마음이 아니라 내가 먹은 마음, 분별이 만들어낸 장난인 마음을 가지고 만들어낸 세상은 허깨비일 뿐이다.

템플스테이에서 어느 동대교수가 스트레스를 어떻게 해소하느냐는 말을 듣고는 "쓰레기통에나 버리라."고 하셨다면서 스트레스는 용수철 같아 한순간 방심하면 튀어 오르므로 통째로 버려야 한다고 했단다. 그러면서 덧붙이길, "마음은 버리니까 됩디다. 내가 20대 때 40대 보살의 괴로움을 상담하면서 처음에는 재미있었으나 계속되는 애기에 달달 외울 정도로 반복되는 상담이 상당한 스트레스를 줘서 그날 들었던 이야기를 바로 버리는 법을 터득하고 마음을 놓아버렸습니다."라고 말하는 걸 들은 적이 있다. 마음을 놓아 비워버리면 되는데 안 되는 이유가 우리는 중생상이 태어나면서부터 만들어져 있기 때문이다.

달라이라마는 처음부터 부처의 업을 가지고 태어났으나 우리는 태어날 때부터 중생의 업을 가지고 태어나 마음을 비우려고 해도 습관 때문에 잘 버리질 못한다.

마음을 비우려고 하면 세 가지 기준이 있어야 한다. 첫째가 중생탈을 벗고자 하는 간절함이다. 대충 해서는 결코 극복할 수가 없다. 둘째는 참선이나 염불 등을 하면서 이것 아니면 안 된다고 하는 절박함이 있어야 한다. 이 얘기 저 얘기에 따라 끌려가면 안 된다. 셋째로 한분만의 스승을 의지해야 한다.

여러분에게는 조계사 주지이신 지현스님 뿐이다. 마음을 비우는 척도는 이 세 가지인데 간절한 마음과 절박한 마음을 가지고 같은 스승 밑에서 공부를 해도 차이가 나는 이유는 스님을 믿는 정도에 따라 차이가 나기 때문이다. 여러분도 불사이군(不事二君)이라는 말이 있듯이 이절 저절 떠돌아다니지 말고 오직 한 부처를 믿고 오직 한 스승을 따르시길 바란다. 어느 분이 인연이 다른 곳에 있다면서 떠나셨는데 붙잡지 않으니 몇 년 지나 다시 돌아오셨다. 여러분도 일불일사(一佛一寺)로 마음을 내려놓는 기틀을 마련하시길 바란다.

이 셋으로 마음을 잘 다스리면서 '진언불출구(眞言不出口)'라는 말이 있듯이 부처님 말씀을 따라 그대로 행위하면 된다. 진언은 입에서 나오는 것이 아니라 성스러운 부처님 말씀의 작용에서 나오는 것이다. 말만 따라 하면 마치 군대에서 소대장이 "받들어 총!" 하면 총을 받들면 되는데 행위는 안하고 말로 "받들어 총! 하는 것과 다름없다. 이는 실로 어리석은 일이다.

군대에서 경례하는 자 돌격하는 자를 만들듯이 부처님 말씀을 들고 실천해야 한다는 말이 바로 진언불출구이다.

반야심경의 '심반야바라밀다시 조견오온개공'에서 오온이 개공하는 것은 오온은 중생의 마음이며, 이 마음을 비우라는 것이다. '행심반야바라밀'이라는 것은 그냥은 안 비워지고 간절함과 절박함을 가지고 진실한 작업을 통해 번뇌를 통째로 버리라는 뜻이다. 무아무심의 도리를 실천하는 것이다. 반야바라밀을 실천한다는 것은 내 몸이 도구가 되어 실천한다는 것이다. 육바라밀을 실천하면 마음이 저절로 비워진다.

'세상에서 가장 행복한 소는 미소이고 가장 영험한 절은 친절'이라는 말이 있다. 미소와 친절이 육바라밀이다. 보시, 지계를 통해 몸을 사용하고 베풀면 부처님께서 다 들어 주신다. 내가 경상도에 살 때는 황제 같았으나 서울에서는 스님이 마치 종 같다. 경상도에서는 모든 신도들이 스님을 잘 외호하고 잘 섬기는데 서울에서는 스님 스스로 챙겨야만 한다.

화계사에서 신묘장구대라니 108독을 혼자 목탁 치면서 한다. 대비주를 왜 외울까? 이는 관세음보살님의 자비심이고 대비주는 중생의 아픔을 구해주는 자비가 녹아 있는 말씀이기 때문이다. 입으로 자비심을 찬탄하면서 외우는 것인데 신명 나면 뭐하나? 기독교의 신이나 부처님은 직접 몸을 낮추는 것이 아니고 천사를 보내거나 보살을 통해 한다. 불교는 관세음보살과 지장보살 등이 자비의 손길을 베풀듯이 우리는 대비주를 우리 입으로 외우면서 손과 발은 관세음보살 대신 부처님의 도구로 쓰라는 것이다.

17살 때 만난 친구가 절에 다니게 된 이유가 내가 절에 가니까 호기심과 궁금해서 절에 가게 되었다고 한다. 이는 내 손과 발이 관세음보살의 도구가 되어 저절로 포교가 된 것이 아니고 무엇인가.

깨우친 후에는 작용을 해야 한다. 석가모니 부처님께서는 12월 8일 성도절에 깨치신 것이 아니라 21일 후에 깨치시고 부처가 되셨다. 그전에는 보리수 아래서 깨우친 수행자 중의 하나일 뿐이다. 21일 후 중생구제를 위해 일어서신 날이 부처가 되신 날이다. 부처가 된다는 것은 법당에서 이뤄지는 것이 아니다. 법당은 부처 되는 연습을 하는 곳이다. 부처가 되려면 작용을 해야 한다. 노 젓는 연습을 했으면 배를 저어야 하지 뱃노래만 하면 안 되듯이 육바라밀은 실천해야 한다.

수십 년 정진해도 무엇을 위해 깨달으려고 하는지 모르는 경우가 많다. 이는 왜 돈을 버느냐고 물으면 가족을 위해서라고 하는데 돈은 집에 갖다 주고 끝나는 것이 아니라 가족과 함께해야 한다. 육바라밀을 실천한다는 것은 미소와 친절로 무장하고 세상 속에서 미소와 친절을 실천하여 부처님이 보리수에서 일어나셔서 다섯 비구를 만나 중생구제를 하셨듯이 작용과 업을 행하여야 한다.

미소와 친절 속에서 수행을 하며, 마음만 공허하게 논하지 말고 작용해야 한다. 자비를 베푸는 모든 것이 수행이라는 마음으로 기도해야 한다.

제가 천수경 중 가장 좋아하는 구절이 '계수관음대비주(稽首觀音大悲呪)'다. 대비주를 지송하는데 손과 발을 관세음보살의 도구로 한다는 뜻이다. 그러면 '초증보리방편문(超證菩提方便門)'이 된다고 하는데 여기서 대비주를 빼고 '초증보리방편문'을 앞세우면 안 된다. 내가 관세음보살의 자비심을 담아 도구가 되지 않으면 깨달음의 방편을 증득하지 못하는 것이다. 중생이라는 자신의 탈을 벗으려면 자기가 사라져야 하며, 이를 위해서는 변신이 일어나야 한다. '초증보리방편문'을 하려면 '계수관음대비주'를 하여 내 자신을 도구로 내놓아야 한다. 그러면 더 이상 고민할 것 없다. 일러주는 방법대로 도구로 쓰이고 사랑을 실천하며 무심하게 되면 저절로 스프링이 버려진다.

부처님이 일러주신 대로 하지 않고 자신의 방법을 찾는다고 하여 편법이 난무하면 이러한 편법으로는 자기를 비울 수 없다. 부처님이 일러주시는 대로 따라가다 보면 저절로 나를 벗어나 대인에 머무르게 되고 '심청정 국토청정', 즉 마음도리로 모든 중생이 무심하여 저절로 우주법계가 여여해질 것이다.

제가 만해스님의 '복종'이라는 시를 좋아하는 것은 주인 되신 부처님께 그대로 따라하면 행복하게 되고 복종하고 싶다는 뜻이기 때문이다. 부처님께만 복종하여 공, 연기, 자비, 나누고 베품을 통해 한결같이 마음과 작용이 하나 되는 삶을 사시길 바란다. 아울러 조계사에서 마음을 내려놓고 세상 속 사람들과 소통하며 안과 밖이 하나가 되고 마음과 작용이 하나가 되는 삶을 사시길 또한 바란다. 저는 영원히 부처님의 종으로 살 것이다.

● 　수암스님은 1986년 수덕사에서 설정스님을 은사로 출가, 백양사승가대학을 졸업하고 정혜사 등 선원에서 수선 안거했다. 홍성 용봉사 주지, 총무원 총무국장, 한국불교문화사업단장 등을 역임하고 조계종환경위원회 위원장과 서울 화계사 주지 소임을 맡고 있다.

조계사에서 길을 물었더니

한여름밤의 사색
– 참사람의 향기

"선지식들아, 사람의 마음은 본래 맑고 맑으니 반야바라밀법을 행하여 깨달음을 이루라."

이는 육조혜능 스님이 광조우의 조그만 절인 대범사에 초청받아 가서 법단에 올라 처음하신 말씀이다. 육조혜능 스님이 여러분을 보면 깨달은 사람으로 볼까? 중생으로 볼까? 이미 깨달으신 분들은 중생들을 깨달은 존재로 본다. 선지식이라는 말은 그래서 사용한 것이다.

육조스님의 말과 같이 사람의 본래의 마음을 보고 바로 그 마음을 청정하고 티 없이 맑고 깨끗하게 하여 욕심과 성냄과 어리석음이 없이 진실한 마음을 드러내고, 바로 그 길은 반야바라밀법에 있다.

480년 전 서산대사께서는 유일물어차 종본이래 소소영영 부증생 부증멸 명부득 상부득(有一物於此 從本以來 昭昭靈靈 不曾生 不曾滅 名不得 狀不得)이라고 하셨다. 여기 한 물건이라는 것은 오늘 비가 300mm

이상 온다는데 조계사 법당으로 발길을 옮겨 이곳 대웅전에 있는 여러분들이 발원을 하고 법문을 듣고 있는 한 물건이다. 종본이래란 본래부터 있는 것이라는 것으로 기독교는 창조설이 있지만 불교에서는 본래 성품이라고 한다. 밝다는 것과 신령스럽다는 표현은 많이 나오는데 소소하다, 밝고 밝다는 것은 나무아미타불의 아미타가 무량광을 뜻하듯 한량없는 빛을 뜻한다. 신령스럽다는 것은 변화성을 말하며 그 변화성이 무궁무진하다. 밥 짓고 이야기하고 걷고 직장에서 일하고 아침부터 이 자리에 있기까지의 모든 행동이 다 신령스러운 것이다. 본래성품이 밝고 밝고 신령스럽고 신령스러운데 일찍이 태어나지도 않고 멸한 적도 없고 나고 죽음이 없으며 명부득 상부득, 이름도 없고 그림도 없는 것이다.

서산대사는 13세에 성균관에서 유학을 공부하다가 18세에 쌍계사에서 숭인스님을 만나 불교경전을 3년간 공부했다. 그 후 21세에 출가하고 10년을 참선한 후 31세에 깨달음을 얻고 45세에 『선가귀감』을 지었는데 위의 내용은 선가귀감의 첫 구절이다.

저는 얼마 전 두꺼운 책을 선물로 받았다. 태국의 아잔타스님이 지은 『마음』이라는 책이다. 두꺼운 책은 읽을 자신이 없어 첫 페이지만 보는데 그 책에서 마음이란 잘못된 것이 아니고 마음은 이미 깨끗해 있으며 티끌도 없고 이미 고요한데 마음이 그렇지 못한 것은 마음이 경계를 따라갔기 때문이라는 것이다. 『육조단경』이나 『선가귀감』과 같이 『마음』이라는 책도 첫 페이지를 보면 알 수 있어 다 읽을 필요는 없었다. 대부분 책은 첫 페이지에 핵심이 다 들어 있다.

2600년 전 석가모니 부처님의 깨달음을 표현한 화엄경의 첫 구절에서도 "기이하고 기이하다. 모든 중생들이 이미 여래의 지혜를 구족하고 있으면서도 알지 못하고 보지 못하는구나. 내가 마땅히 성인의 도를 가르쳐서 망상과 집착을 여의고 자기의 몸속의 광대한 지혜가 부처와 다름없음을 보게 하리라."라고 되어 있다.

완전한 지혜는 꿰뚫어 보는 것이고, 완전한 자비는 관세음보살의 자비심으로, 깨달은 마음에는 자비심이 새록새록 생겨난다. 일체중생은 나와 똑같이 완전한 지혜, 완전한 자비심을 가진 완전한 존재로서 깨달음을 얻고 보니 완전한 존재임을 알게 되었다는 것이다. 그러나 안타깝게도 자기 자신을 못 보고 다른 곳을 보는 것은 분별망상 때문이다.

달마대사는 인도에서 왕자로 태어났고 석가모니 부처님의 법을 전해 받은 28대조사다. 중국의 선종 초조인데 『이입사행론』에서 "모든 중생이 동일한 진성이나 객진망상에 덮여 드러나지 못하고 있을 뿐임을 깊이 믿는 것이다. 망상을 버리고 진성에 돌아가고자 한다면, 응념과 부동의 벽관을 행하여…"라고 하여 참선을 통해 객진 번뇌를 없앨 수 있다고 하였다. 불교는 바로 그 본래 성품, 반야성품을 드러내는 것인데 반야심경의 내용이 그것이다.

반야심경은 첫 구절이 "관자재보살 행심반야바라밀다시 조견오온개공 도일체고액(觀自在菩薩 行深般若波羅蜜多時 照見五蘊皆空 度一切苦厄)"이다. 이것이 핵심이다. 관자재보살이나 관세음보살은 같은 뜻으로 관세음보살은 천 개의 손과 천 개의 눈으로 대자대비를 행하여 수많은 중생들을 세상의 어려움과 고통으로부터 구제해 깨달음의 길로 이끌어 주시는데 이는 반야바라밀이 있기에 가능하다는 것이다.

해남 미황사 절에는 18세 된 여자와 20세 된 청년이 있다. 18세 된 여자는 독일로 중학교 때 유학을 가서 영어와 독일어를 제법 한다. 그러나 학교 수업에서 제대로 표현이 잘 안되고 자괴감에 빠졌다. 기숙사생활을 하면서 너무 긴장한 나머지 술을 마시다가 졸업 2주일 남겨두고 퇴학을 당해 자살을 생각하고 약을 먹었다. 그런데 먹은 것이 수면제가 아닌 멀미약이었다. 죽지도 못하고 어지럽기만 하다가 죽기도 어렵다는 것을 깨닫고 7박8일 '참사람의 향기'라는 프로그램에 참석하게 되었다. "세상에 이런 것이 있구나." 아침저녁으로 108배를 하면서 너무 행복하다며 1년 동안 있겠다고 해서 머물고 있다.

20세 된 청년은 친구들과 사고를 치고 경찰에서 여러 차례 조사를 받은 후 친구들은 교도소에 갔고, 자기만 나왔는데 어떻게 할지를 몰라 하던 중 미황사를 찾아왔다. 지금은 젊은 시절에 이런 일을 겪어 오히려 다행히 여기고 앞으로 열심히 살겠다고 다짐하며 지내고 있다.

젊은 사람은 생각 전환도 빠른 모양이다. 땅에서 넘어졌으면 스스로 땅을 딛고 일어서야 한다. 공간이 없으면 설 자리가 없다고 생각하는데 설 자리는 스스로 찾아야 한다. 찾지 못하면 헤매고 좌절하는데 청년처럼 미황사라는 공간을 찾아 아침저녁으로 108배와 법문을 통해 다시 힘을 얻고 오히려 다행이라고 생각하니 대견한 것이다. 세상에서 어려움은 누구에게나 있다. 그러나 이를 극복하고 새롭게 힘을 얻는 것이 지혜로운 행동이다.

그리고 오늘 이 자리에도 비가 온다고 하는 예보를 듣고 갈까 말까 망설이고, 가다가 혹시 비로 인해 사고가 나면 어떻게 하나? 온갖 생각을 하고 공포를 느꼈으면 이 자리에 오지 않았을 것이다. 또 몇 군데 약속이 잡혔다면 이 자리에 오지 않았을 것이다. 이렇게 우리를 걸리게 하는 그물은 수없이 많다. 반야심경에 '심무가애 무유공포 원리전도몽상'이라는 말은 반야바라밀다의 중심의제가 걸리는 것을 없앨 수 있다는 것이다. 수없이 많은 걸림에 넘어지는 것에서 무가애하게 하고 무공포라는 것은 공포스러운 것들, 즉 음식을 먹어도 될까, 말을 믿어도 될까, 가도 될까 등등 공포스러운 마음을 없앤다는 것이다. 반야심경은 무유공포의 원리를 설한 것이며, 전도몽상이란 착각하는 생각이다.

미황사 주지를 하기 20여 년 전, 선방에서 뵌 몇 분의 훌륭한 스님이 기억난다. 그중 한 분은 25년간 오직 수행만 하시는 스님이었다.

'어떻게 저렇게 할 수 있을까?' 나는 그렇게 할 수 없다는 생각에 놀라고 부러웠다. 또 다른 한 분은 일본 임제대학에서 선학 박사학위를 받고 동국대학교에서 교수자리를 권하였으나 "선사는 참선을 해야 한다."면서 거절하고 선방에 계신 분이다. 교수라는 자리는 공부한 것을 후학에게 전하는 자리이기도 하지만 명예로운 자리가 아닌가? 그런 자리를 수행을 위해서 거절하신 스님한테 놀라지 않을 수 없었다. 또 다른 한 분은 기억력이 뛰어나고 불교서적도 많이 읽으셨는데 모든 구절을 다 기억하는 스님이셨다.

초등학교 시절 나보다 못 생기고 싸움도 못하는 옆집 친구가 우등상을 받았는데 엄마에게 자기 아들이 우등상을 탔다고 자랑하는 것을 방 안에서 듣고 얼마나 창피하고 자존심이 상했는지 모른다. 그 뒤부터 누구에게 지는 걸 싫어했다. 이것이야말로 왜곡되고 전도몽상, 착각인 것이다.

무의식중 이것이 언제 어디서나 발동되어 극복되기가 어려웠는데 1999년 선방에서도 그것이 발동했다. 공부를 해도 밥 1순가락을 물에 말아 먹고는 그 자리에서 소화시키고, 다른 스님들이 포행할 때도 자리에 앉아 공부를 했다. 그러던 어느 순간, 앞의 부러운 세 스님이 아니고 바로 옆에 있는 스님이 너무 고마워졌다. 앉아 계신 모든 스님들이 고맙다고 느껴지며 세 분 스님을 보는 순간 '아 속았구나'라고 생각되며 '내가 만든 내 생각에 내가 속았구나'라는 것을 알게 되었다. 내가 부러워하는 것은 내가 만든 차별하고 착각에 빠진 내 생각에 내가 속은 것이다.

이것을 깨닫고 환희심에 눈물이 났다. 밖에 나가 보니 원래 좋아하는 소나무만 보이는 것이 아니라 단풍나무, 비자나무, 참나무 등이 보였다. 출가할 당시 해인사의 눈 속에서도 푸른 소나무를 보고 푸른 소나무 밑이 수행자의 거처라 믿고 소나무가 없으면 힘이 없다고 느꼈는데 보여지는 나무마다 아름답고 행복해 보였다. 나무 덕분에 관계성을 알게 되고 착각에서 벗어나 차별하는 마음에서 벗어났다. 전도몽상(顚倒夢想), 이러한 우리의 착각은 전철을 탔을 때 거꾸로 간다고 느낄 때나 버스가 뒷걸음질 친다고 느껴질 때 등 착각은 우리 주변에서 늘 일어난다.

관자재보살이 깊은 반야바라밀을 행하여 온갖 고통에서 건너는데 반야바라밀은 어떻게 찾아야 하는가? 조견오온개공으로서 오온이 공한 것을 비추어 고통에서 건넌 것이다. 나의 고통과 어려움을 극복하고, 그 방법으로 아는 사람들의 고통과 어려움을 도와주는 것이 조견오온개공이다. 그러면 조견오온개공은 어떻게 해야 하는가? 오온은 색수상행식으로 색은 몸이고 수상행식은 정신인데 이것이 공한 줄 알게 되면 반야바라밀을 얻게 되고 모든 중생과 나의 어려움과 고통을 구제할 수 있다.

색(色)은 몸이다. 우리 몸은 부모님 뱃속에서 아주 작은 수정체로 시작되어 어머니가 먹은 음식으로 자라서 3.5kg으로 태어나 10, 40, 50, 60kg으로 자라는데 몸은 60조개의 세포로 구성되어 있고 매일 100만개의 세포가 없어진다고 한다. 어제의 몸은 현재의 몸과 다르며 손톱은 6개월이면 완전히 다른 손톱으로 자라고, 머리카락도 계속 자란다. 여러분들은 수많은 과정을 거쳐 이 자리에 앉아 있음을 다행으로 여기고 현재 살아 있음을 감사히 여기며 과거의 몸에 기대거나 집착하지 마시길 바란다.

수(受)는 느낌이다. 즐거운 것이 괴로워지고 계절에 따라 시원하거나 덥거나 하듯이 느낌이 같을 수는 없다. 얼마 전에는 시원했는데 지금은 끈적끈적하다든지 집의 에어컨은 시원한데 스님 법문 듣는 이곳은 덥다고 느끼는 것 등 이러한 느낌을 버려야 한다. 비교를 하면 어려움과 고통이 따르니 이런 느낌을 빨리 잊어야 공한 것이다

상(想)은 생각이다. 아침저녁으로 생각이 같기를 바라고 내 생각대로 이루어지기를 바라는 등의 백팔번뇌는 안이비설신의의 육근과 색성향미촉법의 육경, 안식·이식·비식·설식·신식·의식의 육식에 과거 현재 미래의 108가지 번뇌를 일으키는 것이다. 뇌과학자들의 뇌파측정에 따르면 우리는 하루에 47,000가지의 생각을 하며 오만가지 생각을 하는데 생각이 바뀌어 공하다는 것을 알면 고통과 괴로움이 없게 되고 집착하지 않게 된다고 한다.

행(行)은 행동이다. 젊었을 때 연애를 처음 했을 때부터 마칠 때까지 행동 단계마다 같기를 바라지 말라. 아이들은 초등학교 때는 말을 잘 듣다가도 중학교 고등학교 대학교 등 갈수록 말을 듣지 않는다. 애들은 변하는데 부모는 변하지 않아 괴로움과 어려움이 있다. 언행일치가 되기를 바라지만 아이만이 아니라 자신도 변해야 한다. 그래야 행동이 공한 줄 알고, 집착이 없으며 괴로움과 고통이 없는 것이다.

식(識)은 인식이다. 늘 같기만을 바라지 말고 인식작용이 내 안에서 몸과 느낌, 생각 행동, 인식작용이 공하다는 것을 알아 집착을 말고 어려움과 고통에서 벗어나야 한다.

우리는 어려서는 부모에 의지하고 커서는 돈과 명예에 의지하는 습성이 있다. 색수상행식에 의지하면 고통이 따르지만 반야바라밀에 의지하면 우리 본래 마음에 의지해 어디에도 걸리지 않는다. 공포심이 없으며 전도몽상에 빠지지 않는 자유자재하게 되어 나의 괴로움은 물론 세상의 괴로움도 극복하게 될 것이다.

요즘 찾아오는 사람들마다 저 사람에게 무엇을 해줄 수 있을까, 필요한 것이 무엇인가를 알기 위해 늘 공부하며 어려움이 있으면 도와주려는 그런 마음으로 산다.

법문을 듣고, 약찬게 기도를 하고, 신행기도를 하고, 내 안의 중심에 색수상행식에 집착하지 않고, 반야바라밀을 행하여 지혜와 자비가 중심이 되고, 티끌 없이 청정한 본래 성품으로 사는 것이 반야바라밀을 중심으로 사는 삶이라고 다시 한 번 강조드리고 싶다.

● 　 금강스님은 미황사에서 365일 상시 템플스테이와 함께 '참사람의 향기' '어린이 한문학당' 등을 운영하며 부처님 가르침을 전한다. 특히 매달 1번씩 진행되는 7박8일 참선집중수행 프로그램 '참사람의 향기'는 참선, 다도, 묵언 등을 하며 자신에게 집중할 수 있는 시간으로 각광받고 있다. 대한불교조계종 교육아사리이다.

사조 사마 도신스님의
사조사 정착과 선

"사람에는 남쪽 사람, 북쪽 사람이 있으나, 불성에 어찌 차별이 있 겠습니까."

문자도 모르던 나무꾼 혜능이 법을 구하고자 오조 홍인대사를 찾 아가 한 말이다. 오랑캐 땅에서 온 하천한 신분인데 어떻게 부처가 될 수 있겠느냐는 오조대사의 물음에 불성에는 남북이 따로 없음을 분명히 말했다. 오조는 혜능의 비범함을 직감했지만 주변에 제자들 이 있는 것을 보고, 오조사 방앗간에서 방아 찧는 일을 하게 했다.

삼조스님은 원래 나병환자였다. 계절이 오고가는 줄도 모르고 14 년 동안이나 자신을 숨기고 살았다. 전생에 지은 죄가 커서 이런 고 통을 받는다고 생각한 스님은 혜가스님을 찾아가 죄를 낫게 해달라 고 청했다가, 죄의 성품이 공하다는 것을 알고 깨닫게 된다. 인간이 어디에도 구속되지 않고 완전하다고 하는 도리를 깨친 것이다.

혜가스님을 찾아 깨달은 승찬스님은 이곳 천주산에서 수행하며 법

을 펴다 나무 밑에서 설법을 마친 뒤 선 채로 입적했다고 한다. 경내
에는 스님이 선 채로 입적했다는 입화탑과 수행처인 삼소굴, 사리를
모신 삼조탑이 있다.

중국 선종에선 초조부터 삼조 스님 대까지 걸식하며 떠도는 두타
행 수행이 이어지다가 사조 도신스님부터 비로소 도량에 정착해 법
을 펴게 된다. 사조사(四祖寺)는 도신(580~651)스님이 30년간 주석하
신 곳이다. 창건될 때엔 1000명의 수좌들이 수행하던 대찰이었으나
조사전과 몇몇 석조물만 남았다가, 근래 30여 개 전각이 제 모습을
되찾았다.

도신스님은 30여 년 동안 쌍봉산에 주석하며 선법 홍포에 힘썼다.
이곳에 주석했을 당시 수천 명의 대중이 함께 수행하는 총림을 이루
었다. 스님은 선법을 배우는 것을 평생의 큰 일로 생각하셨다. 동시에

농선병행(農禪竝行)의 시발점 역할을 했다. 인도에서 들어온 불교를 중국불교로 정착시켜 나갔다. 특히 스님은 생활선을 평생 주창했다. 생활에서 바로 이 생에서 깨달아 사회에 보답해야 한다는 내용이다.

우리는 모두 마음에 불성이 있지만, 번뇌와 분별심 때문에 이 불심을 보지 못하고 있다. 불자라면 부처님의 가피를 믿고 어디서든 계율을 지키면서 지혜의 문, 자비의 마음, 우리 마음을 지켜야만 불성을 찾을 수 있다.

마음이 곧 부처라는 신심을 지니고 분별심을 내지 않으면 깨우치게 된다. 또한 근본경인 금강경을 강독하면 지혜의 문이 열리면서 원만한 도를 이룰 수 있다. 이것이 지혜다.

계정혜의 힘으로 우리 마음의 주인이 되어야 한다. 그래야 스스로 운명의 주인이 될 수 있다. 또한 모든 분별을 물리칠 수 있다. 마음으로 수행하고 자성의 불성을 찾고 우리 스스로 주인이 되자. 이것이 바로 생활선이다.

● 　　명기(明基) 스님은 중국 호북성에 있는 선종사찰 '사조사(四祖寺)'의 방장이다. 2009년 우리나라를 방문해 백양사에서 10여일 간 간화선을 직접 체험하기도 했다.

현대인의 상생과 조화
– 더불어 행복

참부처란 산은 우뚝우뚝 서고 물은 산속에서 흐르며 차디차고 바람은 솔솔 불고 꽃은 활짝 피어 있는 것이고 옛 선사는 수행자는 수행자답게, 불자는 불자답게, 예술가는 예술가답게 교육자는 교육자답게 자기 격에 맞는 삶을 사는 것이 참다운 인생이다.

지금 인류 전체는 문명전환기에 있어 4차산업 혁명이 진행 중이고 나날이 발전하고 있다. 이러한 때 우리가 현대문명에 적응하지 못하면 불행한 삶을 살게 될 것이다. 인공지능이 나날이 발전하여 10년 후에는 인간두뇌의 100만배로 발전할 수도 있다고 한다. 그래서 인공지능의 발달 때문에 인간이 멸망할지 모른다고 걱정하는 사람도 많다.

의학의 발달은 유전자를 조작하여 인류보다 더 뛰어난 신인류를 탄생시키고, 우리는 뇌를 5%정도만 쓰는 반면 신인류는 10%, 20%, 50%까지 쓸 수 있게 되어 인간 능력이 더 진화되고 발전할 것이다. 이런 전환기에 조화를 잘 이루면 큰 행복을 누리게 되겠지만 조화를

이루지 못하면 인간은 멸망할지 모른다. 이런 엄청난 변화 속에서 어떻게 대처하고 극복하는지가 인류전체의 과제이다. 그 방법으로 많은 석학들의 한결같은 이야기가 우리 불교의 선만이 이 어려운 전환기를 극복할 수 있다고 한다.

2000년대 중후반경부터 물질문명이 고도로 발달되며 인간의 정신문명은 땅에 떨어져 엄청난 부조화를 맞았다. 과거 문명을 돌아볼 때 물질문명이 발달하고 정신문명이 땅에 떨어졌을 때 인류는 반드시 멸망했다. 과거 찬란한 문명을 자랑했던 마야문명, 잉카문명, 이집트문명, 마케도니아문명 등이 그랬다. 이런 나라를 보고 과학자들은 멸망의 원인이 가뭄과 같은 기후적 요소보다 정신문명과 조화를 이루지 못해 멸망하였다고 입을 모아 말한다. 석학들이 멸망하지 않게 하기 위한 연구에서 동양사상의 정신문화에 주목하고 찾은 것이 불교의 선(禪)이고 선(禪)만이 21세기 문명을 이끌어갈 대안이라고 한다.

이에 따라 서양에서는 선과 명상이 붐을 이루고 있다.

문경새재에 세계명상마을 선센타를 만들고 있다. 향후 이곳은 세계에서 가장 유명한 선센타가 될 것이다. 영국, 아일랜드, 미국, 일본 대만 등 유명한 선센타 30군데를 선정하여 탐방하고 설립하는 선센타이기 때문이다. 미국에서는 선의 역사가 40년밖에 되지 않았음에도 선센타가 3,000개인데 1,700년 역사를 가진 우리나라는 100개 정도밖에 되지 않는다. 그것도 일반 신도들이 가는 곳은 20여 군데밖에 안 된다. 선의 역사가 10년 정도인 영국에는 80여 개의 선센타가 있고, 프랑스는 10년 역사에 90여 개의 선센타가 있다. 이렇게 의식 수준이 높은 유럽의 선진국에서는 앞으로 더 많은 선센타가 설립될 것이고 계속 발전할 것이다.

인류문명을 구할 수 있는 것은 자기들이 이끌어 가겠다는 야망이기 때문이라고 생각한다. 지금 미국 각 대학마다 명상과학연구원을 설립하고 많은 선센타에는 사람들이 줄을 잇고 있는 상황이다. 과학자들은 명상의 뛰어난 효과를 과학적으로 증명하고, 각 병원에서는 의학과 명상을 융합하여 몇 차원 업그레이드 시켜 마음의 평화를 통한 병을 빨리 치유하여 엄청난 효과를 보고 있다. 일반 학계에서도 아이들에게 명상을 교육시켜 학교마다 명상을 통한 이이들의 마음의 안락과 정서함양, 인격도야에 힘써 가히 명상의 태풍이 불고 있다 해도 과언이 아니다. 이에 비해 우리나라는 작년에 최초로 명상과학연구원이 생겼고 명상을 과학화시키려는 시도를 하고 있는 추세다.

많은 사람들이 명상은 건강에 좋고 정신과 육체에 유익하다는 것을 규명해가고 있다. 명상은 남방의 위빠사나와 간화선 등이 있다. 가장 좋은 수행방법은 간화선이다. 간화선을 과학화 시키지 못하면 현대인들은 믿으려 하지 않을 것이다. 간화선을 과학화시키는 것이 무엇보다 필요하다. 인공지능의 발달, 신인류의 탄생, 뇌과학의 발달 등 인류가 더 발전하고 진화함에 간화선이 큰 역할을 할 것이기 때문이다.

석가모니 부처님은 왕자로 태어나시어 풍요로운 삶을 사셨으나 인간의 생로병사를 보시고 이를 깨닫고자 출가하셨다. 출가 후 고행자를 만나 고행의 목적이 무엇이냐고 하자 고행자가 천상에 태어나려한다고 말해 이는 생사문제의 근본해결이 아님을 아셨다. 다시 선정주의자들을 만나 공부하여 그 경지도 터득하였으나 이 또한 생사를 벗어나지 못함을 깨달으시고 스스로 6년 고행을 하신 후 정각을 얻으신 것이다.

그러나 부처님이 돌아가신 후 제자들은 만들어진 절에서 혼자 조용히 선정에 들었다. 부처님이 길에서 태어나 길에서 포교하시다 길에서 돌아가신 정신을 잃어버렸다. 이렇게 혼자만의 선정을 추구하는 데 반기를 들고 탄생한 것이 부처님의 말씀을 실천하는 대승불교다. 중국에 와서는 경전 번역과 교학이 발달하였다가 달마대사가 중국에 와서 6조혜능에 이르러 비로소 중국적인 불교가 탄생하였다.

소승, 부파, 대승에서 부족한 점을 보완하고 완전히 발달한 진화된 최상승선이 간화선이다. 그런데 간화선을 하는 사람은 많지 않다. 그래서 이대로는 안 되겠다고 생각하여 역할을 하기로 하고 선원에서 직접 간화선을 포교하고 수행 지도하며 간화선 부흥에 노력을 쏟고 있다.

세계 수행의 흐름을 보면 두 가지 부류가 있다. 하나는 명상 계통이며, 또 하나는 위빠사나가 아닌 대승불교의 간화선을 도입하는 부류다. 인공지능, 신인류, 뇌의 50%를 사용하는 뛰어난 인류에게 명상만으로 안 되기 때문에 선에서 진화한 간화선이 제 역할을 할 시대가 온 것이다. 위빠사나는 한계가 있고 최상승인 간화선은 너무 차원이 높고 격이 높아 일반인이 쉽게 접근하지 못하였지만 선사들이 직접 나서고 교육하면 누구나 할 수 있다.

지금 가톨릭에서는 과학이 발달하여 신의 존재가 미미해지자 불교의 선을 벤치마킹하고 있다. 간화선은 따라 할 엄두를 못내고 위빠사나를 공부한다고 한다. 가톨릭 신부들은 스님 이상으로 불교이론을 많이 알고 있다. 낮에는 이론을 공부하고 저녁에는 실참을 하고 있다. 그래서 어떤 한국 사람인 독일 신부가 말하길, 앞으로 10년, 20년 뒤에는 과학발달이 어디까지 갈지 모르지만 선이 불교의 선인지 가톨릭의 선인지 모를 것이라고 한다. 막대한 돈을 들여 가톨릭 고유

의 명상법을 만들고 성당마다 명상센타가 생길 것이라고 하니 우리는 우리의 자랑스런 수행법을 타종교에 뺏길지 모르는 현실에 직면에 있다. 참으로 안타까운 일이다. 언젠가 그들은 위빠사나를 공부하여 깨닫고 곧바로 간화선에 손을 댈지도 모른다.

따라서 우리 선사들이 선포교와 선의 세계화에 나서야 한다. 지금 우리 불교사는 중요한 전환기에 놓여 있다. 전통선이 사라지느냐 빼앗기느냐 위기에서 스님들이 앉아 정진하는 것만이 최상인지 고민해 볼 일이다.

세상은 단체이기주의, 국가이기주의 등 자기주의 주장만 하는 상황이 되어가고 있다. 미국과 중국은 경제전쟁중이고 우리나라는 일본과 갈등이 깊어진 지 오래다. 각 나라마다 자기나라 이익만 생각하기에 급급하니 인류평화는 요원하기만 하다. 자비실천과 평화공존을 강조하셨던 부처님의 정 반대의 상황이 되어 가고 있다. 이대로 방치하고 나아가다가는 세계 전체가 불행해질 것이다.

우리는 같은 세상에 살더라도 어떤 사람은 지옥, 어떤 사람은 아귀, 축생, 수라, 사람, 천상, 성문, 연각, 보살, 불로 산다. 생각에 따라서 이 세상이 이렇게 10가지로 변한다.

삶에는 욕심 많아 아귀의 삶, 윤리도덕 없이 쾌락을 추구하는 축생의 삶, 싸움하는 아수라의 삶, 사람다운 고뇌의 삶, 수행목표인 성문·연각의 삶, 자비스러운 마음인 관세음보살의 삶, 도와주는 원력의 미륵보살의 삶, 중생구제인 보현보살의 삶, 그리고 부처의 삶으로 내가 본래 청정하다는 깨달음의 삶이 있다. 나이 들수록 아미타불의 극락세계를 염불하는 사람이 많은데 6조스님은 죽어서 극락세계를 가는 것을 어리석은 사람이라며 지금 바로 이 자리에서 내가 부처임을 깨달으면 극락이고 정토라고 하셨다.

석가모니 부처님은 이 사바세계를 정토로 만들어 놓으셨다. 하지만 우리 인간의 욕심으로 지구가 파괴되고 오염되었으니 앞으로 100년도 못되어 물, 공기, 땅, 공기가 오염되고 태풍, 홍수, 지진 등 자연재앙은 증가할 것이다. 그래서 육조혜능 스님은 "마음이 청정하면 서방정토이고, 마음이 청정하지 못하면 서방정토 가서도 지옥이 되며, 동방에 가서도 청정하지 못하면 예토가 된다."고 하셨던 것이다. 불교는 마음을 잘 쓰는 종교이다.

우리가 사람다운 삶을 살려고 할 때 잘 되지 않는 것은 수행력이 부족하기 때문이다. 바르게 살고 싶어도, 선하게 살고 싶어도, 잘 안되는 것은 수행의 힘이 부족하여 아무것도 할 수 없기 때문이다. 수행력이 없으면 부단히 노력해야 한다.

미래의 행복은 얼마만큼 수행했느냐의 따라 달라질 것이다. 차원 높은 수행을 처음부터 쉽다고 함부로 하지 말고 최상승 수행을 위해 노력하자. 내 안의 부처를 찾자. 그러면 자기 나름의 정토를 찾아 행복하게 살 수 있을 것이다. 저 역시 '문경세계명상마을'을 정토로 가꾸어 우리나라와 세계가 모두 정토가 되도록 노력할 것이다.

● 　　의정스님은 우리나라를 대표하는 선지식으로 조계종 전국 선원 수좌복지회 대표이사와 전국선원수좌회 공동대표를 맡고 있다. 스님은 또 종단 수행지침서 『간화선』 편찬위원으로 활동했으며, 전국선원수좌회 선원청규편찬위원장을 맡아 2010년 『선원청규』를 발간하고 현대사회에 맞는 청규를 발표해 주목을 받았다.

일상의 만족과 성취
– 매순간이 충실한 삶

BTN에서 지대방을 통해 저를 보신 분들도 있고 처음 본 분들도 있을 것인데 여러분들은 젊은이들이 불금이라고 말하는 금요일 저녁에 샛길로 빠지지 않고 조계사로 발걸음을 하여 53선지식 구법여행을 들으러 오셨다. 48번째로 이런 법회를 이끌어 오신 회장님을 비롯한 소임자 여러분들에게 격려의 박수를 보낸다.

여러분들은 걸음걸음마다 공부하는 순간순간마다 다 성취하려는 목표가 있고 오늘 이 자리에서 2시간 오고가는 시간까지 하면 4시간을 투자하는데 목적 없이 투자하지는 않았을 것이다. 친구를 만나는 등 무엇을 하든 매 순간의 삶은 목적이 있고 목적을 성취하기 위하여 욕망, 발원 등이 여러분들 마음 안에 포도송이처럼 알알이 맺혀 있을 것이다. 오늘 이 자리에 오기까지 2시간 내지 4시간 투자하였으니 귀를 열어 놓고 본전을 뽑아 가기를 바란다. 내면을 내려놓고 허심탄회하게 법회라기보다는 함께 생각하는 자리가 되기를 바란다.

초중고 시절에는 공부 잘하는 것이 성취의 목적이다. 부모는 무조건 공부 잘해야 한다고 하고 아이는 스트레스를 받는다. 초등학생인데도 영어다 미술이다 바이올린이다 하면서 바쁘고 등 떠밀려 공부하며 입시제도 때문에 힘들다. 중학교·고등학교는 뺑뺑이로 가고 대학은 그나마 선택으로 가지만 자기 뜻대로 되지 않고 인연 따라 가게 되는데 등 떠밀려 공부하면 스카이대학이다, in서울 대학이다 하며 가기를 원하지만 지방대, 전문대, 기술대 등 인연 따라 가게 된다. 뉴스는 잘 안 보지만 입시제도도 자주 바뀌니 아이들이 불쌍하다.

해외에서 12년 학교를 나오면 특례입학으로 서울대도 가는데 중국에서 오래 살면 한국을 잘 모른다. 해외에서 공부한 아이들은 한국 아이를 못 따라가는 경우도 종종 본다.

우리는 자라면서 그때그때 목표가 있고 유년기, 청소년기, 청년기를 거치면서 무엇인가 성취하고자 했을 것이다.

저는 떠밀려 공부할 형편은 못되었다. 아버지가 사고를 많이 치셨고, 2남7녀 중 맏이였다. 그래도 부모님은 딸이지만 땅 팔고 논 팔고 하여 공부를 시켰으나 요즘처럼 피아노다 영어다 이런 공부는 하지 못하였다. 초·중 ·고 시절을 거치면서 애틋하게 챙길 시절도 없었다. 빨리 출가한 것은 어려서 많이 앓았기 때문이다. 부모님에게 열손가락 중에 유난히 아픈 손가락이지만 부모님은 맏이라고 기대를 많이 하셨고, 좋은 곳에 시집가길 원하셨다. 하여 가족 모르게 야반도주를 하였다. 봉건적 유교사상에 젖은 아버지에게 허락받는다는 것은 꿈도 꿀 수 없었기 때문이다. 집안은 난리가 났다. 일주일도 못 버틸 것이라는 아버지 말씀에 그 기간이면 아버지가 마음을 정리할 것 같

아 정월 이렛날 어머니에게 차비를 받아 찾아 간 곳이 운문사였다.

부모님은 딸을 찾아 절을 다녔지만 찾지 못하셨다. 수계를 받고 난 후에야 부모님께 잘 키워 주셔서 감사하다고 편지를 썼다. 이에 대해 아버지께서 15장 장문의 편지를 보내셨다. 편지에 큰아들처럼 키웠는데 부모를 거역하고 출가한 데 대한 원망이 있었지만 마지막에는 세상의 등불이 되라고 당부가 담겨 있었다.

출가하여 스님이 된 후 그렇게 갈구하던 것을 성취하였는데 성취한다고 다 되는 것이 아니었다. 출가하면 화장실도 안 가는 줄 알았을 정도로 출가는 꿈속의 세상이었다. 출가 동기는 『부처님의 일대기』를 읽고 나서다. 내용 중에 이교도들이 어떤 여자를 시켜 거짓말로 부처님의 아이를 뱄다고 했는데 배에 묶었던 바가지가 빠져 들통난 이야기와 한 여인이 잘생긴 사문을 보고 온갖 교태로 유혹할 때

부처님께서 사문의 눈에 여인이 아가씨에서 할머니가 되고 죽어가는 모습을 보게 하여 그 자리에서 깨닫게 하는 이야기들이 있었다. 학생 시절 『부처님 일대기』를 보고 여자에게 시집가는 삶만 있는 것이 아니라는 것을 깨닫고, 출가 준비를 하며 천수경, 예불문, 초발심자경문 등을 외웠다.

출가 후에는 집도 절도 없는 가난한 선객을 스승으로 가난한 삶을 수용하였다.

여러분처럼 자발적으로 불교대학에서 기본교육을 받고 5계를 받으면 불자로서의 삶이 달라져야 한다. 생각과 행동, 말이 달라져야 하며 시간을 들여 보시하고 찬조금 내는 등 목적이 있지 않고, 목적 없이 보시하는 불자가 되어야 한다. 삶의 태도와 습관이 달라져야 하고 이러한 것은 하루아침에 이루어지기를 기대하면 안 된다.

무엇이든 내가 선택 후에는 만족이 있어야 하지만 그것이 성취, 즉 욕망으로 이어지면 안 된다. 인간세계는 다 똑같아 하나를 성취하면 두 개를 성취하고자 한다. 25평의 집을 얻으면 35평, 50평의 집을 원하고, 소나타급 차량 다음엔 그랜저로 업그레이드 하듯이 만족이 없기 때문이다.

배우자에게 감사하는 마음을 가지면 성공한 결혼이다. 부처님 말씀을 믿으면서 세상 모든 것이 인연법인데 인연이 자기 탓인지 인지를 못하고 부모보다 귀중한 인연이 배우자인데 함부로 대하고 싸우고, 그러다 결국 이혼하는 부부를 많이 본다. 부모는 20여년 함께하지만 배우자는 수십 년을 함께하는 인연이다. 미워하다가도 부처님 앞에서는 우리 신랑 건강하고 사업번창, 승진하게 해달라고 간절히 기도하는 것을 보면 고운정 미운정이 든 까닭이 아니겠는가? 상대 배우자의 장점을 보고 최선을 다해야 한다. 최선을 다하지 않으면 다음 생에 또 만날지도 모른다.

85세 되신 어떤 의사 선생님은 자신의 삶을 선물이라고 했다. 85세를 살다 보니 어려운 가정에서 자라 머리가 좋아 의사가 되었으나 젊은 시절 집회참석으로 낙인 찍혀 채용되지 못하다가 국립의료원장에 부탁하여 채용된 후 그때부터 어려운 사람들을 돌보고 삶이 선물이 되었다는 것이다. 이렇듯 마음 안에 만족이 있어야 삶의 갈등도 사라진다.

초등학교 시절에는 몸이 아프니까 의사가 꿈이었다. 하지만 육신을 고치는 의사는 대학 가면 의료기술을 익히는 기술자이지만 스님은 마음을 고치는 큰 의사라는 생각으로 출가하게 되었다. 출가전 법정스님의 장학금을 받아 그 빚을 갚기 위해 맑고 향기롭게 태동시절 사무국장으로 일한 적도 있다. 출가를 성취한 후 잘할 수 있는 것을 찾았는데 그것이 방송 일이었다. BBS에서 8년간 아침 생방송을 하였고, BTN에서 하기 전 CJ TV N종교인 토크에서 기독교의 한국당 비대위원장 하셨던 인명진 목사, 천주교의 홍동자인 홍창진 신부와 '오 마이 갓'이라는 토크쇼를 하였다. 그러다 BTN에서 프로를 맡아 달라고 하여 지대방 프로그램을 하게 된 것이다.

종단 일을 하다 보니 본의 아니게 별의별 말을 듣게 된다. 수십억의 재벌이라는 등 얼굴 없는 사람의 괴롭힘 때문에 작년에 종단일을 그만둘까도 심각하게 고민한 적이 있다. 출가 전 아버지의 희끗한 머리카락을 보고 옆에 있어야 할지 3일간 고민할 때 아버지의 흰머리를 짊어질 수는 없다는 것을 깨닫고 출가했듯이 이번에도 3일간 고민하고 겨우 마음을 추스렸다. 이런 경우 연예인들은 멘탈이 붕괴되어 자살이라는 비극적인 선택을 한다.

점점 나이가 드니 어른노릇 하기도 힘든 것 같다. 법랍이 많은 분들이 자리 다툼을 하는 걸 보면 이보다 더 어리석은 일은 없는거 같다. 제가 있는 절에서는 연세 드신 분들이 마음이 넉넉하여 처음 사람이 오면 "아이고 어서 오세요." 하면서 앉아 있다가도 선뜻 자기 자리를 내주신다. 한국불교 1번지 조계사에서 여러분들처럼 불교공부를 하고 수십 년 절을 다녔으면 품격을 갖추어 복을 짓는 불자가 되어야 한다.

성취만이 목적이 아니라 만족할 줄 알아야 하고, 만족 후에는 감사하는 마음으로 내려 놓아야 한다. BTS의 리더가 UN에서 "자신을 사랑하라"고 한 연설처럼 자신을 사랑하고 자신이 선택한 배우자에 대하여 절대 원망하지 말고, 믿고 고움이 없는 자비로 승화시키길 바란다.

● 　 진명스님은 정심스님을 은사로 출가해 1984년 해인사에서 자운스님을 계사로 사미니계를, 1988년 범어사에서 자운스님을 계사로 구족계를 수지했다. 총무원 문화부장, 베이징 만월사 주지를 역임했으며, 중앙종회의원, 문화재청 전문위원 소임을 맡고 있다. 현재 BTN에서 '진명스님의 지대방' 진행 중이다.

무아에 대한 사색과 고찰

　강의 주제를 '무아에 대한 사색과 고찰'이라고 정한 것은 무아에 대한 가르침은 불교의 핵심적인 가르침인데 일반 신도들이나 전공자들도 무아가 무엇인지 의견이 통일되지 않아 생각을 정리해 되집어 보고, 경전상 말씀과 연결시켜 점검해 보는 시간을 갖고자 함이다.

　철학은 서양이나 동양을 통틀어 기점이 2500년 전 그리스이다. 종교와 철학을 아울러 무아에 대하여는 무아의 반대개념인 자아내지는 영혼을 들어 죽은 후에도 변치 않고 존재하는 고정적 실체가 있다고 이해한다. 이는 세계의 모든 종교와 철학자들이 취하는 입장으로 유태교, 기독교, 회교, 자이나교, 힌두교 등은 영혼이 육체보다 본질적인 것이라 하며 실제 그렇게 가르치고 있다. 인도의 자이나교도 '지바'라는 순수영혼이 본질적이고 이를 오염시키는 것으로부터 벗어나서 순수청정해지는 것이 해탈이라고 믿는다. 뿌르샤(puruṣa)라는 순수정신이 있어 이것이 진실한 자아라고 믿는 것이다. 힌두교도 아트만(Ātman)이라는 내면의 자아가 있고 브라만과 통하는 범아일여 사상을 취하는 등 세계의 모든 종교와 철학은 자아와 영혼이 있다는 입장을 취한다.

무아(無我), 즉 자아(我)의 부정을 의미한다. 불교는 세계적으로 독특하고 고대, 중세, 근대를 통해보면 자아가 있다는 것이 거의 모든 종교와 철학의 추세이나 부처님의 '영혼이나 자아가 없다, 자아나 영혼은 자기 관념에 불과하다'는 가르침은 가장 독특한 가르침이라 할 수 있다.

우리가 '자아'라고 생각하는 오온(五蘊)은 우리 삶에서 우리가 감각적으로 인식하는 일시적인 것으로 영구불변인 자아가 실재하는 것은 아니다. 우리가 나라고 하는 이미지는 오온으로 환원하면 상(想)에 해당하고 육체 몸뚱아리는 색(色)에 해당하고 이 순간 느낌은 수(受)에 해당하는 등 내가 누구인가 하는 것은 모두 오온에 다 들어가고 고정된 실체는 없고 오온이 있을 뿐이다. 오온은 있다가 없기도 하고 없다가 있기도 하는 생멸변화 하는 것이다.

어떤 자이나교도가 오온이 있는데 왜 없다고 하느냐며 부처님께 질문했다. 부처님은 "너의 구성요소인 오온이 너의 마음대로 태어나고 싶으면 태어나고 죽고 싶으면 죽느냐? 구성요소가 너의 마음대로 되느냐? 그렇게 되지 않는다는 것은 너와는 관계가 없는 것이다."라고 하여 자이나교도는 아무할 말을 할 수 없었다. 나라고 믿었던 오온은 변화하며, 다섯 가지 요소가 결합한 일시적 형태로서의 자아라는 것은 행위주체로서의 자아는 인정하나 영구불변한 자아는 없다는 것이다.

자아의 개념은, 변하는 자아는 인정하고 고정불변의 실체로서의 영혼은 인정하지 않는다는 것은 영혼이란 생각일 뿐 실제 내가 아닌데 영혼을 자아라고 하면 착각을 일으키는 것이다.

그렇다면 생존은 계속되는데 어제의 나, 오늘의 나, 내일의 나, 이렇게 흘러가는 속에서 일시적으로 흘러가는 나, 행위책임의 나는 인정하되 종국실체인 나는 인정하지 않는다는 것에 무아의 철학사적 의미가 있는 것이다.

무아의 논의에 있어서 윤리학과 존재론적 입장에서 보면, 윤리학은 어떻게 살아야 하는가, 존재론은 우리 존재는 어떻게 구성되어 있는가에 대하여 논의하는 것이다. 불교를 제외한 모든 종교와 철학은 자아가 있다고 가르치는 반면에 어떻게 살아야 하느냐에 대해선 이타적으로 살아야 한다고 한다. 존재론적으로는 자아가 있다고 하고, 윤리적으로는 이타적으로 살라고 하여 서로 상충되는 것이다.

이타적으로 살라고 하려면 자아를 무아로 할 때만 가능하다. 그렇지 않으면 세계의 종교와 철학은 가식적이고 모순된 것이다. 그리고 영혼이나 영원한 자아를 인정하는 차원에서는 집단이기적 행위가 나올 수밖에 없다. 영원한 자아를 인정하며 이타적이라는 것은 부자연스럽고, 자아와 타인을 구분할 수밖에 없으며 갈등의 원인이 된다. 영혼이나 자아의 관념을 극복하고 벗어날 때 이타적인 삶과 윤리론·존재론적 가르침이 성립하게 된다.

부처님의 무아에 대한 가르침은 차원이 다르다. 이를 인도의 요가스승과 심리치료사의 가르침을 통해 살펴보자. 요가스승은 스승을 선택할 때 기준의 하나가 무아를 가르치느냐 자아를 가르치느냐에 두었다고 한다.

자기를 내세우기에 급급하고 이기적이며 이익만을 챙기면 무아의 가르침이 아니다. 자기 욕구를 초월하여 무아로 가야 하며 그런 스승을 따라가는 것이 낫다고 생각하기 때문이다. 여기에 무아의 일상적 의미가 있다. 심리치료사는 생각을 할 때 생각하는 자의 입장이 개입되면 부자연스럽고 생각이 잘 떠오르지 않는다고 하면서 모성애를 비유로 들었다. 부모는 아이를 키우며 나중에 받을 생각으로 하지 않고 무조건적인 사랑을 베푼다. 이것이 무아로 하는 것이며, 부처님 말씀과 같은 일상적 무아인 것이다. 남방불교나 인도의 요가 철학에서 수행을 할 때 처음에는 내가 수행을 하지만 수행 중에는 내가 빠져야 수행이 되듯이, 처음에는 내가 수행하나 수행이 무르익으면 법이 드러나 이끌어 간다고 하는 것이 무아의 가치에 대한 체화한 말씀이다.

무아에 대한 논문을 쓰면서 무아를 가장 많이 설한 경전의 한 부분을 소개해 본다.

> "비구들이여, 물질현상은 무아(無我)이다. 느낌은 무아이고, 지각은 무아이고, 지음은 무아이고, 의식은 무아이다. 일체의 지음(諸行, sabbe saṅkhārā)은 무상이고, 일체의 법(諸法, sabbe dhammā)은 무아이다."

다섯 가지 나의 정체성의 구성요소는 그것들이 '나 아니다[無我]'라는 것으로 물질현상, 느낌, 지각, 지행, 의식을 염리(厭離, 사바의 더러움을 싫어하여 떠나는 것)하여 더 이상 탐내지 않고 벗어나면 그것이 해탈이다. 모든 것은 탐냄에 묶여 있다. 해탈하고 해탈했다는 지견과 지혜가 있어 아라한이 되면 태어남을 다했고, 청정성을 완성했고,

할 일을 다 마쳤으므로 다시는 이 상태를 받지 않는다. 또 무아는 나의 것이 아니다. 나의 것이라고 하는 것 즉 재산, 명예, 지식 등은 '나'가 아니다. 유명인이 자살하는 것은 이미지 때문인데 이 이미지를 자기라고 생각했기 때문이다. 이미지는 자기가 아니고 생로병사 등 고통도 원래 없는 것이다. 고통을 극복하는 것은 스스로 물어보면 알수 있다. 고통이 있다고 생각하는 사람 손들어 보라. 또 없다고 생각하는 사람 손들어 보라. 이 순간 손들거나 안 들거나 정체성을 만들어내는 것은 내가 아니다. 내려 놓으면 되는데 안 되면 그대로 갈 뿐이고, 나의 것은 내가 아니고 자아가 아니며, 이런 부처님의 가르침은 간단하고 단순하고 명확하다.

엄밀하게 무아를 살펴보면, 무아란 나의 없음으로 빨리어로 아나따(An-Atman)를 한자어로 번역하면서 무아로 번역하여 '내가 없다'로 번역한 것이다. 경전을 보면 '비아(非我), 내가 아니다'로 해야 하는 경우도 있어 아나따를 무아인지 비아인지 100년간 진행한 논쟁인데 무아이든 비아이든 둘 다 맞다. 간과하였던 부분이 무아가 주어로 쓰인 경우는 거의 없고 모두 서술어로 쓰였으며, 서술어에는 주어가 따로 있어 무아든 비아든 다 같아 나의 없음과 내가 아니라는 것이 동일한 말이다.

무아의 실제적 의미는 'An-Atmam, 내가 아니다'라는 것은 말하는 이 순간 이 자리 누구와도 바꿀 수 없는 1인칭 화자가 아닌 오온이 내가 아니라는 의미다. 무아의 실천적 양상으로 오온 외에 12처, 18계 등이 내가 아니고 무아의 요체는 탐욕을 떠나 해탈지견을 가지고 경험할 수 있는 모든 것이 내가 아니다. 이런 집착을 내려놓으면 된다.

이를 실현하기 위해서는 명상, 위빠사나 등을 실천하여 모든 존재는 무상, 고, 무아이므로 경전을 통해 깨닫고 실천수행을 하는 데 의의가 있다. 나를 구성하는 요소인 오온이 내가 아니라면 본질적인 무엇인가 있다고 하는 것이 무엇일까 하는 것은, 초월적인 무엇인가는 상에 해당하고 그럼에도 불구하고 나는 있는 것이 아닌가 하는 것이 핵심이다.

1인칭 화자인 나는 없지 않고, 오온이 내가 아니라는 생각을 하는 주체인 1인칭 화자인 나는 있는 것이다. 『법구경』에도 자기 자신을 의지처로 삼으라고 했고, 『대반열반경』의 자등명 법등명도 이러한 자기는 인정된다고 하였다. 무아에서 부정되는 자아는 온, 처, 계의 나와 동일시되거나 융화된 나로서 이런 나는 본질적인 내가 아니라는 것으로 지금 이 자리에서 듣고 있는 나는 부정되지 않으나 명예 등과 결합된 나는 부정된다. 이러한 1인칭 화자인 나와 오온의 '나는 있다

없다'의 연속에 있고, 오온과 완전히 분리되지 않는 나는 있지만 1인 칭인 나와 일치시키면 집착에 빠지고 온, 처, 계와 동일시되거나 융합된 나, 즉 껍데기의 나는 무아로서 극복되어야 한다. 이런 껍데기를 붙잡고 나라는 생각을 하지 말라.

무아에 대한 오해 세 가지를 들어 보겠다. 첫째로 죽고 나면 영혼이 없다는 것으로, 이런 무아설은 유물론과 같고 많은 학자나 스님들이 취하고 있는 것이다. 둘째로 '내가 아니다'라는 비아로, 여기면서 초월적 나는 있다는 것으로 아트만이나 대승불교의 여래장 입장에서 취하고 있는 무아설인데 초월적 존재로서의 자아를 오온과 같다면 이는 경험적 자아이지 초월적 존재가 아니다. 오온과 다르다면 경험세계를 넘어서는 것이어서 무의미하다. 셋째로 무아이지만 윤회한다는 것으로, 그 근거로 '업보는 있지만 작자(作者)는 없다'는 것을 내세우는 것이다. 이러한 견해는 무아란 해탈을 하여 윤회하지 않는다는 것을 간과하고 윤회세계와 무아세계를 합하여 오류를 범한 것이다. 결론적으로 '나라는 관념이 개입된 부정된 나'와 '1인칭의 긍정된 나'와를 왔다갔다하는 것을 인정할 수밖에 없다. 이런 가운데 초기불교의 무아가 의미가 있다고 할 수 있다.

● 　임승택 교수는 동국대에서 학사·석사·박사 학위를 받았다. 현재 경북대 인문대학 철학과 교수로 자율전공부장 및 글로벌 인재학부장을 맡고 있다. 「무아·윤회 논쟁에 대한 비판적 검토」라는 주제의 논문으로 반야학술상 논문상 수상했다. 저서와 역서로 『초기불교 94가지 주제로 풀다』, 『붓다와 명상』, 『바가바드기타 강독』, 『빠띠삼비다막가 역주』, 『위빠사나 수행관 연구』 등이 있으며, 「한국 선불교와 힐링, 그 가능성에 대한 고찰」, 「초기경전에 나타나는 궁극 목표에 관한 고찰」 등 50여 편의 논문을 발표했다.

인욕으로 불심을 키우자

부제불제불(夫諸佛諸佛)이 장엄적멸궁(莊嚴寂滅宮)은
어다겁해(於多劫海)에 사욕고행(捨欲苦行)이요,
중생중생(衆生衆生)이 윤회화택문(輪廻火宅門)은
어무량세(於無量世)에 탐욕불사(貪欲不捨)이라.

원효대사의 『발심수행장』에 나오는 첫 구절이다.

과거 현재 미래의 부처님이 적멸궁에서 많은 세월을 사욕고행(捨欲苦行)하셨고, 부처님이 되시기 위해서 사욕, 즉 버릴 사(捨), 욕심 욕(欲), 욕심을 버린 인욕고행의 공덕인연으로 부처가 되셨다. 중생은 육도윤회 속 불난 집 같은 곳에서 탐욕을 버리지 않아 중생이다. 인욕은 욕심을 버리는 것이다.

오늘 주제를 '인욕으로 불심을 세우자'고 한 것은 요즘 사람들이 가장 싫어하는 덕목 중 하나가 인욕이기 때문이다. 참지 못해 문제가

발생하고 사회문제가 되기도 한다. 육바라밀중 보시가 제일덕목으로
되어 있으나 요즘엔 인욕이 제일덕목이 되야 하지 않나 생각이 들 정
도다. 요즘 사람들은 인욕이 부족하여 어떤 문제를 깊이 들여다보려
고 하지 않는다. 순간적으로 욱 하여 행동하기 때문에 사건사고 뉴스
거리가 생기는 것이다.

우리 몸의 4요소인 지수화풍이 조화와 균형을 이루어야 되는데
이를 제어하지 못한다. 참을성이 부족하니 조급증이 생기고, 불안하
니 초조하고 스트레스가 생긴다. 그러다 갑자기 아무 인연도 없는 행
인에게 해꼬지 하는 상황이 되었다. 이는 한국인들만이 갖고 있는 화
병이라고 하는데 이러한 화병이 사람의 운명을 갈라놓을 수도 있다.

조급함의 반대는 차분함이다. 조계사 법당을 안방으로 여기고 차
분하게 마음을 집중시켜 보라. 불교적으로 적정의 상태라 하는데 마

음에 번뇌가 없고, 몸에 괴로움이 사라진 해탈의 경지라 할 수 있다. 절에서 수행하는 보살의 공부 등은 바라밀이라 한다. 이는 태어나고 죽는 현실의 괴로움에서 번뇌와 고통이 없는 경지인 피안으로 건넌다는 뜻으로, 열반에 이르고자 하는 보살의 수행을 가리키는 말이다. 쉽게 말하면 고해에서 낙으로 간다는 뜻이다. 바라밀의 실천은 인내하는 마음이 필요하다. 도에 이르는 길, 부처가 되는 길을 위해서는 인내해야 하는데 인내한다는 것은 기다림이다.

석가모니 부처님께서 열반에 드시기 전 구시나가라로 가시면서 80 노구로 목이 말라 아난에게 물을 떠다 달라고 하셨다. 그러나 아난은 물을 드리지 않았다. 날씨도 덥고 몹시 목이 말라 부처님께서 재차 물을 달라고 하셨지만 아난은 수레가 지나가서 흙탕물이기 때문에 드릴 수 없다고 했다. 결국 아난은 물이 맑아지길 기다렸다가 부처님께 맑은 물을 떠다 드렸다. 이처럼 부처님께서 아무리 갈증을 느끼고 계시다 해도 부처님께 흙탕물은 드릴 수 없으니 설명을 드리고 기다렸다가 마실 수 있는 물을 드린 것이다. 이렇게 때를 기다리고 참아야 한다.

우리 일상을 돌아보라. 참지 못하고 화를 표출하는 일이 얼마나 많은가. 자동으로 닫히는 문도 참지 못해 급히 억지로 닫으려고 하고, 신호등에서도 기다리지 못하고 우르르 건너간다. 이같이 급하고 기다릴 줄 모르면 화탕지옥으로 가고, 조급이 쌓이면 화병이 생긴다. 내 마음에 들지 않으면 바로 불덩어리가 올라와 얼굴이 붉어지고 가슴이 뛴다. 마음이 편하지 않으니 나타나는 징조들이다. 가슴이 뛸 때 어떻게 하나? 상대를 의식 않으면 된다. 의식하지 않고 사는 것을 정넘, 해탈이라고 한다. 우리는 지나치게 남을 의식하며 사는 경향이 있다. 그러다 보니 남보다 우월해야 하고, 우월하려다 보면 욕심이 생긴다. 욕심은 진심은 숨기고 가식적 모습으로 꾸미고 사는 것이니 성형수술을 한 것이나 마찬가지다.

이 세상을 살아가는 데 존재하는 법칙이 있다. 첫번째가 인과법칙으로 콩 심은 데 콩 나고 팥 심은데 팥 나듯, 내가 미워하면 상대도 나를 미워하고, 내가 사랑하면 상대도 나를 좋아한다는 법칙이다. 두 번째는 인연의 법칙으로 인연의 인은 나이고 연을 환경으로 인은 내가 부처님께 기도하는 것이고, 연은 어떻게 기도해야 응답의 과가 있는지에 대한 것이다. 100일 기도를 하다가 100일을 채우지 않으면 연이 안 된 것이고 성숙되지 않은 과가 이루어진다.

세번째 법칙은 이 세상은 서로 의존해 있는 관계성의 법칙으로 서로 떨어진 것이 아니라는 것이다. 우리가 생수를 마시면 생수병은 쓰레기로 되어 지역난방에서 태워져 공기를 오염시키고 폐병의 원인이 되듯이 이 세상은 관계성이 없는 게 없다. 이러한 법칙성이 존재하는 것을 법의 성품인 법성(法性)이라고 하고, 서로의 연관성을 들여다보면 그 속에 진리가 있다. 물은 뜨거우면 기체가 되고, 차면 고체가 되지만 물은 수소와 산소의 결합체다. 이를 법성이라고 하고 존재하는 곳을 법계(法界)라고 하는데 우리가 살고 있는 세계는 이런 법칙성이 있는 것이다.

신구의 삼업을 함부로 하면 업을 받는데 이를 없애기 위해 노력하는 것이 보살이다. 걸림 없이 청정한 것은 부처이고, 부처가 되면 중생에 대한 애민과 자비의 마음이 생긴다. 보살의 길을 가고 부처의 안목을 갖출 것인가는 나에게 달렸다. 우리 모습은 여기 뒤에 계신 부처님과 이목구비는 같으나 노란 부처님은 존경받고 우리는 존경받지 못하는 것이 현실이다.

우리가 윤회를 벗어나지 못하는 이유는 생노병사에 대한 고민은 없고, 사랑하는 사람은 왜 곁에 없는가, 미워하는 사람은 왜 가까이 있는가 등 내 뜻대로 되지 않는 고민거리로 스트레스를 받는 것이다. 부처님께서는 싫은 것과 좋은 것 양극단을 떠난 중도를 말씀하셨다. 좋음과 싫음을 벗어나 조화와 균형을 이룬 중도의 실천이 바로 팔정도이다. 알다시피 팔정도는 도에 이르는 길로 바르게 보고, 바르게 생각하고, 바르게 말하고, 바르게 생활하고, 바르게 행동하고, 바르게 노력하고, 바르게 관찰하고, 바르게 선정에 드는 것이다.

중도의 실천은 싫고 좋고의 시비분별을 벗어나 바르게 보는 것이다. 동문회를 운영하다보면 회원이 많았으면 하지만 한편으로 어떤 사람은 안 나왔으면 하는 마음도 있을 것이다. 중생의 어리석은 마음은 그 사람이 없으면 또 다른 사람을 찾게 된다. 미운 사람에 대한 내 마음을 관리하는 것이 수행이다. 존재의 법칙성을 알아 중생의 모습으로 보면 안 되고 절에서나 가정에서 보살행을 하며 모든 사람에게 먼저 다가가도록 하자. 설령 미운 사람일지라도 나를 공부하게 하는 대상으로 여기면 그 사람에 대한 애민, 연민이 생긴다. 그런 세계로 이르는 것이 부처님이다.

부처님의 연화장세계는 모두 갖춰져 있고 모든 것이 가능하다. 일체중생은 빛인데 그 사람이 빛으로 보이지 않는 이유는 우리가 사바세계에 살고 있기 때문이다. 사바세계는 인토(忍土)로서 참아야 하는

세상이다. 중생의 삶은 참고 사는 인생으로 참는 것이 이루어진 것을 사바하라고 한다. 부처님은 고행을 이겨내어 사바하가 되고 이르고 보니 연화장세계라고 하셨다. 사바세계는 적폐청산이라는 말과 같다. 과거 쌓이고 쌓여온 폐단, 즉 우리의 마음세계에 있는 신구의 삼업을 털어내야 한다.

『삼국유사』의 저자인 일연스님은 "세상에서 제일 고약한 도둑은 바로 자기 몸 안에 있는 여섯 가지 도둑이다. 눈 도둑은 보이는 것마다 가지려고 성화를 하지, 귀 도둑은 그저 듣기 좋은 소리만 들으려 한다. 콧구멍 도둑은 좋은 냄새는 저 혼자 맡으려 하지, 혓바닥 도둑은 온갖 거짓말에다 맛난 것만 먹으려고 한다. 그리고 훔치고, 못된 짓 골라 하는 몸뚱이 도둑, 마지막 도둑은 생각 도둑인데 이놈은 싫다, 저놈은 없애야 한다며 혼자 화내고 떠들며 난리를 친다. 그대들

복 받기를 바라거든 우선 여섯 가지 도둑부터 잡게나."라고 하셨다.

육근이 청정해야 속박에서 벗어날 수 있다. 육근 때문에 일어나는 고행 속에서 도를 실천하고자 생각하고 분노, 증오를 이기려고 하는 생각이 바로 깨달음에 이르는 길임을 알아야 한다. 남을 미워하고 증오하며 분노하는 마음으로는 마음의 고요와 안정을 찾지 못하고 수행 또한 바로 할 수 없다. 화는 어디에서 왜 일어났는가? 들여다보면 실체가 없고 인연화합으로 이루어졌을 뿐인데 실체 없는 화에 집착하는 것은 어리석은 일이다.

기도를 함에 있어서도 경을 읽을 때도 크게 읽어야 한다. 내용을 몰라도 내 속의 울화와 스트레스를 풀어야 한다. 참으면 병이 되니 경을 읽거나 정근을 할 때 큰소리로 해보자. 108배를 할 때도 미워하는 마음과 사랑하는 마음을 담아서 하면 마음속의 응어리가 다 버려질 것이다. 불심으로 인욕하면서 법당에 와 독경이나 정근, 108배 등으로 스트레스를 풀고, 또 쌓이면 또 와서 함으로써 신구의 삼업을 청정히 해야 한다.

●   범해스님은 1980년 성원스님을 은사로 출가하여 울산 해남사 주지, 서울 개운사 주지를 역임했다. 14대, 15대, 16대 중앙종회의원을 거친 4선 의원이다. 학교법인 승가학원 이사와 중앙승가대 총동문회장을 역임했으며, 현재 서울 개화산 약사사 주지 소임을 맡고 있다.

나의 수행, 신앙의 점수는?

4년이 넘도록 여러분들이 53선지식을 찾아 여행을 하고 계시는데 여행을 처음 시작할 때의 마음과 4년을 달려온 이때 몸과 마음과 생각에 어떤 변화가 있고 달라졌는지 궁금하다. 지식 위주의 신앙보다는 가슴으로 하는 신앙이 좋은데 지식으로 하는 신앙은 자기 아상이 생기고 신심이 약해지는 경우가 많다. 하근기일수록 아상이 높아져 법당에 절하는 것도 적게 하고 내가 최고라는 생각으로 목에 힘주고 하는데 신심을 바탕으로 지식을 쌓아야 한다.

그래서 '오늘 나의 신앙의 점수는 과연 몇 점인가' 하는 주제를 선택해 보았다. 4년 동안 여러 선지식과 함께 여행한 여러분들은 100% 신심을 바탕으로 신앙심을 확장시켜 왔다고 믿어의심치 않는다. 100점 만점에 나의 신앙의 점수는 몇점인지 여러분 스스로 매겨보면 좋겠다.

저는 새벽 4시 30분에 일어나 회화나무 앞에서 3배 후 걷기 명상

을 한다. 그리고 명동, 동대문 삼일빌딩, 비원 등을 돌아오는데 약 1
시간 반 정도 걸린다. 동대문시장에서 물건 파는 소리, 지방에서 올
라와 물건을 사가지고 가며 국밥집에서 아침을 먹는 사람, 무슨 일인
지 발을 동동거리고 가는 사람 등 치열한 삶의 현장을 보면서 느끼는
게 많다. 어려서 출가한 이후 저렇게 간절한 마음으로 수행을 한 적
이 있는가 하는 생각을 해보면 그렇지 않은 것 같다. 그래서 어떤 어
려움이 있어도 저분들처럼 목숨 걸고 수행하고자 다짐하는데 잘 안
된다. 조계사 주지인 내가 죽으면 다른 사람들이 어떻게 생각할까, 잘
죽었다고 할까, 아까운 사람이 열반에 들었다고 할까, 눈물이 나올
까, 울어주는 사람도 없을 것 같다는 생각에 어떻게든 남은 생을 잘
마쳐야겠다는 중압감에 빠져들곤 한다.

　나이 든 까닭인지 잠이 잘 오지 않아 새벽 3시에 일어나면 4시에
걷고, 참선한다고 앉아 있고, 108배 하고 하는 것을 보면 사춘기가

왔나 하는 생각도 든다. 어쨌든 조세사 주시로서 힘들 때도 많지만 아침에 시장을 돌다 오면 마음이 편해진다. 삶의 현장에서 힘들게 살고 있는 그분들만 할까라는 생각이 들어서다.

4년 동안 많은 선지식을 모시고 여행을 떠난 여러분들은 분명 생각이 변화되었을 것인데 오늘 기본적인 10가지로 나의 신앙의 점수를 매겨보라.

첫째로 나는 지성으로 예배 공양하는가? 나의 신앙 정립은 확고한가? 여러분들은 인사동에서 스님을 만나면 골목으로 숨는가, 아니면 달려와 합장하며 인사하는가. 자녀손자들이나 배우자의 생일에 꽃 한 송이 올리는가. 70억 인구 중 나의 분신이 태어난 것은 소중한 것인데 내가 불교신자로서 장미꽃 한 송이 올리면서 행복을 빌어주고 축원해 주는 것은 동문회원들이라면 해야 하지 않겠는가.

예전 논산 절에 있을 때 절에 잘 놀러오던 10살 여자아이가 무릎을 꿇고 절을 하고 있는데 예불 후에도 절을 하고 있어 "왜 왔느냐?"고 하니 오늘이 자기 생일이라고 한다. 그래서 500원을 받아 장미 한 송이를 올린다는 말을 듣고 크게 감동한 적이 있다.

두 번째는 내가 믿는 신앙에 확신을 갖고 있는가? 신앙에는 확신이 없으면 안 된다. 어느 초등학교 6학년 아이가 5살부터 어린이 법회에 다니다 2년 전 부모와 함께 미국으로 이민을 갔다. 엄마 아빠는 아들과 딸을 데리고 교회에 나가기 시작했다. 그런데 아들은 교회 가면 마당에서 놀고 싶어하고 교회 안에 들어가지 않았다. 그러던 어느 날 TV를 보고 있는데 찬불가 소리가 들려 엄마가 가보니 아들이 책상 위에 조그만 부처님을 모시고 입정해 있더라는 것이다. 엄마가 깜짝 놀라 물어보니 "엄마 나는 5살부터 조계사에 다녔고 나의 신앙이 부처님이니 강요하지 마세요." 하더란다. 그러면서 한국의 할머니에게 부처님 목걸이를 보내 달라고 전화를 해서 할머니가 "그러다 따돌림 당하면 어쩌냐?"고 걱정했지만 아이는 할머니가 보내온 부처님 목걸이를 당당히 옷 밖으로 꺼내놓고 다닌다고 한다. 비록 나이는 어리지만 확고한 신앙심에 엄지척을 하지 않을 수 없다.

셋째로는 경전을 매일 독송하고 있는가? 한글로 된 불교성전을 매일 1페이지를 읽으면 좋겠다. 자기 전에 이불에서 반성을 하며 오늘 하루 화내는 일은 없었는지, 타인을 눈물나게 한 일은 없는지, 아내와 남편에게 사랑한다고 말했는지, 반찬이 너무 맛있었다고 말했는지… 이렇게 하루를 되돌아보며 반성하고 참회하며 경전을 매일 1번 독송하는 것이 불자다운 자세라고 생각한다.

넷째로는 나에게 불법의 인연이 있게 해준 스님이나 도반에게 감사하고 있는가? 여러분들도 처음 인도한 스님과 도반의 인연이 있었기에 이 자리에 있을 것이다. 그분들에게 불교를 믿게 해주어 고맙다고 차 한잔 하자고 해보면 상대는 어떠할까. 함께 행복을 느끼고 고마워 할 것이다. 저는 9살 나이에 출가했는데 지금도 80된 노모가 저의 아침밥을 해놓으신다고 한다. 80이 넘도록 자식 생각에 밥을 떠놓으시는 노모는 아마도 제가 훌륭한 스님이 되길 간절히 바라고 계실 것이다. 그 공덕으로 아직까지 수행자로 잘 지내고 있다고 생각하고, 세상에 태어나게 해준 노모에게 고맙고 감사한 마음이다.

다섯째로 공양할 때 합장하고 감사 기도하고 공양하는가? 집에서 하는가? 불자들은 절에서는 잘하는 것 같은데 집이나 직장 등에서 실천하지 않은 것 같다. 타종교인들은 집이나 직장, 어디에서든 기도하고 공양하는데 불자들은 부끄러운지 자신이 없는지 잘 하지 않는다. 선재어린이집의 3살짜리 아이가 어린이집에서 점심 때 합장하고 "잘 먹겠습니다."라고 배워 집에서도 하는데 엄마아빠는 왜 안 하냐고 하면서 "합장해 합장해." 하더란다. 아이 덕분에 가족이 모두 공양전에 합장을 하게 되었고 집안은 더 화목해지고 즐거워졌다고 한다. 합장하며 "감사하다." 하는 뜻은 부모에게 감사하고, 밥과 인연한 모든 인연에 감사하다는 엄청난 뜻이 담겨 있다.

여섯째는 일체중생의 이익을 위하여 보시하고 있는가? 나 아닌 남, 나의 가족이 아닌 남에게 진심으로 보시하고 있는가. 월급의 1%정도는 이웃에게 보시하면 얼마나 좋을까. 조계사 주지로 부임하고 일주문 앞의 보시함을 없애려고 하였다. 한국불교 1번지 조계사와 어울리지 않다고 생각해서인데 어느 날 80노인이 지팡이를 잡고 속주머니

에서 1000원을 꺼내 넣는 것을 보았다. 그 모습을 보고 감동하여 치우지 말라고 했다. 많은 사람들이 오며가며 자신의 형편껏 넣어 모아진 보시금을 어떻게 활용할까, 고민하다가 매월 초3일에 우리나라에 돈 벌러 왔다가 장애나 불치병을 얻은 외국노동자들에게 보시하기로 결정했다. 매월 300만원 정도가 그렇게 역할을 하고 있다. 이런 작은 보시가 수천 번의 절보다 공덕이 크고 실천하는 이런 마음이 진정한 불자행이라고 생각한다.

일곱 번째 아집과 아만을 없애고 자기부터 변하도록 하는가? 공부가 익으면 아만이 생기게 마련이다. 예전 법주사에 갔을 때 머리를 허리까지 숙여가며 밥도 안 먹고 하루 3만배를 하는 사람을 보았다. 100일 동안 3만배를 한다는데 한참 후 가보니 여전히 절을 하고 있었다. 그때 시골에서 관광객이 와서 몸을 부딪치자 성질을 버럭 냈다. 3만배를 하는 사람이 화를 낸다는 것은 아상만 키운 것이다. '3만배를 하는 나를 건드려?' 하는 아상을 키운 것을 보고 '저렇게 절해서 무엇하는가. 나도 저 같은 스님은 아닐까'라는 생각에 일주일 동안 마당을 다니지도 못했다. 아집과 아만을 버리고 나부터 변해야 한다.

여덟째는 일체의 생명과 화목하고 화합하고 살아가고 있는가? 기도로 공덕을 받았으면 나만 복 받아야지라는 마음을 버리고 기도공덕을 모든 사람들에게 회향해야 한다.

아홉 번째는 일체의 생명과 화목하고 화합하며 살아가고 있는가? 사람은 혼자서는 살지 못한다. 모두 함께 어울려 살아가야 한다. 공기가 없으면 금방 죽는다는 부정적인 생각보다 긍정적인 생각으로 남을 이해하고 안아주고 다독거려 주며 아름다운 마음을 갖고 살아가야 한다. 특히 우리 불자는 일체 중생을 이해하고 부처님, 스님, 도반 등 모두에게 감사한 마음으로 살아야 한다.

마지막으로 열 번째, 나는 남의 말을 귀 기울여 듣고 온화한 말을 하는가? 남의 가슴에 못박는 말을 하고, 눈물나게 하고, 스트레스를 주어 힘들게 하지 않았는지 돌아볼 일이다. 천수경의 정구업진언의 '수리수리 마하수리' 같이 입부터 수리하자. 부드러운 말과 온화한 미소, 다정한 행동으로 동문들을 대했는가 생각해 보고 그렇지 않았다면 오늘부터라도 실천해 보자.

조계사불교대학 동문들이 3,800명 된다고 한다. 오늘부터 한 사람씩 더 데리고 와서 법회를 마당에서까지 보면 좋겠다. 지금 이순간이 가장 행복한 순간이다. 지난 것에 대해 괴로워하지 말고, 이 순간 가장 행복하고 오늘 만큼 더 행복하길 바란다. 항상 건강하고 늘 함께 웃는 조계사불교대학 동문, 조계사 가족이 되길 바란다.

● 　　지현스님은 총무원 총무부장을 비롯해 제12~16대 중앙종회의원, 한국불교문화사업단장, 조계종 사회복지재단 상임이사 등을 종단 주요 소임을 두루 역임했다. 특히 어린이·청소년 포교에 매진해 왔으며, 한국불교 총본산으로서 조계사의 위상 강화와 역할을 확대하는 일에 힘쓰고 있다. 현재 봉화 청량사 회주, 파라미타 청소년연합회장 등을 맡고 있다.

부처님의 가르침은 어떻게
우리를 구제하는가?

오늘 법석에 모인 불자님들은 부처님 가르침을 배우고 이해하고 수행하는 순수한 신심과 아름다운 정진력에 두 손 모아 축복을 드린다. 불자 여러분의 가정과 부처님 가호와 가피가 늘 기원하기를 기원한다. 이 세상에 태어나서 몇 십 년을 살아가고 있지만 요즘 세상은 매우 빠르게 바뀌어 가고 있다.

특히 바뀌는 것은 활자나 문자, 소리 정보가 영상 정보로 대체되고 있고 빠르게 정보가 공유되고 있다. 손 안에 스마트폰에서 유튜브 채널을 통해 각자 지식과 경험을 쏟아내고 있다. 불교와 명상 관련 콘텐츠들도 굉장히 많이 쏟아지고 있다. 문제는 어떤 것이 진실인지, 어떤 것이 신빙성 있는 지식이고 정보인지, 개인의 의견이나 감상을 쓴 것인지 구별이 어렵다는 점이다. 그래서 예전보다 더 똑똑해야 영상이 가진 진실성의 문제를 판단할 수 있다.

손 안에 모든 정보가 있고, 모든 강연이 있고, 모든 지식을 다 볼 수 있는 시대에 이렇게 여러분들이 부처님 법석에 찾아 와서 귀한 시간을 함께 나누고 있다. 이곳에 모인 불자 여러분들과 함께 이야기를 나누고자 하는 주제는 '부처님의 가르침을 어떻게 우리를 구제하는가' 하는 문제다.

심리학에서는 사람들이 마음속으로 힘들고 괴로울 때 잠시 도피하고 위안을 삼는 공간이 있다고 한다. 어린 아이들이 놀이터에서 놀다가 친구와 다투고 집에 오면 엄마들이 아이를 달래며 상처를 위로하고 치유한다. 보통 자신들의 가정이 심리적인 안전처가 된다고 한다. 그런데 모든 가정이 안전처가 되는 것이 아니다. 그럴 때는 가정이 아니라 친구나 집단이나 어떤 장소가 가정을 대신해 안전기지 역할을 하게 된다.

여러분들이 위급한 문제에 처하고 괴롭고 힘들고 방황할 때 여러분들에게 해답을 주고 위안을 줄 수 있는 안전기지는 어디인가. 부처님도 중요하고 삼보도 중요하다. 여러분들의 안전처는 바로 부처님의 가르침이다. 부처님의 가르침이 바로 여러분들의 문제와 괴로움, 어려움을 위로하고 치유해주는 진정한 의지처, 안전처가 돼야 한다.

만약 여러분들이 힘들고 괴로울 때 부처님의 가르침이 위로가 되고, 안전한 피난처가 될 수 없다고 한다면 여러분들이 절을 얼마나 다녔던지, 보시를 얼마나 했던지, 봉사활동을 얼마나 했던지 모두가 무용지물이다. 진정 내가 힘들고 어려울 때 부처님 가르침이 의지처가 될 수 없다면, 불교가 의지처가 되지 못한다면 불교를 믿는다고 말할 수 없고, 부처님을 믿는 제자라고 할 수 없다.

여러분들에게 묻고 싶다. 첫째 부처님께서 먼저 가셔서 도달했던

그 길이 최상의 행복이라는 것을 믿는가. 이것은 깨달음의 문제다. 둘째 부처님께서 가르치신 그 길이 최상의 목적지를 향해 가는 가장 옳고 바르고 훌륭한 길이라는 것을 믿는가. 셋째 여러분들이 가고 있는 이 길이, 불교도로 살고 불교를 배우고 그 가르침을 펴는 이 길이 과연 잘 가고 있는 길이라는 것을 믿는가. 이 세 가지만 믿으면 여러분들은 가장 안전한 의지처로 도달하는 것이다.

　믿는 것만으로도 도달할 수 있다. 이것이 불교의 시작이고, 불교의 끝이다. 삼보에 대한 바른 신심, 여러분들이 이러한 신앙관만 확실하게 정립되면 어디를 가더라도 두렵지 않게 된다. 당당해질 수 있다. 고개를 숙일지언정 무릎은 꿇지 않게 된다. 믿음만으로도 고통을 해결해 줄 수 있고 두려움에서 벗어날 수 있는 좋은 의지처가 삼보에 있다. 믿음만 공고히 한다면 깨달은 것이나 다름없다.

부처님께서는 이렇게 말씀하셨다. "불자들이여, 이것은 존재의 정화, 슬픔과 비탄의 극복, 고통과 불만의 소멸, 참다운 깨달음의 방법 획득, 열반의 실현으로 가는 직접적인 길이니 이름하여 사념처이다. 이 네 가지가 무엇인가. 여기에 한 비구가 몸에 대해 관찰하면서, 느낌에 대해 관찰하면서, 마음에 대해 관찰하면서, 법에 대해 관찰하면, 부지런히 관찰하고 관찰하면 분명히 알고 바르게 알아차리고 이 세상 욕망과 근심에 벗어나서 머무르게 된다." 이것이 『사념처경』에 나오는 이야기다.

부처님께서 무엇이라고 하셨는가. 무엇이 번뇌와 고통 없이 청정한 성인이 되게 하고 슬픔과 비탄도 없게 해주고 고통과 불만도 소멸시켜주고, 깨달음과 열반으로 직접 데려다 준다고 하셨는가. 그것은 사념처(四念處)이다. 사념처는 다른 것이 아니라 바로 명상이다. 불교의 명상은 불교 수행 계(戒)·정(定)·혜(慧) 중에서 정과 혜를 말한다. 정은 사마타, 삼매를 이야기하는 것이다. 혜는 위빠사나, 연기법을 통찰하고 관찰하는 것을 말한다. 수행이라고 할 때 정과 혜를 닦는 수행을 말하는 것이다.

다시 말해 불교 수행은 계·정·혜 삼학이 있는데 정과 혜가 불교 명상이다. 정과 혜를 닦는 명상이 바로 여러분을 고통으로부터 바로 구제하고 성인으로 만들고 괴로움으로부터 해방시켜 준다는 부처님의 분명한 가르침이다. 자기 마음에서 일어나는 느낌이나 생각에 집중하고 부처님의 가르침을 대상으로 집중해서 관찰하고 통찰하는 명상을 해야 한다.

불자 여러분들은 대부분 계학(戒學)을 실천하는 일에 머무는 경우가 많다. 물론 그것이 좋고 나쁘다는 것이 아니다. 다만 계·정·혜 중에 정과 혜, 수행이 빠졌다는 말이다. 부처님께서 고통으로부터 해방되는 직접적인 길은 정과 혜가 명상이라고 말씀하셨다. 직접적인 수행을 하지 않기 때문에 삶의 위기에서 불교가 의지처, 피난처가 되지 않는 것, 될 수 없는 것이다.

우리들의 삶은 괜찮은 것이다. 지옥, 아귀, 축생, 수라, 인간, 천상에서 5번째 위치다. 괜찮은 삶을 살고 있기 때문에 그 안에서 벌어지는 일들은 사소한 일이다. 다른 사람들 때문에 괴롭다고 하지만 잘 생각해보면 정작 힘든 것은 스스로가 만든 문제다. 때문에 '괜찮은 삶을 살았다', '이 정도면 괜찮다', '잘 했다'고 스스로를 위로해 줄 필요가 있다. 남 탓하고 시기하고 질투하고 그러지 말고 쓸모없는 생각들을 내려놓아야 한다. 이런 삶이 깨어 있는 삶이다.

서양과 유럽에서는 불교의 핵심으로 명상을 꼽는다. 명상에 행복의 길이 있다는 것을 정확히 이해한 것이다. 애플의 스티브잡스는 선불교 수행을 한 것으로 유명했다. 존 카밧진 박사는 마음챙김 명상을 통해 트라우마에 시달리는 환자들을 치료했다. 세계적인 회사 구글엔지니어인 차드 멍 탄은 직원들의 교육에 명상을 활용하고 보급하고 있다.

서양에서는 마음챙김 명상, 위빠사나 등 불교명상 붐이 들불처럼 일어나고 있다. 부처님 말씀처럼 명상이 우리를 고통과 괴로움에서 벗어나게 해 줄 유일하고 핵심적인 가르침이기 때문이다.

불교명상은 어떻게 해야 할까. 유튜브 법륜스님의 즉문즉설을 보면 많은 이야기들이 나온다. 들어보면 가슴이 아프거나 어려운 일이 많다. 그것을 보면 사회가 좋게 바꾸고 기술이 좋아지더라도 우리들의 기본적인 괴로움은 바뀌지 않고 있다는 것을 느낀다. 우리들은 채워지지 않는 욕망 때문에 괴롭다. 살면서 느끼는 괴로움과 번뇌가 바로 고(苦)다.

2600년 전 부처님께서 고통으로 정의하신 괴로움은 지금도 존재하고 우리들이, 중생들이 겪는 괴로움이다. 우리시대에 중생들이 겪는 고통과 괴로움이 사라질 수 있을 것인가. 마냥 행복하거나 즐겁기만 한 세상은 어디에도 없다. 고통의 조건이 없어지지 않는다면, 그렇다면 우리가 할 수 있는 것은 무엇이 있을까.

두 가지 경우만 있을 뿐이다. 고통의 사슬에 마음을 결박 당하거나 마음을 결박 당하지 않거나 두 가지 뿐이다. 마음을 결박 당하는 것은 고통과 괴로움에 끌려가는 것이다. 결박 당하지 않는 것은 그 고통에서 벗어나서 평화롭고 안전한 곳으로 가는 것이다. 우리가 할 수 있는 일은 마음을 바르게 먹는 일뿐이다.

고통은 왜 존재하는가. 고통은 밖에 있는 것이 아니라 바로 우리 안에 있다. 고통은 우리의 마음과 태도에 있다. 우리 안에 있는 고통, 우리 마음에 있는데 밖으로 돌려서 이 문제를 피하려고, 고치려고 한다. 하지만 절대 피할 수 없다.

가장 기본적인 불교 명상의 시작은 호흡에 집중하는 것이다. 마음을 호흡에 집중하는 것, 그 단순한 행위로부터 슬픔과 괴로움이 사라지는 열반이 있다는 사실을 기억해야 한다. 슬픔과 고통과 괴로운 마음에 집중하지 말고 지금 하는 일에 집중하고 지금 현재를 살아가는 것이 중요하다.

세상은 내 뜻대로 돌아가지 않는다. 지금 호흡과 일과 삶에 집중하면서 생각을 맑게 정화시키는 것이 중요하다. 그 방법밖에 없다. 근심, 걱정, 두려움, 출세하고 싶고, 돈 벌고 싶고 하는 온갖 욕망들은 여러분들이 가진 마음의 본질이 아니다.

여러분들 마음의 본질은 바로 부처다. 고요하고 맑고 깨끗하고 근심과 걱정이 없는 것, 그것이 마음의 본질이다. 부처는 맑고 밝고 고요하고 빛나는 텅 빈 마음을 깨달아서 존재 자체가 정화된 사람을 말하는 것이다. 성불한다, 부처가 된다는 것은 스스로 그런 마음을 깨달아서 마음의 본질적인 상태로 살아가는 것이다. 다른 누가 해 줄 수 없다. 상황이 해 줄 수 없다. 땅에서 쓰러진 자 땅을 딛고 일어서라고 했다. 여러분 마음에서 스스로 실현시킬 수밖에 없는 것이다.

부처님 가르침에 대한 이해는 듣고 이해하고 아는 지혜뿐만 아니라 직접 명상하고 실천하는 지혜로써 완성된다. 현재 호흡과 일상의 일들에 마음을 순수하게 집중하는 것으로부터 고통과 괴로움에서 벗어날 수 있다. 부처님오신날을 맞아 부처님 가르침을 직접 실천함으로써 행복하고 복되고 평안한 삶을 성취하는 참된 불자들이 되시기를 바란다.

● 　　　정호스님은 도명스님을 은사로 출가했으며 지난 1976년과 1979년 월하스님을 계사로 사미계와 구족계를 각각 수지했다. 통도사승가대학 졸업 후 채운암, 대각사 주지 및 포교원 포교연구실장, 제13대 중앙종회회원 등을 역임했다.

불교, 운명을 바꾸는 길

이렇게 뵙게 되어 반갑다. 오늘 조계사불교대학 총동문회와 불교신문사에서 주최하는 53선지식을 모시는 큰 법회가 회향을 한다고 하니 축하드린다. 그간 고생 많으셨다. 불교대학총동문회와 불교신문사, 그동안 여러분을 뒷바라지 한 분들과 그동안 법문을 담당하셨던 모든 분들에게 큰 박수 부탁드린다.

오늘 이 시간은 여러분들이 잘 알고 있는 『화엄경』에 대해 이야기하고자 한다. 화엄학자는 아니지만 보편적인 상식을 갖고 함께 말씀을 나누는 시간을 갖도록 하겠다. 법문 주제는 '불교, 운명을 바꾸는 길'이다. 결론은 『화엄경』에서 말씀하시는 대로 살면 우리 운명이 바뀐다는 말씀을 드리겠다. 『화엄경』은 최고의 경전으로 방대한 불교 경전이자 대서사시다.

구법여행을 떠나는 선재동자는 복성(福城)이라고 하는, 복이 있는 많은 사람들이 사는 성에서도 가장 부자였던, 대재벌의 아들쯤 되는 사람이다. 착할 선(善)에 재물 재(財)를 써서 선재라고 한다. 이런 선재가 발심을 하는 것, 발심은 무엇이냐. 인생의 무상함을 깨닫고 부처님 말씀대로 따르고 수행하겠다는 마음을 내는 것, 그것이 발심이다. 처음으로 마음을 내는 것을 초발심이라고 한다. 선재가 문수보살님을 뵙고 발심을 시작하게 된다.

53선지식이라고 하지만 55분의 선지식을 뵙고 그중에 문수보살님을 두 번 뵙고, 덕생동자와 유덕동녀를 한자리에서 만났기 때문에 53선지식이라고 이야기 한다. 그 당시 2600년 전에 21분의 여성 선지식을 또 만나게 된다. 각계각층의 선지식을 선재동자가 만난 것이다. 『화엄경』이나 부처님께서 말씀하는 모든 것을 우리 범부들의 조그마한 상식을 갖고 판단하기는 어렵다. 그러나 또 우리가 연구하다보면 이의를 제기할 수도 있다.

부처님께서 성도하시고 나서 어려운 법을 중생들에게 전해봐야 모르니까 열반에 드시려고 하니 많은 뜻있는 선지식들이 만류를 해서 삼칠일 동안 『화엄경』을 설했다고 배웠다. 『화엄경』 내에 이야기들을 보면 앞뒤가 맞지 않는 경우가 있다. 그러나 그것은 우리들의 판단이다. 부처님의 경지나 대의는 그것이 아니다. 이런 것들은 생각으로 뜻으로 이해해야 한다. 부처님 당시에 설했던 범어본을 모태로 해서 여러 선지식들이 윤문해 중생들이 볼 수 있도록 만들었다고 보면 된다. 대의가 손상되지 않고, 부처님께서 45년간 설했던 모든 대의를 모아 『화엄경』이라는 꽃이 피었다고 보면 된다.

우리가 유념해야 할 것은 석가모니 부처님께서 사유하면서 『화엄경』을 설하셨는데, 석가모니 부처님 다음에 문수보살이 나오고 보현

보살이 나온다. 그 다음에 53선지식을 만나게 된다. 52번째 선지식이 미륵부처님, 그 다음에 문수보살님과 보현보살님을 친견하게 된다. 석가모니 부처님의 좌우보처 문수, 보현보살이다. 대지문수보살, 대행 보현보살이다. 지혜와 중생을 향한 행동을 제일 중요하게 생각할 수 있다.

『화엄경』안에 많은 선지식이 계시지만 중요한 골자는 문수보살의 지혜다. 지혜라고 하는 것은 알아야 하는 것이다. 무엇을 알아야 할까. 우리는 부처님께서 말씀하신 삼법인을 제대로 체득해야 한다. 제행이 무상하고 제법이 무아라는 그 명제, 그리고 열반에 들면 적정이라는 큰 낙이 있다는 것을 깨닫고 체득해야 한다. 모든 것은 무상하고 무아라는 대명제가 있어야만 우리는 수행도 할 수 있고, 성불도 할 수 있는 것이다. 나라고 하는 고정된 실체가 없어야 성불할 수 있다.

법정스님께서도 모든 중생들에게 대자비를 베풀고 너와 내가 없다고 하는 것은 나를 무한히 넓히고 확대하는 것이라고 이야기하셨다. 내가 넓어지면서 모두가 하나가 되는 것이다. 무아라고 해야 성불할 수 있다. 무상과 무아를 체득하도록 노력해야 한다. 그럴 때 뒤바뀐 헛된 생각도 없고, 쓸데없는 욕심을 낼 일도 없다. 무상은 쉽게 말하면 세상은 변한다는 것, 고정된 실체가 없다는 것이다. 모든 것은 다 변한다. 현상에 따라 나타나는 일밖에 없다. 무상하기 때문에 집착이 없고 평상심을 가져야 한다.

지혜를 갖춘다는 것은 무상과 무아를 체득해서 모든 이들을 하나로 여기는 것이다. 그것을 직접 행동을 옮기는 것이 바로 보현보살의 보현행이다. 문수보살과 보현보살의 행원은 석가모니 부처님의 큰 2대 원력이다. 석가모니 부처님과 문수·보현보살님의 그 큰 뜻을 이어가는 여정을 그린 것이 『화엄경』 「입법계품」이다.

불자들은 미륵부처님과 석가모니 부처님에 대해 명확히 구분해야 한다. 석가모니 부처님의 육법제자들을 제도하는 부처님이 미륵부처님이다. 유사종교에서 이를 호도하는 것을 보곤 한다. 이를 분명하고 알고 체계를 세워야 한다. 석가모니 부처님께서 "나의 제자인 마이트리야, 미륵이 56억7000만년 후에 이 사바세계 부처로 태어나서 용화세계를 만든다. 미륵으로 오신다."고 하셨다. 아직 석가모니 부처님의 많은 법이 남아 있고, 56억7000만년이 흐르지도 않았다. 또 십선법을 행할 때 오신다고 했는데 우리가 십선법을 행하고 있는가. 우리나라 개화기에 무모한 이들이 있었지만 미륵이라는 이름으로 오신 분이 없다. 미륵부처님은 석가모니 부처님의 제자로서 도솔천 내원궁에 계신다.

석가모니 부처님의 교법을 따라서 수행하는 것이 불교다. 불교라는 것은 믿음, 부처님 말씀을 따라서 공부하는 것이 불교다. 부처님이 아닌 다른 사람의 이름이 된 것을 믿는 것은 불교가 아니다. 정확히 이에 대한 개념을 세워야 한다. 미륵부처님께서 사바세계에서 용화세계를 건설하는 그날까지 우리는 수행해서 성불해야 한다. 그래서 우리 불자들은 부처님의 본원력인 지혜와 자비, 보현보살님의 행원에 따라 수행함으로써 성불할 수 있다. 성불한다는 것은 업을 바꿔서 운명을 바꾸는 길이 되는 것이다. 보살행을 행하는 것이 보현행원이다. 육바라밀을 행하는 것이 보현행원이다.

『화엄경』의 방대한 모든 것을 다 공부할 수 없지만 그 골자는 아뇩다라삼막삼보리를 얻기 위해서다. 그러기 위해서는 문수보살님의 뜻을 따라 53선지식을 친견하고 수행했던 선재동자처럼 수행해야 한다. 그래야만 성불할 수 있다. 성불한다는 것은 바로 운명을 바꾸는 것이다. 그동안 많은 분들이 이곳 조계사에 오셔서 법문을 하셨다. 선지식은 셋이 길을 가면 둘은 선지식이다. 따로 있는 것이 아니다. 선지식은 나를 이끌어주는 스승도 선지식이지만 우리가 공부할 수 있도록 도와주는 도반이나 시주자들도 선지식이다. 주변에 선지식 아닌 분들이 없다.

그래서 절대 조그마한 것들이라도 소홀해선 안 된다. 정성을 다해야 한다. 공부인들은 정성스럽게 공부를 해야 한다. 정성을 다해 잘하셔야 한다. 성심성의껏 모든 정성을 다했을 때, 그리고 나서 다음에 오는 일들은 진인사대천명(盡人事待天命)이니 어쩔 수 없다. 그러나 성의를 다하지 않으면 안 된다. 육바라밀을 행할 때 정성을 다해서 열심히 수행해야 한다.

지금 코로나19로 온 세계가 힘들어 하고 있다. 이럴 때일수록 우리가 마스크도 잘 착용하고, 거리 두기도 잘 실천하고, 남들이 참배하지 않는 시간을 이용해 참배해야 한다. 모두가 힘들어 하고 어려운 시간을 잘 넘겨야 복덕을 받을 수 있다. 선재동자가 큰 원을 세웠는데 선재동자가 억만금을 가진 큰 부자였다는 것은 그만큼 큰 복덕을 지었다는 것이다.

대부(大富)는 하늘이 내리고 소부(小富)는 근면에 있다고 했다. 큰 부를 축적한 대장자들이 발심해서 수행하기 어려운 일이다. 옛말에 산 좋고 물 좋고 경치 좋다는 곳은 없다. 다 갖출 수 없다는 뜻이다. 이사(理事)를 겸비하기는 쉽지 않다. 그것을 다 갖춘다는 것은 엄청난 수행력이다. 그런 분들을 존중해야 한다. 복덕이 많은 분들이 리더가 돼야 한다. 어디를 가든 자기 자리가 아니면 나서지 말아야 한다.

여러분들은 조계사불교대학을 졸업하신, 불자로서는 열심히 수행하는 엘리트들이다. 여러분들이 후배들을, 후학들을 잘 이끌어야 한다. 불교와 후학들을 연결시켜 주는 연결고리가 돼야 한다. 불교가 조선시대 500년 동안 탄압을 받아 침체됐던 것이 사실이다. 그런 DNA가 우리 의식 속에 잠재돼 있다. 서울 사대문 안에 절이 없었다. 조계사는 근대에 세워진 것이다. 서울 시내에 있는 모든 사찰은 사대문 밖에 있었다.

어렵게 해방이 되고 불교는 다시 전법을 세울 수 있는 기반을 차근차근 다져왔다. 우리 국민들이 자생적으로 일으켜 세운 것 가운데 가장 값어치 있는 것이 바로 불교다. 우리는 사생력을 갖고 조선 500년을 견디고 불교를 지켜왔다. 그래서 오늘이 있는 것이다. 그렇게 해서 삼보정재가 이뤄진 것이다.

대한민국 1번지 조계사에 다니는, 그중에서도 불교대학을 졸업하신 여러분들은 선도적으로 신도들을 이끌고 불교를 위해 선봉에 서야 할 분들이다. 선재동자 구법여행의 큰 울림을 받아 여러분들도 수행하지만 여러분들의 주위에 있는 분, 동수정업(同修正業) 하는 도반들과 함께 한국불교와 조계사를 더 건강하게, 보람되게 발전할 수 있도록 힘을 보태야 한다.

모든 불자들은 참선을 하든, 염불을 하든, 간경을 하든, 예불이나 의식, 가람수호, 포교, 복지를 하든 해야 한다. 53선지식을 초청해서 함께 탁마하신 귀중한 법회에 이렇게 마지막 법문을 할 수 있는 기회를 주셔서 감사드린다. 오늘 말씀을 잘 새겨서 한국불교를 다시 일으켜 세우는 근간이 되어 주시길 바란다. 우리 함께 하는 백만원력 결집에 다함께 동참해 주시길 간절히 바란다.

● 　　원행스님은 월주스님을 은사로 출가하여 자운스님을 계사로 구족계를 수지했다. 제16대 중앙종회의장 소임을 보면서 종단 화합과 안정을 위해 노력했다. 중앙승가대 총장 재임 기간 중 문화재학전공과 상담심리학전공을 신설하는 등 한국불교가 지향해야 할 분야의 인적 자원 발굴과 양성에도 힘을 기울였다. 지구촌공생회 상임이사, 승가원 이사장, 대통령 소속 사회통합위원회 위원, 국제평화인권센터 대표 등도 역임했다. 2018년 11월 조계종 제36대 총무원장에 취임했다.

조계사불교대학 총동문회 연혁

【1대 총동문회】불기 2550년(2006. 7.~2007. 12.)

- ○ 불기 2550(2006)년 초대 총동문회장 법성 서정래(44학번) 취임
- ○ 불기 2550(2006)년 7월 8일 조계사불교대학 총동문회 창립법회 봉행
- ○ 불기 2551(2007)년 7월 조계사불교대학 총동문회 창립1주년 기념법회 봉행
- ○ 월별 정기법회 및 정기운영위원회의(임원회의), 순례, 봉사활동 수행
- ○ 불기 2551(2007)년 동문회연보 통권 제1호 동문지 발행

【2대 총동문회】불기 2552년(2008~2009)

- ○ 불기 2552(2008)년 2대 총동문회장 운수 조중현(45학번) 취임
- ○ 2009년 종로노인종합복지관 어르신 배식봉사 시작
- ○ 포교원 일반포교사고시 대비 스터디그룹 운영 시작
- ○ 2013년 총동문회 목탁동아리반 설립 운영

【3대 총동문회】불기 2554년(2010~2011)

- ○ 불기 2554(2010)년 3대 총동문회장 덕운 유두종(47학번) 취임

【4대 총동문회】불기 2556년(2012~2013)

- ○ 불기 2556(2012)년 4대 총동문회장 보문 우건섭(49학번) 취임
- ○ 2013년 총동문회 일반포교사고시 대비반(19기) 강의 주관
- ○ 2013년 총동문회 찬불가 합창단 설립
- ○ 2012년 제1회 '총동문 체육대회' 개최
- ○ 2013년 12월 제1회 총동문회 송년법회 봉행

【5대 총동문회】 불기 2558년(2014~2016)

- ○ 불기 2558(2014)년 5대 총동문회장 묵암 조재연(52학번) 취임
- ○ 2014년 제2회, 2016년 제3회 총동문 체육대회 개최
- ○ 불기 2559(2015)년 11월 18일 53선지식 구법여행 불교신문사와 업무협약 체결
- ○ 53선지식 구법여행 특별법회 14회 봉행(2015. 11.~2016. 12.)
- ○ 2015년 11월 제1회 천수다라니기도법회(매월 첫째 주, 금) 봉행
- ○ 2015년 7월 23일 총동문회 산악동아리 창립
- ○ 2015년 9월 총동문 해외성지순례 '라오스 루앙프라방' 순례 정진
- ○ 2016년 9월 찾아가는 53선지식 해외순례 '미얀마 바간' 등 순례 정진
- ○ 조계사 극락전 천개 불사(1,000만원)
- ○ 2016년 7월 연등보존위원회 정진상 수상

【6대 총동문회】 불기 2561년(2017~2018)

- ○ 불기 2561(2017)년 6대 총동문회장 호연 김경숙(52학번) 취임
- ○ 2017년 7월 '조계사불교대학 총동문회 장학회' 설립
- ○ 천수다라니기도법회(매월 첫째 주, 금) 봉행(2017~2018)
- ○ 정기 교육특강 법회(매월 둘째 주, 금) 봉행(2017~2018)
- ○ 53선지식 구법여행 특별법회 24회 봉행(2017~2018)
- ○ 2017~2018년 종로노인종합복지관봉사 및 사중의 각 종 봉사활동 수행
- ○ 2017~2018년 5대적멸보궁(정암사, 법흥사, 봉정암, 상원사, 통도사) 3보1배 정진
- ○ 2017년~2018년 총동문 삼사순례, 상·하반기 및 연등모연 포상 삼사순례 정진
- ○ 2017년 9월 찾아가는 53선지식 해외순례 '인도네시아 보로부드르사원' 등 순례 정진
- ○ 2018년 9월 찾아가는 53선지식 해외순례 '캄보디아 앙코르왓트 사원' 등 순례 정진
- ○ 2017년 대한불교조계종 총본산 조계사 성역화 신도회관 건립불사(1,000만원)

○ 2018년 12월 조계사 운영, 구립 선재어린이집 건립불사(3,000만원)

─ 【7대 총동문회】 불기 2563년(2019~2020)

○ 불기 2563(2019)년 1월 7대 총동문회장 성해 장경태(56학번) 취임

○ 2019~2020년 천수다라니기도법회(매월 첫째 주, 금) 봉행

○ 2019~2020년 정기 교육특강법회(매월 둘째 주, 금) 봉행

○ 2019~2020년 06월 53선지식 구법여행 특별법회 시즌1 15회 봉행

○ 2020년 6월 26일(금) '53선지식 구법여행 특별법회-시즌1'

　 - 53번째 선지식, 대한불교조계종 총무원장 원행스님 초청 회향법회 봉행

○ 2020년 9월 18일 불교신문사와 "53선지식 구법여행 시즌2" 공동개최 MOU

　 체결

○ 2020년 11월 27일(금) 첫번째 53선지식 구법여행-시즌2 특별법회 봉행 시작

○ 2020년 7월 24일(금) 조계사불교대학 총동문회 창립 14주년 기념법회 봉행

○ 2020년 9월 25일(금) 극복과 치유를 위한 '천불천배 자비도량참법기도법회'

　 봉행

○ 2019~2020년 신년법회, 임원워크숍, 새동문환영법회, 송년법회 등 봉행

○ 2019~2020년 종로노인종합복지관 어르신 배식봉사

○ 2019~2020년 부처님오신날, 생전예수재, 백중인경봉사, 국화빵봉사 등

　 연중 봉사

○ 2020년 2월~2020년 5월, 조계사 대웅전 등 '코로나19' 열지킴이 봉사

○ 2019~2020년 25기, 26기, 포교사고시대비반 강의 주관

○ 2019~2020년 총동문회 목탁동아리 집전 습의 운영

○ 2007~2020년 동문회연보(2019~2020) 통권 제13호, 제14호 동문지 발행

○ 2020년 11월 '53선지식 구법여행' 시즌1, 법문집 불교신문사와 총동문회 공동

　 편찬

○ 2019~2020년 '노래로 배우는 부처님 말씀' 총동문회 찬불가 합창단 운영

○ 2019~2020년 총동문회 산악동아리 둘레길 순례

- 2019년 총동문 삼사순례, 상하반기 및 연등모연 포상 삼사순례 정진
- 2019년 9월 '찾아가는 53선지식 해외순례' '중국 3조 4조 5조사 및 백두산' 등 순례 정진
- 2019년 9월 28일(토) 제1회 조계사불교대학 총동문 문화대축전 一即多 多即一 봉행
- 2019년 9월 '자비의 쌀' 500석 신도회 가피봉사단에 전달
- 2020년 2월 대한불교조계종 조계사 운영, 구립 선재어린이집 놀이기구 불사 (4,700만원)
- 2020년 4월 '코로나19' 극복 더 어려운 이웃 지원금 전달(1,000만원)
- 2020년 8월 조계사불교대학 시설개선 전자칠판 불사(500만원)
- 2019~2020년 '부처님오신날' 봉축 연등 모연 일반신도 단체상 수상
- 2020년 7월 '53선지식 구법여행' 운영위원 5인, 불교신문 사장 포교 공로상 수상
- 2020년 7월 '코로나19' 열지킴이 봉사자 10인, 주지스님 봉사 공로상 수상
- 2020년 10월 '조계사불교대학 총동문회 장학회' 현재 누적 35명 1,320만원 장학금 수여

53선지식 구법여행
조계사에서 길을 물었더니

초판 1쇄 인쇄일   2020년 12월 14일
초판 1쇄 발행일   2020년 12월 18일

엮은이   조계사불교대학 총동문회

발행인   정호스님
발행처   대한불교조계종 불교신문사

주간   현법스님
책임편집   여태동
편집제작   선연

출판등록   2007년 9월 7일(등록 제300-207-133호)
주소   서울시 종로구 우정국로 67 전법회관 5층
전화   02)733-1604
팩스   02)3210-0179
e-mail   tdyeo@ibulgyo.com

ISBN 979-11-89147-12-9 03220

값 18,000원